中國學術思想 研究輯刊

初 編
林慶彰 主編

第 15 冊

《左傳》之人文思想研究
王聰明 著

《春秋左氏傳》會盟研究
廖秀珍 著

花木蘭文化出版社

國家圖書館出版品預行編目資料

《左傳》之人文思想研究　王聰明 著／《春秋左氏傳》會盟研
究　廖秀珍 著 — 初版 — 台北縣永和市：花木蘭文化出版社，
2008〔民 97〕
序 2+ 目 2+112 面／序 2+ 目 2+82 面；19×26 公分
（中國學術思想研究輯刊 初編；第 15 冊）
ISBN：978-986-6657-87-0（精裝）
1. 左傳 2. 研究與考訂
621.737　　　　　　　　　　　　　　　　　97016184

ISBN - 978-986-6657-87-0

9 789866 657870

中國學術思想研究輯刊
初　編　第十五冊　　　　　　　　ISBN：978-986-6657-87-0

《左傳》之人文思想研究
《春秋左氏傳》會盟研究

作　　者	王聰明／廖秀珍
主　　編	林慶彰
總 編 輯	杜潔祥
出　　版	花木蘭文化出版社
發 行 所	花木蘭文化出版社
發 行 人	高小娟
聯絡地址	台北縣永和市中正路五九五號七樓之三
	電話：02-2923-1455／傳眞：02-2923-1452
網　　址	http://www.huamulan.tw 信箱 sut81518@ms59.hinet.net
印　　刷	普羅文化出版廣告事業
封面設計	劉開工作室
初　　版	2008 年 9 月
定　　價	初編 28 冊（精裝）新台幣 46,000 元

《左傳》之人文思想研究

王聰明　著

作者簡介

王聰明，山東昌邑人，一九五八年生於新竹，台灣師範大學國文系、國文研究所碩士班及博士班畢業，一九九八年獲台灣師範大學文學博士。曾任中學教師，現任明新科技大學人文社會與科學學院人文藝術教學中心副教授，講授中文領域、詩經、易經、老莊哲學等課程。主要著作有《左傳之人文思想研究》（碩士論文）、《中庸形上思想研究》（博士論文）等。

提　　要

　　本論文以《左傳》之人文思想為研究主題，目的在探討春秋時代之人文思想，進而觀其與先秦儒家在思想上之遞嬗關係。文凡分六章。

　　第一章導論，先說明人文思想之涵義與中國人文思想之特質，以為本文論述之知識基礎；其次略敘本文研究之動機、目的及論述程序。

　　第二章《左傳》之宗教人文化思想，分由人神關係之消長、災異思想之人文化及卜筮思想之人文化等三途，探討春秋時代之宗教人文化思想。

　　第三章《左傳》之道德思想，就春秋時人所表現之道德觀念，視其重要性依次論述，包括禮之思想、德之理論、信之思想、忠之倫理內涵及仁之思想。此外，亦敘及人性論之初步發展，以見其於中國人性論史中之地位。

　　第四章《左傳》之政治思想，旨在探討春秋時人對政治之基本理念，分由德治思想、禮治思想、民本思想及尚賢思想等四端論述之。此外，對災異說在政治上所顯示之人文意義，亦兼而敘之。

　　第五章《左傳》之人文史觀，自書法解釋，「禮也」、「非禮也」之簡捷判斷，「君子曰」之評論及歷史之因果關係等四種左氏傳經之形式，探討其寓懲勸於褒貶之史法，由之以覘左氏人文主義之歷史觀。

　　第六章結論，綜括各章之研究成果。

目

次

自 序

　　自民國六十六年秋，余負笈師大國文學系，從遊於諸先生門下，始知國學之廣大精微，極高明而道中庸，誠所謂「高山仰止、景行行止」，雖不能至，然心嚮往之。爰乃矢志向學，黽勉以赴，冀能登堂入室，一覽宗廟之美，百官之富。四載游息，藏焉脩焉，於詞章、義理、考據之學，乃能略窺門徑，粗識宏旨。尤以孔門義理，最爲敬服，深得我心之所同然。惟其時踐履未熟，體驗不深，是以雖好孔孟之道，猶難言有所契會。俟出爲人師，以傳道、受業、解惑自任，與諸生講習切磋，有不容自已之悅樂，然亦因之而彌覺昔日所學，似堅而實浮，雖博而不純，爰興賡續深造之意。

　　比入研究所，從李師爽秋習文選學，凡歷一寒暑。先生發凡釋例，時宣要旨，間而提示治學爲人之方，亦深中肯綮，啓沃良多。余既雅愛孔孟之學矣，平日讀書，於儒家人文思想之價值與功能，乃特留意焉。余以爲居今之世，欲對治共黨唯物論之觀念災害與夫科學一層論之僵化時風，非儒家之人文思想不爲功；而樹立道德主體，以彰顯人之存在價值，亦舍此莫由。其補偏救弊，正本清源之時代功能，乃確然而不可移者。第儒家思想，自有其歷史根源，孔孟以前之春秋時代，人文思想即已勃然興焉，其見諸載籍者，蓋以左傳最爲詳盡，是故探究斯時之人文思想，於了解先秦儒學遞嬗之迹，不無裨益。余不揣譾陋，乃捥筆以從事，是茲篇之所由作也。

　　論文撰述，凡閱一載，其間披讀原典，分判資料，至於執筆爲文，多所疑難，幸蒙李師爽秋悉心指導，開示津筏，乃克終底於成。化育之德，豈止銘感。唯限於個人之學識，疏漏誤謬，在所難免，尚祈博雅君子，不吝賜正。

丁卯年季春之月王聰明謹識於
國立臺灣師範大學國文研究所

第一章 導 論

第一節 人文思想之涵義及中國人文思想之特質

　　人文之領域極為廣袤，內容亦包羅萬象，是故，如欲直言其思想之涵義，恐因無所對照，而意難彰顯，不若先舉說人文以外之其他思想，以為烘托，則人文思想之涵義自然凸顯矣！唐君毅先生之界說人文思想，即採此一方式，茲檃括其意，加以說明。

　　據唐先生之說，人文思想之外，尚有非人文、超人文、次人文、反人文等不同性質之思想。所謂「非人文之思想」，乃指對人以外之經驗對象或理解對象之思想，如自然科學、數學中所包括之思想是也；所謂「超人文之思想」，乃指對人以上一般經驗理解所不及之超越存在之思想，如天道、神靈、仙佛、上帝、天使之思想是也；所謂「次人文之思想」，乃指對於人性、人倫、人道、人格及歷史文化之存在與其價值，未能全幅加以肯定尊重之思想；所謂「反人文之思想」，乃指對於人性、人倫、人道、人格及歷史文化之存在與其價值，予以否定曲解之思想，如唯物論之思想是也。

　　由是可知，所謂「人文之思想」，乃指對於人性、人倫、人道、人格及歷史文化之存在與其價值，願全幅加以肯定尊重，而不抹殺曲解之思想也。〔註1〕

　　以上五種思想之分劃，不必即能窮盡人類所有之思想，然大抵皆具有代表性，足以說明各種不同思想間之主要差異。如以先秦諸家之思想為喻，則儒家思想屬於「人文思想」，墨家思想屬於「次人文思想」，道家思想屬於「超

〔註1〕參唐君毅《中國人文精神之發展》，頁17～20。

人文思想」，法家思想屬於「反人文思想」。何以故？此可由四家對周文之不同態度加以分判。

夫禮樂乃周文之核心內容，原係當時貴族階級之生活規範，具有維繫封建社會人倫秩序之功能。降及春秋時代，由於貴族生命腐化墮落，遂使禮樂喪失其實際意義，浸假流為虛文，所謂「周文疲弊」是也。對周文之所以疲弊加以反省，思如何重建崩壞之文化秩序，此即諸子興起之內在原因。以儒、墨、道、法四家言，其學說各有不同，然針對周文疲弊而發則一。概而言之，儒家對周文持肯定之態度，以為周文之所以流於形式，乃貴族生命之墮落使然，與禮樂本身無關，是以如欲恢復禮樂之真實價值，必先使周文生命化，此孔子「仁」之觀念之所以出現也。所謂「人而不仁，如禮何？人而不仁，如樂何？」（《論語》〈八佾篇〉）以「仁」為禮樂之內在精神基礎，則禮樂不徒為形式，而具有客觀之實效性矣！

由是言之，孔子之於周文，不僅不以形式視之，其所以肯定周文之價值，更在於賦予禮樂以嶄新之哲學涵義，此所以儒家思想為人文者也。

墨家對周文則持否定之態度，蓋墨子以功利主義之觀點視周文，以為周文之禮繁瑣浪費，故主張非儒、非樂、節用、節葬，此所以墨家思想為次人文者也。次者不及，未能達至了解人文價值之必要性故也。

道家對周文亦持否定之態度，然非如墨子之採功利主義觀點。蓋道家學說之根本精神，厥為要求心境之自由無礙，基於此一要求，遂視周文為外在之形式，足以桎梏人心、束縛生命，故主張超越禮樂等一切人文概念，以達於精神獨立、逍遙齊物之境界，此所以道家思想為超人文者也。墨家不及，次於人文；道家則在人文之上，超於人文而闢一「方外」之世界。

法家對周文亦持否定之態度，然既非採取墨子功利主義之觀點，亦不若道家之別開一精神境界，蓋其以「法」為絕對之標準，不惟反賢、反德、反民智、反性善，抑且反孝弟，反仁義禮智，乃至於否定一切之價值觀念，此所以法家思想為反人文者也。〔註2〕

至若騶衍之言大九州，言天地開闢之歷史，則可視為「非人文思想」也。

〔註2〕 對儒、墨、道、法四家思想之分判，參牟宗三《中國哲學十九講》第三講：中國哲學之重點以及先秦諸子之起源問題；又其《政道與治道》，第二章四：法家的物化的治道；又余英時〈道統與政統之間〉，文收於《史學與傳統》一書。

　　以上詮釋人文思想之涵義，並舉先秦各家之思想作為輔助性說明，然此尚不足以盡其餘蘊，茲就中國傳統人文思想之表現，標舉四端以論其特質，冀能進而掌握人文思想之確切涵義。

　　第一、重主體性：重主體即重人，此為人文思想得以成立之首要條件。所謂重人，最初表現在對人之存在價值與人性尊嚴之肯定，余英時先生云：

　　　中國學術思想與西方不同，它在一開始便帶著濃厚的人文色彩，特
　　　別注重人在天地中的尊貴。孔子的「仁」道事實上也就是「人道」；
　　　孟子則尤其瞭解人的價值，故一再強調「人之異於禽獸」之所在。《大
　　　學》曾引孔子的話說「於止，知其所止，可以人而不如鳥乎？」這
　　　大概是孟子人禽之辨的最初根據。〔註3〕

其次，肯定人有普遍之人性，具自作主宰之能力，則為重人之進一步表現。中國思想之三大主流——儒釋道三家，皆重此義，如孟子云「人皆可以為堯舜」，荀子云「塗之人可以為禹」；道家經由修養工夫，可以為「真人」、「至人」；佛教肯定眾生皆有佛性，要皆表示人性之中有善根，能自作主宰，成就理想之人格，此最為中國人文思想之根本理念。重人即人本思想之表現，人本與物本或神本不同，就所關涉之對象言，人本乃以人之生命為主要之關懷，如中國傳統儒家哲學之所強調；物本則以自然或外在之對象為關注之目標，如西方哲學之以知識為中心，科學之以自然為對象；神本則以神為信仰之對象，如西方宗教之以上帝為中心。不論物本或神本，皆重客體性，惟有人本，始強調主體性，而人文思想之基本要義，即由對客觀之關注返回，轉而關懷主體之生命也。

　　第二、重內在道德性：中國哲學特重主體性，儒釋道三教皆然，而儒家復以「內在道德性」為主體之特殊規定，而成其「道德之主體性」。〔註4〕如孔子之言仁，孟子之言本心、善性，王陽明之言良知，皆所謂「內在道德性」也。儒家肯定內在道德性人皆有之，人心即為道德之根源，具有價值自覺之能力，故無須依靠外在超越之力量，即能實現道德價值，完成人生理想，此實吾國人文思想之精義所在。夫道德理性乃一切人文活動之根本，惟有肯定內在道德性，樹立價值主體，人文思想始有其堅實之基礎可言。在西方，上帝為萬有之創造者，亦一切價值之源頭，人之實踐社會價值或道德價值，其

〔註3〕見余英時《文明論衡》，頁67。
〔註4〕參見牟宗三《中國哲學的特質》，頁4。

實乃遵行上帝所制定之法則，〔註5〕故人之內在道德不顯，而表現爲他律道德之形態，然人文思想之所以爲人文思想，必以儒家之自律道德爲依歸也。

第三、重實踐：中國人文思想重視實踐，儒釋道莫不如此。儒家言道德實踐，道家言修道工夫，佛家言解脫之實踐，皆表示對實踐之重視也。職是之故，在中國思想史上，個人修養始終居於主流之地位，此即吾國文化具有人文精神之具體表現也。〔註6〕然實踐須是儒家道德實踐之形態，始能通向客觀之人文世界，道家與佛家皆有不足。道德實踐可分主觀之實踐與客觀之實踐，主觀面之道德實踐以完成德行人格爲目標，此即「內聖」之學；客觀面之道德實踐以淑世濟民，成就天下事物爲目標，此即「外王」之學。曩昔儒家在內聖方面成就極高，而外王則有所不足，且以今日言之，內聖僅爲外王之必要條件，而非充分條件，此其時代限制也。

第四、重現世性：中國人文思想重現世之特質，以儒家之表現最爲深切著明，儒家主張即現實世界以安頓生命成就人生理想，而毋須與人間絕緣，以求得出世之宗教歸宿，故與一般宗教不同。

綜括而言，中國人文思想內容廣泛，其特質亦非以上四端所能盡，舉其大要，不過爲便於增進對人文思想之了解而已。就中國人文思想之發展言，殷周之際爲萌芽時期，春秋時代乃勃然興焉，至孔子則臻圓熟之階段。萌芽時期與圓熟階段之人文思想，固有義理淺深之別，境界高低之分，其爲人文思想則一，此本文對人文思想所採取之基本觀點也。

第二節　本文研究之動機、目的與論述程序

人文思想爲中國文化之主要內涵，此一內涵決定吾國文化之基本方向及其特色。中國人文思想至孔子而正式建立，首先提出具有系統性之自覺理論，臻人文思想於高度圓熟之階段，是故今日言中國哲學史，皆以孔子爲論述之始點，要非偶然也。降及戰國之世，諸子蠭起，百家爭鳴，如繁花綻放，多采多姿，此時人文思想呈現更深更廣之內容與風貌，尤以孟、荀上承孔子之道，最能顯發其人文思想之精神義蘊，先秦儒家之人文思想，至此而完全成立。顧天下未有無根之物，先秦儒家高度成熟之人文思想，使非前有所承，

〔註5〕參余英時《從價值系統看中國文化的現代意義》，頁28～29。
〔註6〕註同5，頁33及頁102。

何由致之？然則探討孔子以前之人文思想，亦不無其歷史性之意義矣！此爲本文研究之動機。

　　復次，經由對孔子以前人文思想之探討，當可了解孔子思想中，何者爲因襲傳統之部份，何者爲「繼承之創造」部分，甚至戰國孟、荀之人文思想，亦可藉此而覘其歷史之根源。如是，言儒家思想，即不致有憑地崛起之虞，而孔子以前人文思想之地位與價值，亦當同時爲吾人所肯定也。此本文研究之目的。

　　以文化之發展言，春秋之世爲文化轉型之重要時期，蓋上古文化發展至此時，原始之宗教思想已大爲衰退，而理性之人文思想正方興未艾，經二百四十二年之蘊蓄積累，遂能下開戰國學術之黃金時代，故探討春秋時期之人文思想，有助於了解孔子以後儒家思想之演變發展。就今日所存文獻觀之，記載春秋史事之典籍，惟《左傳》一書最爲詳盡，此所以本文選定《左傳》作爲研究之對象也。

　　本文以研究《左傳》之人文思想爲主，故不涉是書作者、成書年代等等外圍之考證問題，然對於《左傳》一書之基本性質，則不能不略加說明，以爲本文論述之基本依據。第一、《左傳》記事乃作者根據各國史料編寫而成，故可視爲春秋時代之實錄，蓋據事直書乃中國史家之優良傳統也。後人或有竄入潤飾，基本上仍保存其原來之面目。以此言之，不惟書中記事可信，記言亦不必致疑；至《左傳》所載預言所以多中，亦史家記其驗者以經世而已，非從後附會者也，況尙有不驗者乎！第二、《左氏傳》爲解經之作，諸如書、不書，禮也、非禮也，君子曰，皆以義解經者也；至云先經以始事，後經以終義，錯經以合異，則以史解經者也。由是言之，諸凡例、書法、君子曰，皆傳之所固有，非出於後世之附益也。〔註7〕然則左氏作傳無個人之意見乎？曰是不然，第其主觀之意見乃表現於對史料之取捨與作史之方法上，而非藉對史料之潤色改易以表達一己之思想也。〔註8〕

〔註7〕 以上有關《左傳》性質之考證，詳參鄭良樹編著之《續僞書通考》經部春秋類。

〔註8〕 張端穗〈仁與禮——道德自主與社會制約〉，註5云：「《左傳》是本以歷史爲背景而討論禮的書，現已成定論。因此書中所記的事件可能是春秋史實，而人物論禮的對話多半經作者個人的潤色而成。因此《左傳》內容所反映的不是春秋的眞貌，而是作者所信仰的歷史發展的規律——禮。」文收於《中國文化新論・思想篇》二：天道與人道。案：本文不採取此一說法。

　　本文之論述程序，乃依循人文思想之主要觀念而展開，是故首先對人文思想之涵義加以界說，俾能確定其所含賅之範疇及內容，以爲本文論述之規範與根據；其次復就中國人文思想圓熟時期所表現之特質，標舉四端以論之，一者可覘中國人文思想之特殊精神風貌，一者可藉以衡定《左傳》人文思想之發展階段，以上見於第一章緒論。人類文化起源於宗教，初時神意主宰一切，迷信之思想充斥，其後文明演進，民智愈開，人之自主意識於焉萌發，乃逐漸掙脫神意之支配，此人文思想產生之契機也。由宗教至人文，係表示神消人長之歷史過程，其中尤能見出人文思想之精神特質，故次章探討「《左傳》之宗教人文化思想」。道德爲人文之具體表徵，道德觀念之出現，顯示人文思想已進展至相當程度之階段，故第三章探討「《左傳》之道德思想」。政治爲人文活動之大宗，政治活動之理性化，乃人文精神之高度表現，故第四章探討「《左傳》之政治思想」。至於第五章探討「《左傳》之人文史觀」，係就《左傳》作者對歷史之詮釋而言，與前三章層次不侔，故次於其後。夫探討史家之歷史觀，可以自其取舍材料之角度加以研究，惟春秋時代之史料不能盡窺，無以知《左傳》作者對於史料取舍之態度，故僅能自其傳經所用之形式加以探討也。末章結論，總述各章研究之成果。

第二章　《左傳》之宗教人文化思想

　　春秋賡續周初以來人文思想之發展，宗教人文化之現象益形昭著。然由宗教轉向人文，係淘汰其中不合理之迷信部分，轉而注入人文開明之精神，非將宗教完全取消也。蓋宗教乃出乎人性不容自已之要求，且為任一民族長期之生活傳統，實無完全消失之可能。當某一新文化發生之時，理念上可能解消宗教，而生活習慣中仍將予以保留；少數上層之文化分子可能背離宗教，而一般社會大眾仍將奉之不疑也。〔註1〕

　　世間之宗教，雖信仰不同，儀式殊異，然簡括而言，則不外乎神與人之關係。〔註2〕以此言之，凡有人神溝通之行為者，即可視為宗教信仰，斯近代宗教學與人類學興起後之觀念也。〔註3〕據此，本章擬由人神關係之消長、災異及卜筮思想之人文化等三方面，以探討《左傳》之宗教人文化思想。

第一節　人神關係之消長

　　春秋以前，天帝為至上神，地位崇高，聲威烜赫，諸神在其統轄之下，鮮有直接與聞人世之事者；春秋以後，諸神與人間之交通逐漸頻繁，關係益趨密切。由左傳觀之，鬼神時而降臨人世，時而見於夢中，時而託兆作怪，幾與人文世界打成一片矣！原其故，或與春秋王綱解紐、諸侯代興之政治情勢有關，蓋人世既無最高之統治者，天上亦難有定於一尊之天帝也。徐復觀

〔註1〕參徐復觀《中國人性論史》，頁51；又《兩漢思想史》（卷三），頁234。
〔註2〕參印順《我之宗教觀》，頁5。
〔註3〕參鄭志明〈唐代古文家的天命觀念初探〉，文載《鵝湖月刊》一一一期。

先生云：「春秋時代的諸神百神的出而問世，乃是我國宗教中的一種新形態。因諸神與原有的天、帝，在地位上大相懸殊，所以這種新形態出現以後，便大大減低了宗教原有的權威性，使諸神不能不進一步接受人文的規定，並由道德地人文精神加以統一。」〔註4〕此即所謂宗教之人文化。

一、民，神之主也

　　春秋時代，賢士大夫爲防止君王之重神輕人，往往於對話之際，特意強調民人地位之重要，因而透顯人文主義之精神，造成神消人長之契機。此一現象，《左傳》中甚爲普遍，如桓公六年，楚武王侵隨，故以弱師誘之，隨侯不知，將逐楚師：

> 季梁止之曰：「天方授楚，楚之羸，其誘我也，君何急焉？臣聞小之能敵大也，小道大淫。所謂道，忠於民而信於神也。上思利民，忠也；祝史正辭，信也。今民餒而君逞欲，祝史矯舉以祭，臣不知其可也。」公曰：「吾牲牷肥腯，粢盛豐備，何則不信？」對曰：「夫民，神之主也，是以聖王先成民，而後致力於神。……於是乎民和而神降之福，故動則有成。今民各有心，而鬼神乏主，君雖獨豐，其何福之有？君姑修政而親兄弟之國，庶免於難。」隨侯懼而修政，楚不敢伐。

「民，神之主也」、「聖王先成民，而後致力於神」等語，皆表示季梁重民輕神之人文理念。民既爲神之主，則神之賞罰自當以民爲權衡，此意謂人君若欲神降其福，必以和民爲政治當務之急，不然，徒賴祭祀之豐，實難邀神眷顧。季梁所以一再強調重民之義，蓋欲藉此扭轉隨侯恃神賜福之迷信觀念，使其知所用心於實際政治，以造福黎民百姓，可謂思想開明之賢臣也。此種人文主義之意味，究其本原，乃傳統德治理想之衍生後果。〔註5〕又僖公十九年，宋公欲以人牲爲祭，司馬子魚諫之，亦嘗引用「民，神之主也」一語。由是觀之，其時人神關係之主從易位，正表示宗教之漸趨人文化也。

　　民既爲神之主，則神祇自當「依人而行」，如左氏莊公三十二年傳：

> 秋七月，有神降于莘。惠王問諸內史過曰：「是何故也？」對曰：「國之將興，明神降之，監其德也；將亡，神又降之，觀其惡也。故有得神以興，亦有以亡，虞、夏、商、周皆有之。」王曰：「若之何？」

〔註4〕見徐復觀《中國人性論史》，頁53。
〔註5〕此一想法頗符合周人之正統觀念。參《傅斯年全集》第二冊，頁306。

對曰：「以其物享焉。其至之日，亦其物也。」王從之。內史過往，
聞虢請命，反曰：「虢必亡矣！虐而聽於神。」神居莘六月，虢公使
祝應、宗區、史嚚享焉，神賜之土田。史嚚曰：「虢其亡乎！吾聞之，
國將興，聽於民；將亡，聽於神。神，聰明正直而壹者也，依人而
行。虢多涼德，其何土之能得？」

依內史過所云，國之興亡，端視其自身之表現而定，明神於此，不過扮演觀
察者之角色，非是盛衰成敗之主宰。此可見內史過對鬼神之認知，實已達於
理性化之層次。至其斷言虢之必亡，要因虢君暴虐，不知愛民，反迷於鬼神
禍福之權威，欲求賜土田，有以致之也。史嚚之言亦近是，其以國之興亡，
乃取決於人君為政之是否聽於民意，若能以民意為依歸，則國將興盛；如迷
於鬼神禍福之說，而罔顧民意，則縱有祝、史之善於祭享，亦將有亡國之虞，
蓋神乃依人而行也。宗教要求人依神而行，史嚚則謂神依人而行，此說明宗
教人文化之後，神由權威地位降而為人之附庸。內史過及史嚚對政治均能作
合理之思考，此或與其為史之身分有關，徐復觀先生云：「史是中國古代文化
的搖籃，是古代文化由宗教走向人文的一道橋梁，一條通路。」〔註6〕蓋古代
史官為學術之淵藪，〔註7〕通過對歷史發展之觀察與反省，故能創發深刻之人
文智慧也。

鬼神聰明正直，其「依人而行」當有一定之標準，而非盲目順應人之一
切作為，此即「惟德是依」之觀念。如僖公五年，晉侯假道於虞以伐虢，虞
公將許之，宮之奇諫以為不可：

公曰：「吾享祀豐潔，神必據我。」對曰：「臣聞之，鬼神非人實親，
惟德是依。故周書曰：『皇天無親，惟德是輔。』又曰：『黍稷非馨，
明德惟馨。』又曰：『民不易物，惟德繄物。』如是，則非德，民不
和，神不享矣。神所馮依，將在德矣。若晉取虞，而明德以薦馨香，
神其吐之乎？」

虞公以為但憑祭物之豐盛明潔，即能獲致鬼神之佑助，足見其思想尚處於宗
教迷信之階段。宮之奇則指出鬼神「非人實親，惟德是依」之人文特質，其
意亦在藉此轉化虞公對鬼神之迷信觀念，使能專力於實際政治之修德愛民，

〔註6〕見徐復觀《兩漢思想史》（卷三），頁230。
〔註7〕古代學術淵藪，史為大宗，近人若劉師培、柳詒徵、李宗侗、徐復觀、陳槃
等多主是說。參王爾敏《史學方法》，頁48～59。

否則「非德，民不和，神不享矣」。由是可見，此時鬼神已自宗教之神秘氣氛中解放，不復享有絕對之禍福權威，且進而爲人文精神所規範，表現清晰明確之道德性格，此即所謂鬼神之人文化。又如左氏昭公二十年傳：

> 齊侯疥，遂痁，期而不瘳。諸侯之賓問疾者多在。梁丘據與裔歀言於公曰：「吾事鬼神豐，於先君有加矣。今君疾病，爲諸侯憂，是祝、史之罪也。諸侯不知，其謂我不敬，君盍誅於祝固、史囂以辭賓？」公說，告晏子。晏子曰：「日宋之盟，屈建問范會之德於趙武。趙武曰：『夫子之家事治，言於晉國，竭情無私，其祝、史祭祀，陳信不愧，其家事無猜，其祝、史不祈。』建以語康王，康王曰：『神人無怨，宜夫子之光輔五君，以爲諸侯主也。』」公曰：「據與歀謂寡人能事鬼神，故欲誅于祝、史，子稱是語，何故？」對曰：「若有德之君，外內不廢，上下無怨，動無違事，其祝、史薦信，無愧心矣。是以鬼神用饗，國受其福，祝史與焉。其所以蕃祉老壽者，爲信君使也，其言忠信於鬼神。其適遇淫君，外內頗邪，上下怨疾，動作辟違，從欲厭私，高臺深池，撞鐘舞女，斬刈民力，輸掠其聚，以成其違，不恤後人。暴虐淫從，肆行非度，無所還忌，不思謗讟，不憚鬼神。神怒民痛，無悛於心。其祝、史薦信，是言罪也；其蓋失數美，是矯誣也。進退無辭，則虛以求媚。是以鬼神不饗其國以禍之，祝、史與焉。所以夭昏孤疾者，爲暴君使也，其言僭嫚於鬼神。」公曰：「然則若之何？」對曰：「不可爲也！山林之木，衡鹿守之；澤之萑蒲，舟鮫守之；藪之薪蒸，虞候守之；海之鹽蜃，祈望守之。縣鄙之人，入從其政；偪介之關，暴征其私；承嗣大夫，強易其賄。布常無藝，徵斂無度；宮室日更，淫樂不違。內寵之妾，肆奪於市；外寵之臣，僭令於鄙。私欲養求，不給則應。民人苦病，夫婦皆詛。祝有益也，詛亦有損。聊、攝以東，姑、尤以西，其爲人也多矣，雖其善祝，豈能勝億兆人之詛？君若欲誅於祝、史，修德而後可。」公說，使有司寬政，毀關，去禁，薄斂，已責。

夫祭神之時，爲主祭者禱告，以祈福攘禍，此祝、史之職也。齊大夫梁丘據與裔歀咸以其事鬼神較先君爲豐，然不能使景公之疾癒，是以歸罪於祝、史之未盡其責，欲殺之以謝來問疾之賓，景公然其言，可見茲三人皆迷於鬼神之信仰。晏子則始終強調君德之重要，謂鬼神禍福之關鍵，乃依於君王之能

否勤政愛民。若君王有德，知勤勞國事，安集百姓，則神人無怨，國受其福；反之，如君王無道，殘民以逞，則鬼神不享，國被其禍。所謂「神怒民痛」，實則民痛是因，神怒為果。且一旦「民人苦病，夫婦皆詛」，縱有祝、史之善於祭禱，亦不能勝億兆人之詛。此一對比，顯示晏子重民輕神之宗教觀念。總之，晏子不憚辭累，力言君德及撫民之重要，以為乃鬼神賞罰之依據，並極陳齊國內政之諸多弊端，其意實出於扭轉景公邀福於鬼神之心態，而促之謹於修身，以德為政，可謂富於人文色彩之思想家。又如左氏定公元年傳：

> 孟懿子會城成周，庚寅，栽。宋仲幾不受功，曰：「滕、薛、郳，吾役也。」薛宰曰：「宋為無道，絕我小國於周，以我適楚，故我常從宋。晉文公為踐土之盟，曰：『凡我同盟，各復舊職。』若從踐土，若從宋，亦唯命。」仲幾曰：「踐土固然。」薛宰曰：「薛之皇祖奚仲居薛，以為夏車正，奚仲遷于邳，仲虺居薛，以為湯左相。若復舊職，將承王官，何故以役諸侯？」仲幾曰：「三代各異物，薛焉得有舊？為宋役，亦其職也。」士彌牟曰：「晉之從政者新，子姑受功，歸，吾視諸故府。」仲幾曰：「縱子忘之，山川鬼神其忘諸乎？」士伯怒，謂韓簡子曰：「薛徵於人，宋徵於鬼，宋罪大矣。且己無辭，而抑我以神，誣我也。『啟寵納侮』，其此之謂矣。必以仲幾為戮。」乃執仲幾以歸。

晉合諸侯之大夫城成周，宋仲幾獨不受功役，欲使滕、薛、郳三國代之，薛宰乃與之發生爭論，晉士彌牟居中斡旋，反遭仲幾脅以山川鬼神，遂引發其重人輕神之一段議論。士彌牟以薛取證於人與宋取證於鬼相對為言，而謂「宋罪大矣」；又以仲幾「己無辭，而抑我以神」為「誣我也」，可見其衡論是非曲直，完全著眼於人事，而絲毫不受鬼神觀念之影響。且士彌牟對仲幾之不循理論事，動輒引鬼神以屈人之作法，尤感憤怒，至於必問其罪而後已，足徵其迷信觀念十分淡薄，或已近乎無神論。

以上種種重民輕神思想，雖未必即為無神之論，然皆表現對鬼神權威之懷疑，具有貶低宗教迷信之作用，確能代表當時之人文思潮，進而加速宗教之人文化也。

二、祭祀以為人也

鬼神既接受當時人文精神之規定，呈現道德之性格，則祭神活動亦緣是

而脫離原始宗教之神祕氛圍，人文化之現象益爲顯著。如隱公三年，周、鄭互易人質，終不免交惡，時君子評曰：

> 信不由中，質無益也。明恕而行，要之以禮，雖無有質，誰能間之？
> 苟有明信，澗、溪、沼、沚之毛，蘋、蘩、蘊藻之菜，筐、筥、錡、
> 釜之器，潢、汙、行潦之水，可薦於鬼神，可羞於王公，而況君子
> 結二國之信，行之以禮，又焉用質？風有采蘩、采蘋，雅有行葦、
> 泂酌，昭忠信也。

苟言不由衷，有質無益；誠能結信行禮，雖無質可也。祭祀亦然，如心意誠敬，即使祭品菲薄如水草、行潦者，亦可進獻於鬼神王公。此說明由於人文道德之強調，祭祀重心已自鬼神向人身轉移，是以迷信之色彩愈益減輕，而人文之精神則相對強化。桓公二年，魯大夫臧哀伯諫桓公昭令德以示子孫，儉爲其一：

> 是以清廟茅屋，大路越席，大羹不致，粢食不鑿，昭其儉也。

太廟以茅草蓋頂，祀天之大輅用蒲席舖墊，肉汁不加五味，祭祀唯用不舂之米，凡此，皆所以示子孫以儉德。由是，祭物之貶抑減損，反成爲道德行爲之表徵，可見此時祭祀之人文意義遠大於其宗教意義。桓公六年，隨賢臣季梁諫隨侯修政撫民，嘗以人文意義解釋祭祀目的：

> 故奉牲以告曰：「博碩肥腯」，謂民力之普存也，謂其畜之碩大蕃滋也，
> 謂其不疾瘯蠡也，謂其備腯咸有也；奉盛以告曰：「絜粢豐盛」，謂其
> 三時不害而民和年豐也；奉酒醴以告曰：「嘉栗旨酒」，謂其上下皆有
> 嘉德而無違心也。所謂馨香，無讒慝也。故務其三時，修其五教，親
> 其九族，以致其禋祀，於是乎民和而神降之福，故動則有成。

普通宗教在肯定鬼神權威之前提下，祭祀所行之各種儀節，其目的不外祈福攘禍，故迷信之意味濃厚。季梁則以人文意義論釋祭祀目的，視祭祀所用儀節，皆所以表現人文之成就，誠爲進步之觀念。此外，季梁所以一再強調重民之義，更有其政治上之目的，蓋欲藉此轉化隨侯祭以祈福之迷信觀念，防範其重神輕民而不務實際也。此意前已言之，而春秋賢者往往如是，足見促使祭祀之趨於人文化，此實一大動源。又莊公十年，曹劌問何以戰於莊公，亦發揮重民輕神之義：

> 十年春，齊師伐我。公將戰。曹劌請見。其鄉人曰：「肉食者謀之，
> 又何間焉？」劌曰：「肉食者鄙，未能遠謀。」乃入見，問何以戰？

公曰：「衣食所安，弗敢專也，必以分人。」對曰：「小惠未徧，民弗從也。」公曰：「犧牲玉帛，弗敢加也，必以信。」對曰：「小信未孚，神弗福也。」公曰：「小大之獄，雖不能察，必以情。」對曰：「忠之屬也，可以一戰，戰則請從。」

曹劌以國君能布德於民爲可以一戰之決定性條件，而持禮、信以事神尚屬次要，可見在其觀念中，民之地位猶居神之上。即以「犧牲玉帛，弗敢加也」言，祭祀之物必依「禮」之規定爲之，不能隨意添加，則此時祭祀顯已接受人文之約束，透露以「人」爲主之思想趨勢矣！又如左氏文公二年傳：

秋八月丁卯，大事於大廟，躋僖公，逆祀也。於是夏父弗忌爲宗伯，尊僖公，且明見曰：「吾見新鬼大，故鬼小。先大後小，順也。躋聖賢，明也。明、順，禮也。」君子以爲失禮：「禮無不順。祀，國之大事也，而逆之，可謂禮乎？子雖齊聖，不先父食久矣。故禹不先鯀，湯不先契，文、武不先不窋。宋祖帝乙，鄭祖厲王，猶上祖也。是以魯頌曰：『春秋匪解，享祀不忒，皇皇后帝，皇祖后稷。』君子曰：『禮』，謂其后稷親而先帝也。詩曰：『問我諸姑，遂及伯姊。』君子曰：『禮』，謂其姊親而先姑也。」

文公祭於太廟，升僖公神位在閔公之上，此爲逆祀，時君子以爲失禮，蓋「禮無不順」，如違反次序，不可謂禮也。由是觀之，祭祀之禮乃依人間之禮而決定，人間之禮通貫天人二界，此即宗教之人文化也。又如左氏昭公十六年傳：

鄭大旱，使屠擊、祝款、豎柎有事於桑山。斬其木，不雨。子產曰：「有事於山，蓺山林也；而斬其木，其罪大矣。」奪之官邑。

子產以爲祭祀祈雨，所以養護山林，令繁殖之，其目的乃人文者也；而三大夫爲求神降雨，竟出以斬木之迷信方式，適與祭祀之人文目的相背反，故子產大其罪，而奪彼官爵封邑。此舉在當時普受迷信支配之社會，實富於人文之教育意義，蓋終子產一生，無不努力於排除時人對鬼神之迷信觀念也。

以上有關祭祀人文化之思想，可以宋司馬子魚「祭祀以爲人也。民，神之主也」〔註8〕一語總結之。蓋祭祀原以人爲目的，而非爲神。春秋人文精神之光輝，由是而彰顯焉。

〔註8〕見《左傳》僖公十九年。

三、祭用人牲之人道批評

用人祭以求福之習俗，乃出於古代野蠻之信仰，復加以王權之橫暴，有以致之。〔註9〕由卜辭所記及發掘所見，殷商人祭現象已普遍存在，其一次祭用之人數，少者數人，多者數十人，亦有高達四、五百人者，足見當時原始迷信之彌漫，惟時代愈晚，人祭數量則有逐漸減少之趨勢，洎乎春秋，已罕有所聞矣。〔註10〕

《左傳》所載人祭僅三見，且皆有時人自人道立場之嚴正批評，故可視爲春秋祭祀觀念人文化之說明。如左氏僖公十九年傳：

> 宋人執滕宣公。夏，宋公使邾文公用鄫子于次睢之社，欲以屬東夷。
> 司馬子魚曰：「古者六畜不相爲用，小事不用大牲，而況敢用人乎？
> 祭祀以爲人也。民，神之主也，用人，其誰饗之？齊桓公存三亡國，
> 以屬諸侯，義士猶曰薄德，今一會而虐二國之君，又用諸淫昏之鬼，
> 將以求霸，不亦難乎？得死爲幸。」

宋襄公用鄫子爲祭，欲藉使東夷諸國來附己，司馬子魚爲此深責之，至云「得死爲幸」，其態度之嚴厲，宛然可見；而「祭祀以爲人也。民，神之主也」所顯發之意義，不獨代表當時前進之人文理念，即視諸後世，亦不遑多讓。又左氏昭公十年傳：

> 秋七月，平子伐莒，取郠。獻俘，始用人於亳社。臧武仲在齊，聞
> 之曰：「周公其不饗魯祭乎！周公饗義，魯無義。詩曰：『德音孔昭，
> 視民不佻。』佻之謂甚矣，而壹用之，將誰福哉？」

合於義者，周公受其享祭，不然則否，是先祖受享之先決條件，端視祭祀者之行爲是否合乎理性。魯季平子殺人以爲犧牲，比人於牛羊，可謂無義之甚，故臧武仲謂周公將不享其祭，此實爲人文化之祭祀思想也。又左氏昭公十一年傳：

> 冬十一月，楚子滅蔡，用隱大子于岡山。申無宇曰：「不祥。五牲不
> 相爲用，況用諸侯乎！王必悔之。」

祭祀所用牲畜，尚須遵循禮之規定，不能任意混用，況以諸侯爲犧牲乎！由申無宇之反對人祭，可見其重人思想之基本立場。

〔註9〕 參徐復觀《兩漢思想史》（卷一）：有關中國殷周社會性格問題的補充意見，臺灣版代序，頁2。
〔註10〕 參北京大學歷史系考古教研室商周組編著《商周考古》，頁118。

四、人文主義之不朽論

　　永生為人類之共欲，亦一切宗教之基本理想，〔註11〕顧其實際內容，則往往指向超現實之「彼岸」。關於此一問題，春秋時代有叔孫豹之「三不朽」論，如左氏襄公二十四傳：

> 春，穆叔如晉，范宣子逆之，問焉，曰：「古人有言曰：『死而不朽』，何謂也？」穆叔未對。宣子曰：「昔匄之祖，自虞以上為陶唐氏，在夏為御龍氏，在商為豕韋氏，在周為唐杜氏，晉主夏盟為范氏，其是之謂乎？」穆叔曰：「以豹所聞，此之謂世祿，非不朽也。魯有先大夫曰臧文仲，既沒，其言立，其是之謂乎！豹聞之：『大上有立德，其次有立功，其次有立言。』雖久不廢，此之謂三不朽。若夫保姓受氏，以守宗祊，世不絕祀，無國無之。祿之大者，不可謂不朽。」

對「死而不朽」之看法，魯叔孫豹與晉范宣子不同。范宣子以其家族之世祿相承為不朽，此已異於宗教之永生；叔孫豹則以立德、立功、立言為三不朽，乃就人對現實世界之貢獻及影響立論，其意固不在超越現世而追求死後之神靈世界，故既與靈魂信仰無關，亦不含任何宗教色彩，此即人文主義之不朽論也。徐復觀先生以叔孫豹之言三不朽：「是直以人文成就於人類歷史中的價值，代替宗教中永生之要求，因此而加強了人的歷史意識，以歷史的世界代替了『彼岸』的世界。宗教係在彼岸中擴展人之生命，而中國的傳統，則係在歷史中擴展人之生命。」〔註12〕此即吾國人文思想富人間性之展現。

第二節　災異思想之人文化

　　古人智識有限，面對自然界之種種災異現象，每每難於理解，易滋困惑，遂將之歸於冥冥中神意之主宰，且視為人事變化之前兆，此即災異說之由來也。〔註13〕

　　《左傳》所記自然災異，種類繁多，例如日食、歲星、星孛、赤雲、石隕、鶂退、鸜鵒來巢、鳥烏聲樂、南風不競、地震、山崩、大雨雹、大水、大旱、饑、蜮、螽、螟等皆是，且時人往往附會其與人事間之因果關係，致

〔註11〕參印順《我之宗教觀》，頁25。
〔註12〕見同註4，頁56。
〔註13〕關於原始前兆迷信產生之根源，詳見朱天順《中國古代宗教初探》第五章第一節。

災異之說充斥於春秋時代，此由《左傳》多見以自然災異預卜吉凶，可爲印證。舉例言之，有因日食而言妖祥者，如昭公三十一年十二月日食，史墨謂六年此月，吳其入郢，必以庚辰；有因歲星而言妖祥者，如昭公八年，歲在析木之津，史趙謂陳雖滅，將復封；有因慧星而言妖祥者，如文公十四年，有星孛入于北斗，周內史叔服謂不出七年，宋、齊、晉之君皆將死亂，類此，皆以星象而預言休咎也。又如昭公二十五年，有鸜鵒來巢，師己知昭公將出辱，往歌來哭；襄公十八年，鳥烏聲樂，師曠知齊師必遁，類此，皆以物異而預言休咎也。他例甚夥，茲不贅舉。

由是觀之，春秋時代幾爲鬼神崇拜之迷信所籠罩，蓋自然與人事仍多混淆也。雖然，亦間有部分賢哲之士，嶄露理性思想之光芒，爲災異說之脫離原始宗教性，而導夫先路。

一、妖由人興

古人見有怪異、邪惡之事物，非其所能理解者，輒目之爲妖，此本原始之迷信思想也。《左傳》之中，則已出現「妖由人興」之觀念，如左氏莊公十四年傳：

> 初，內蛇與外蛇鬬於鄭南門中，內蛇死。六年，而厲公入。公聞之，問於申繻曰：「猶有妖乎？」對曰：「人之所忌，其氣炎以取之，妖由人興也。人無釁焉，妖不自作；人棄常，則妖興，故有妖。」

對於動物之變態表現，古人多視爲禍殃來臨之前兆，〔註14〕是以莊公懷疑厲公之入鄭，與妖有關。大夫申繻則自人行爲之合理與否，以解釋妖興之根源，蓋人能守常，則妖不自生；如背棄常道，則妖興焉。此一觀念誠有反迷信之作用，且似隱含假神道以設教之意味。又宣公十五年，晉大夫伯宗以民反德爲妖災之所由生，其意與申繻雷同：

> 天反時爲災，地反物爲妖，民反德爲亂，亂則妖災生。

夫行事之準則爲德，若違反之，則有禍亂，而災妖由是而生。此說明妖災之興可從人獲致合理之解釋。民反德既爲妖災所生之故，人君如有懼心，自當敬修其德，爲民表率，庶幾可免於妖災之禍。是伯宗之言，蓋寓警戒人君之意在焉。

〔註14〕參同註13，頁126。

二、吉凶由人

　　自然災異與人事休咎之混淆不分，乃原始迷信思想之表徵，《左傳》中固多見矣！然亦有少數理智清明之士，能突破迷信，詳辨其間之界限，如左氏僖公十六年傳：

> 春，隕石于宋五，隕星也；六鷁退飛，過宋都，風也。周內史叔興聘于宋，宋襄公問焉，曰：「是何祥也，吉凶焉在？」對曰：「今茲魯多大喪，明年，齊有亂，君將得諸侯而不終。」退而告人曰：「君失問，是陰陽之事，非吉凶所生也。吉凶由人。吾不敢逆君故也。」

宋襄公見石隕、鷁退等自然怪現象，遂詢及人事之吉凶何在，其時風氣如此，未足深怪。內史叔興不敢逆君之問，姑為人事之預言以答之，所云自有得於平時對政治之觀察，與石隕、鷁退等事無關，故其後多驗。叔興誠知自然與人事之分別，故以陰陽屬之自然，吉凶屬之人事，各歸其所，互不相關，此實思想界之一大革命。其後陰陽家侈言「陰陽消息」，復混自然於人事，思想反見退墮。以此言之，鄒衍、董仲舒皆不如內史叔興。戰國荀子思想特明天人之分，或即濫觴於此。又左氏僖公二十一年傳：

> 夏，大旱。公欲焚巫、尪。臧文仲曰：「非旱備也。脩城郭、貶食、省用、務穡、勸分，此其務也。巫、尪何為？天欲殺之，則如勿生；若能為旱，焚之滋甚。」公從之，是歲也，饑而不害。

巫、尪者，主祈禱請雨者也。僖公以魯之久旱不雨，乃巫、尪之未盡職責，故欲焚之以事神。大夫臧文仲則謂備旱之道，當努力於具體之人事，以減輕其損害，若一味迷信鬼神，不務實際，至以巫、尪有罪而殺之，此非治旱之法也。由於臧文仲之理性建言，遂使僖公自仰賴鬼神解旱之迷信作法，轉而知盡力於人事，故是歲雖饑而不為害。又如左氏昭公十九年傳：

> 鄭大水，龍鬥于時門之外洧淵，國人請為禜焉。子產弗許，曰：「我鬥，龍不我覿也；龍鬥，我獨何覿焉？禳之，則彼其室也。吾無求於龍，龍亦無求於我。」乃止之。

禜者，去禍祈福之祭也。國人迷信，以龍鬥為更大災害來臨之前兆，遂請為禜焉。子產思想開明，知國人囿於迷信，故弗許之。蓋水患既成事實，補救之道，自當謀於人事，而不應視龍鬥為象徵更大災害之來臨也。子產以龍、我對比而言，實即表示自然與人事之分屬不同畛域，龍、我既各不相謀，則自然現象與人間禍福亦無任何關連也。春秋時代，以少數貴族士大夫代表進

步之人文理念，一般社會大眾尚普遍籠罩在鬼神迷信中，然亦偶有例外者，如左氏成公五年傳：

> 梁山崩，晉侯以傳召伯宗。伯宗辟重曰：「辟傳。」重人曰：「待我，不如捷之速也。」問其所，曰：「絳人也。」問絳事焉。曰：「梁山崩，將召伯宗謀之。」問將若之何。曰：「山有朽壞而崩，可若何？國主山川，故山崩川竭，君爲之不舉，降服，乘縵，徹樂，出次，祝幣，史辭以禮焉。其如此而已，雖伯宗若之何？」伯宗請見之，不可。遂以告，而從之。

古人不明山崩之理，往往驚怪之，但此人却能知梁山崩爲自然現象，不作鬼神禍福之預言，足爲一時有識者。此人自是當時之下層人物也。

三、天道遠、人道邇

古人相信天體運動可以影響人事變化，所謂「天事恒象」，[註15] 故每每假天象以預言人事吉凶，此即占星之學也。《左傳》此類事例甚夥，其中大部分仍屬於迷信觀念，間亦有能發揚人文思想者，茲舉以述之。如襄公十八年，楚師伐鄭：

> 晉人聞有楚師，師曠曰：「不害。吾驟歌北風，又歌南風，南風不競，多死聲，楚必無功。」董叔曰：「天道多在西北，南師不時，必無功。」叔向曰：「在其君之德也。」

南風不強，師曠知楚必無功，是以物異而預言休咎；天道爲木星所行之道，此年位在西北，董叔知楚必無功，是以星象而預言休咎；叔向亦知楚之必無功，然不自宗教神秘之觀點預言，而直就人事觀察所得，加以判斷，故云「在其君之德也」，此即人文思想之表現也。昭公二十六年，齊有彗星，齊侯使人禳祭以除災：

> 晏子曰：「無益也，祇取誣焉。天道不謟，不貳其命，若之何禳之？且天之有彗也，以除穢也。君無穢德，又何禳焉？若德之穢，禳之何損？詩曰：『惟此文王，小心翼翼。昭事上帝，聿懷多福。厥德不回，以受方國。』君無違德，方國將至，何患於彗？詩曰：『我無所監，夏后及商。用亂之故，民卒流亡。』若德回亂，民將流亡，祝

[註15] 《左傳》昭公十七年魯大夫申須語。

史之爲，無能補也。」公說，乃止。

古人迷信慧星爲災變之前兆，故齊侯欲藉禳祭以消災除禍。晏子則以爲此舉無益，理由可自三方面言。第一、天道代表正義，不可懷疑，其命福降禍，無有差失，非禳祭所能改變，此破除齊侯對天命之迷信。第二、天之有彗，所以除穢，人君苟無穢德，固不必禳，苟德有穢，禳亦不能稍有減損。晏子在此賦予彗星以人文道德之性格，使其存在與人德結合，而脫離宗教迷信之範疇，此所以轉化齊侯對彗星之迷信。第三、君王如能以德爲政，敬事上帝，則四方之國將歸往之，彗何足患，文王之興，足爲楷式；如一旦失德亂政，民將流離，雖有祝史之祭禱，亦不能免於亡國之禍，夏、商之亡，可爲鑑戒。晏子於此引史實爲證，說明君德臧否在人事上之不同效驗，意欲藉此以警齊侯修德利民之重要，而勿徒迷於鬼神之說也。

春秋之世，國君大多深信宗教之無比效力，鮮有能體認人文精神者，茲舉例外一則，以見其難能可貴，如左氏哀公六年傳：

是歲也，有雲如眾赤鳥，夾日以飛三日。楚子使問諸周大史。周大史曰：「其當王身乎！若禜之，可移於令尹、司馬。」王曰：「除腹心之疾，而寘諸股肱，何益？不穀不有大過，天其夭諸？有罪受罰，又焉移之？」遂弗禜。

天示異象，周大史據之而預卜吉凶，謂楚昭王必身當其咎，第如禳祭之，可令移禍於左右大臣。然而昭王不僅以此舉爲無益，且提出「有罪受罰」之說法，充分表現勇於承擔罪責之精神。此一自負其責之觀念意識，與西方宗教藉祈禱以贖罪之態度大異其趣，實顯示人之自決其命運爲可能，而吾國人文思想富主體承擔之精神特質，亦由是而見焉。故孔子美之曰：「楚昭王知大道矣，其不失國也宜哉！夏書曰：『惟彼陶唐，帥彼天常，有此冀方。今失其行，亂其紀綱，乃滅而亡。』又曰：『允出茲在茲。』由己率常，可矣！」適說明人本身行爲之合理性可以決定一切也。昭公十七年冬，有慧星見於大火星旁，鄭裨竈預言宋、衛、陳、鄭將同日火，建議子產用瓘斝玉瓚祭神，必能禳除鄭火，子產思想開明，不惑於鬼神之說，是以弗與之。次年夏五月壬午，四國皆火：

裨竈曰：「不用吾言，鄭又將火。」鄭人請用之，子產不可。子大叔曰：「寶以保民，若有火，國幾亡。可以救亡，子何愛焉？」子產曰：「天道遠，人道邇，非所及也，何以知之？竈焉知天道？是亦多言矣，豈不或信？」遂不與。亦不復火。

由於裨竈預言應驗，故鄭人請用其法以禳火，子產態度堅定，復以爲不可。實則當時之人確視天道爲有吉凶之徵兆，〔註16〕子產亦未嘗否認，然其深知此非人力所能理解，與其對幽遠難明之天道吉凶進行預測，不如盡力於人事之深切著明，此其所以特別強調人道之原因也。是故，子產謂裨竈預言之應驗，不過多言而中，非能眞知天道者也。

春秋人文思想之發展，至子產「天道遠，人道邇」之說出，可謂達於顚峯，足見其地位之重要。及子產卒，仲尼聞之，乃出涕曰：「古之遺愛也。」〔註17〕敬慕之情，溢於言表。後孔子罕言天道，不語怪力亂神，〔註18〕或者亦受子產之影響歟！

第三節　卜筮思想之人文化

古者民智未開，迷信鬼神，有所行事，輒藉卜筮之術，求神鬼爲之指示，以定猶豫、決疑似、斷休咎，此原始宗教之一大作用也。

洎乎春秋時代，文明迭有進展，而此風不稍陵夷。《左傳》所載，時人有關祭、葬、葬、嫁、娶、死、病、立嗣、生子、立夫人、征伐、求和、遷國、前途、出仕、任官、立宰等事，皆嘗假諸卜筮，以定其吉凶，可見卜筮一道，仍爲當時人神溝通之重要方式。雖然，其原始宗教性已視前大爲遜減，而人文精神正日益滋長也。

一、不疑何卜

卜筮之目的，既在決疑定惑，則於人事之無可疑者，固無占卜之需要，如左氏桓公十一年傳：

> 楚屈瑕將盟貳、軫。鄖人軍於蒲騷，將與隨、絞、州、蓼伐楚師。莫敖患之。鬬廉曰：「鄖人事其郊，必不誡。且日虞四邑之至也。君次於郊郢，以禦四邑，我以銳師宵加於鄖。鄖有虞心而恃其城，莫有鬬志。若敗鄖師，四邑必離。」莫敖曰：「盍請濟師於王？」對曰：「師克在和不在眾。商、周之不敵，君之所聞也。成軍以出，又何

〔註16〕錢大昕已指出，古書言「天道」皆主吉凶禍福言，爲原始之宗教思想，與天命之性自是兩事。見《十駕齋養新錄》卷三「天道」條，頁45。

〔註17〕見《左傳》昭公二十年。

〔註18〕參見《論語》〈公冶長〉、〈述而〉兩篇。

濟焉？」莫敖曰：「卜之。」對曰：「卜以決疑，不疑何卜？」遂敗
鄖師於蒲騷，卒盟而還。

由於鬥廉對時勢瞭若指掌，且能出之以善謀，故此役成竹在胸，有必勝之心，此其所以諫莫敖不必卜而卒敗鄖師也。夫神權時代，事無不卜，一切仰賴神鬼之指示，人之自主意識未易萌發；鬥廉之言，則予卜筮以合理之活動範圍，人之自主意識顯著提昇，足證其觀念之進步開明。同理，有所征伐，但需辭義嚴正，師出有名，即可一戰，毋需再求神問卜，如左氏哀公三十三年傳：

夏六月，晉荀瑤伐齊，高無丕帥師御之。知伯視齊師，馬駭，遂驅
之，曰：「齊人知余旗，其謂余畏而反也。」及壘而還。將戰，長武
子請卜。知伯曰：「君告於天子，而卜之以守龜於宗祧，吉矣，吾又
何卜焉？且齊人取我英丘，君命瑤，非敢燿武也，治英丘也。以辭
伐罪足矣，何必卜？」

觀知伯之意，所以不必卜者，卜不襲吉，固為原因之一，然而更直接之決定因素，則在人事上既有正常之理由，足以為討罪之資也。如是，人之理性觀念可以作為行事之權衡，不必處處受神意之支配矣。

　　人事無疑，則不煩卜筮，此一理性思想鬥廉已發之，春秋亦有人君能明於是理者，如左氏哀公十八年傳：

巴人伐楚，圍鄾。初，右司馬子國之卜也，觀瞻曰：「如志。」故命
之。及巴師至，將卜帥，王曰：「寧如志，何卜焉！」使帥師而行。
請承，王曰：「寢尹、工尹勤先君者也。」三月，楚公孫寧、吳由于、
蘧固敗巴師于鄾，故封子國於析。君子曰：「惠王知志。夏書曰：『官
占唯能蔽志，昆命于元龜。』其是之謂乎！志曰：『聖人不煩卜筮。』
惠王其有焉。」

楚惠王知人志意，其命帥命承皆不用卜筮，是以君子美之。此說明人事判斷之重要，已為少數賢哲之士所深切體認。所引夏書之語，杜注：「逸書也。官占，卜筮之官。蔽，斷也。昆，後也。言當先斷意後用龜也。」意在強調卜筮之重人事判斷；又前志「聖人不煩卜筮」之說，尤表示人之理性尊貴，可以自作主宰，決定一切，而不勞鬼神之代為指引也。又襄公七年夏四月，魯君為郊祭而占卜三次，卜均不從，大夫孟獻子乃憬然而悟曰：

吾乃今而後知有卜筮。夫郊祀后稷，以祈農事也。是故啟蟄而郊，
郊而後耕。今既耕而卜郊，宜其不從也。

卜筮從否，本取決於神鬼之意志，今孟獻子解釋其所以不從之故，竟採取人文之觀點，以爲卜筮亦根據人間秩序而定其從否，由是，遂使卜筮大失其宗教神秘性，轉而衣被人文之理性色彩矣！

二、卜筮在德

由於春秋鬼神性格之道德化，卜筮亦逐漸遠離宗教迷信之層次，轉而依附於人文道德，遂使其表現理性之色彩，如左氏僖公十五年傳：

> 及惠公在秦，曰：「先君若從史蘇之占，吾不及此夫！」韓簡侍，曰：
> 「龜，象也；筮，數也。物生而後有象，象而後有滋，滋而後有數。
> 先君之敗德，及可數乎？史蘇是占，勿從何益？詩曰：『下民之孽，
> 匪降自天。傅沓背憎，職競由人。』」

初，晉獻公筮嫁伯姬於秦，史蘇占之，不吉，獻公未從卜言而終嫁之，其後秦、晉韓之戰，晉敗，惠公爲秦所獲，遂歸因於獻公之未從卜言。韓簡則謂獻公敗德實多，即從史蘇之占，亦不能使惠公免於韓原之辱。此說明卜筮吉凶乃視人德而轉移，人有敗德，雖卜筮之從，亦無益也。韓簡表面言獻公，實則暗示惠公今日之辱，亦由敗德所致，〔註19〕非關卜筮。所引《詩・小雅・十月之交》句，亦在說明禍由人興、辱實自取之意，欲藉以悟惠公也。於此，韓簡實表現其人文主義之精神與理念。如左氏襄公九年傳：

> 穆姜薨於東宮。始往而筮之，遇艮之八。史曰：「是謂艮之隨。隨，
> 其出也。君必速出！」姜曰：「亡！是於周易曰：『隨，元、亨、利、
> 貞，無咎。』元，體之長也；亨，嘉之會也；利，義之和也；貞，
> 事之幹也。體仁足以長人，嘉德足以合禮，利物足以和義，貞固足
> 以幹事，然，故不可誣也。是以雖隨無咎。今我婦人而與於亂，固
> 在下位，而有不仁，不可謂元；不靖國家，不可謂亨；作而害身，
> 不可謂利；棄位而姣，不可謂貞。有四德者，隨而無咎，我皆無之，
> 豈隨也哉？我則取惡，能無咎乎？必死於此，弗得出矣。」

穆姜固然淫亂失德，〔註20〕惟自知罪孽深重，故雖筮得隨卦，亦不能使其免於亡身之禍。吾人若不以人廢言，則其言實爲可取。穆姜之意，蓋謂卜筮之有無效驗，端視人德而定，無德之人，即筮得善卦，亦不能求其應驗也。昭

〔註19〕關於惠公之不德，見《左傳》僖公十四年慶鄭語。
〔註20〕其事見《左傳》成公十六年。

公十二年，魯南蒯將叛季氏：

> 南蒯枚筮之，遇坤之比，曰：「黃裳元吉。」以爲大吉也，示子服惠伯，曰：「即欲有事，何如？」惠伯曰：「吾嘗學此矣。忠信之事則可，不然必敗。外彊內溫，忠也；和以率貞，信也，故曰：『黃裳元吉』。黃，中之色也；裳，下之飾也；元，善之長也。中不忠，不得其色；下不共，不得其飾；事不善，不得其極。外內倡和爲忠，率事以信爲共，供養三德爲善，非此三者弗當。且夫易，不可以占險，將何事也？且可飾乎？中美能黃，上美爲元，下美則裳，參成可筮。猶有闕也，雖吉，未也。」

觀子服惠伯之言，蓋謂惟有德者，吉可如筮，不然，雖吉必敗。南蒯心中所主不正，且將行險事，故筮雖大吉，未必驗也。此亦說明人行爲之合理性可以左右卜筮吉凶之徵驗。卜筮既視人德爲轉移，一旦卜有不吉，則增修德可以改卜，亦觀念上應有之發展，如襄公十三年，鄭大宰石㚟言於楚子囊曰：

> 先王卜征五年，而歲習其祥，祥習則行，不習則增修德而改卜。

由於人德之強調，卜筮不復爲鬼神權威之表現，而爲人之理性所可掌握，此即宗教之人文化也。又如左氏成公十七年傳：

> 初，鮑國去鮑氏而來，爲施孝叔臣。施氏卜宰，匡句須吉。施氏之宰，有百室之邑，與匡句須邑，使爲宰，以讓鮑國，而致邑焉。施孝叔曰：「子實吉。」對曰：「能與忠良，吉孰大焉！」鮑國相施氏忠，故齊人取以爲鮑氏後。

施氏卜宰，匡句須雖吉，却讓於鮑國，蓋「能與忠良，吉孰大焉」，此一唯賢是視之觀念，顯已超越卜筮吉凶之層次，而代表高度成熟之人文思想。

　　以上所論，皆在闡發卜筮在德之觀念。由此一事實觀之，可以顯示兩點重要意義，第一、卜筮既接受人德之指導，則其時鬼神之性格必已道德化，如是始能與人德表現一致之規範力量。第二、由人德足以影響卜筮吉凶之徵驗此一事實觀之，顯示人對於其行爲之是非善惡，有相當之自主能力，是故亦必須爲其行爲之結果負責，而不能將之交託於外在不可知之命運或宗教之神秘力量。此已觸及人文主義之核心理念，嶄露理性思想之光輝也。

三、卜言未必可信

　　春秋之世，卜筮之風固盛，然亦有時人對鬼神權威表示懷疑，而未必依

從卜筮之言以行事者，此可見理性思想已逐漸擡頭，成為卜筮人文化之動力。如左氏僖公十九年傳：

> 秋，衛人伐邢，以報菟圃之役。於是衛大旱，卜有事於山川，不吉，寧莊子曰：「昔周饑，克殷而年豐，今邢方無道，諸侯無伯，天或者欲使衛討邢乎？」從之，師興而雨。

寧莊子未以卜祭山川不吉之故，遂止伐邢，反引史實為證，以圓成其伐邢之舉，可謂不執迷於卜筮者，結果「師興而雨」，適破除卜筮之迷信。又如左氏襄公十年傳：

> 宋公享晉侯于楚丘，請以桑林，荀罃辭，荀偃、士匄曰：「諸侯宋、魯於是觀禮，魯有禘樂，賓祭用之；宋以桑林享君，不亦可乎？」舞，師題以旌夏，晉侯懼，而退入于房，去旌，卒享而還。及著雍，疾，卜，桑林見。荀偃、士匄欲奔請禱焉，荀罃不可。曰：「我辭禮矣，彼則以之，猶有鬼神，於彼加之。」晉侯有間，以偪陽子歸，獻于武宮，謂之夷俘。

晉侯疾，卜之，兆見桑林之神。荀偃、士匄欲奔回祈禱，以禳其災。荀罃則不以晉侯之疾與桑林之神有關，故未從卜言所示。蓋我已辭不用桑林之樂舞，而宋仍用之，是過在彼不在我，如有鬼神，亦當加禍於宋也。荀罃以人事為言，似不信有鬼神之說，其思想之理性開明可見。

春秋以降，能以理性之態度對待鬼神者，子產為最著，如左氏昭公元年傳：

> 晉侯有疾，鄭伯使公孫僑如晉聘，且問疾。叔向問焉，曰：「寡君之疾病，卜人曰：『實沈、臺駘為祟』，史莫之知。敢問此何神也？」子產曰：「昔高辛氏有二子，伯曰閼伯，季曰實沈，居于曠林，不相能也，日尋干戈，以相征討。后帝不臧，遷閼伯于商丘，主辰，商人是因，故辰為商星；遷實沈于大夏，主參，唐人是因，以服事夏、商。其季世曰唐叔虞。當武王邑姜方震大叔，夢帝謂己：『余命而子曰虞，將與之唐，屬諸參而蕃育其子孫。』及生，有文在其手曰虞，遂以命之；及成王滅唐，而封大叔焉，故參為晉星。由是觀之，則實沈，參神也。昔金天氏有裔子曰昧，為玄冥師，生允格、臺駘。臺駘能業其官，宣汾、洮，障大澤，以處大原。帝用嘉之，封諸汾川，沈、姒、蓐、黃實守其祀。今晉主汾而滅之矣。由是觀之，則臺駘，汾神也。抑此二者，不及君身。山川之神，則水旱癘疫之災，

於是乎禜之；日月星辰之神，則雪霜風雨之不時，於是乎禜之。若
君身，則亦出入、飲食、哀樂之事也，山川、星辰之神又何爲焉？
僑聞之，君子有四時，朝以聽政，晝以訪問，夕以脩令，夜以安身。
於是乎節宣其氣，勿使有所壅閉湫底，以露其體，茲心不爽，而昏
亂百度。今無乃壹之，則生疾矣。」

晉平公有疾，卜人謂係鬼神作崇。子產不以爲然，指出平公致疾之因，源於
日常生活之不知節制，而與山川、星辰諸神之爲崇無關，故即使舉行禳災之
祭，亦無益於疾病之痊癒。此一解釋頗符醫學觀點，而能擺脫宗教之迷信。
然子產並非完全排斥鬼神之說，其目的要在破除時人對鬼神之迷信觀念，予
鬼神以合理之地位耳。即此一端而論，子產對宗教人文化之功實不可沒。如
左氏哀公六年傳：

初，昭王有疾，卜曰：「河爲崇。」王弗祭。大夫請祭諸郊。王曰：
「三代命祀，祭不越望。江、漢、雎、漳，楚之望也。禍福之至，
不是過也。不穀雖不德，河非所獲罪也。」遂弗祭。

楚昭王爲春秋富於理性思想之國君，前已言之，此則爲其不信卜言之記載。
蓋昭王相信三代時所規定之祭祀制度，祭祀不超越本國山川，鬼神之禍福亦
以此爲限，黃河既不在楚國境內，自非使昭王獲罪之根源，是以昭王弗祭。
此已透露初步之理性思想。

由是觀之，左傳所記卜筮，已逐漸脫離宗教迷信之牢寵，而呈現人文化
之傾向。此時，鬼神不復享有絕對之禍福權威，其活動範圍亦受人文合理之
限制，相對而言，人之自我意識逐漸覺醒，自作主宰之可能愈來愈大，至於
人德可以左右卜筮吉凶，影響鬼神意志，人文精神之光輝由是而大爲彰顯。

本章探討《左傳》之宗教人文化思想，發現無論就人神關係之消長、災
異及卜筮思想等任一方面言，皆顯示有人文化之現象，可見此時原始信仰已
逐漸崩潰轉化，而宗教之全面趨向人文化，亦隱然可期矣！由《左傳》觀之，
春秋君王臣民猶大多迷信宗教之神秘力量，神鬼天道仍頗爲人事之主宰，惟
由少數賢士大夫所代表之人文思想一旦出現，即呈顯一種嶄新之精神方向，
終將在思想上取得支配地位，成爲領導文化之主流，而影響後世人文思想之
發展也。衡以《左傳》所載之宗教人文化思想，已較殷周之際大爲進步，然
視孔子及戰國諸子又有不如，此適說明春秋居於思想上之轉型時期，具有承
先啓後之重要地位也。

第三章 《左傳》之道德思想

第一節 禮之思想

禮樂爲中國古代文化之重要傳統，此一傳統歷夏、商、周三代而一脈相承，至周而極盛，故孔子云：「殷因於夏禮，所損益可知也。」（《論語》〈爲政〉）復云：「周監於二代，郁郁乎文哉！吾從周。」（《論語》〈八佾〉）〔註1〕泊乎春秋時代，禮更取代樂之傳統地位，成爲當時貴族人文教養之主要憑藉，〔註2〕故本章首先探討禮之思想。

一、春秋以前禮觀念之發展

以字源學觀點言，禮字乃豐字之分化。據王國維先生研究，卜辭「癸未卜貞醴豐」句中「豐」字，即小篆「豐」字，並象祭祀時二玉在器之形。〔註3〕商人迷信鬼神，好爲祭祀，不僅次數頻繁，儀式複雜，且所用祭器亦夥，「豐」當爲其中之一，〔註4〕故《說文》釋豐爲「行禮之器」，〔註5〕是禮字之原型可溯至甲骨文矣！

豐原指祭神之器，俟其意義擴張，分化爲禮字之後，始包含祭祀儀節之意，此一變化或發生於周初，蓋其時已出現表示祭祀儀節之禮字也。觀《尚書》

〔註1〕參余英時《史學與傳統》，頁37～38。
〔註2〕參徐復觀《中國藝術精神》，頁3～4。
〔註3〕參王國維《觀堂集林》六：釋禮。
〔註4〕關於商代祭祀，參島邦男《殷墟卜辭研究》第一篇：殷室的祭祀。
〔註5〕見許慎《說文解字》，頁210。

周初文獻，禮字凡四見，其中三次見於〈洛誥〉：

　　△王肇稱殷禮，祀于新邑，咸秩無文。

　　△惇宗將禮，稱秩元祀，咸秩無文。

　　△四方迪亂未定，于宗禮亦未克敉公功。

一次見於〈君奭〉：

　　率惟茲有陳，保乂有殷；故殷禮陟配天，多歷年所。

以上諸禮字，皆意指祭祀而言。祭祀時有一定之儀節，即稱爲禮。周初取殷而代之，然亂勢未戢，周禮不及制訂，是以仍延用殷禮祭祀，此〈洛誥〉云「王肇稱殷禮」也。禮既指稱祭祀儀節，自以宗教性爲其首要意義，《說文》「禮，履也，所以事神致福也。」，〔註6〕即以宗教祭祀釋禮，以此言之，其觀念殆源於周初也。

　　逮周公制禮，禮始突破宗教性範圍，而彰著其政治性與道德性之意義，〔註7〕《左傳》所載，可以爲證：

　　△左氏閔公元年傳：猶秉周禮，周禮所以本也。臣聞之，國之將亡，本必先顛而後枝葉從之。魯不棄周禮，未可動也。（仲孫湫答齊桓公語）

　　△左氏僖公二十一年傳：崇明祀，保小寡，周禮也；蠻夷猾夏，周禍也。（成風言於魯僖公語）

　　△左氏文公十八年傳：先君周公制周禮曰：「則以觀德，德以處事，事以度功，功以食民。」（季文子使大史克答魯宣公語）

　　△左氏昭公二年傳：二年春，晉侯使韓宣子來聘，且告爲政，而來見，禮也。觀書於大史氏，見易象與魯春秋，曰：「周禮盡在魯矣！吾乃今知周公之德，與周之所以王也。」

由是觀之，周禮之內容，除指祭祀儀節外，尚包括政治制度及一般行爲法則。第周禮築基於宗法封建，作用在維持當時政治秩序，原係貴族階級之生活規範，尚未普及於一般人民，所謂「禮不下庶人，刑不上大夫」〔註8〕者，實即周文治道之客觀事實也。

〔註6〕 見同註5，頁2。

〔註7〕 關於周公制禮之重大意義，詳見錢穆《中國學術思想史論叢》（一），三：周公與中國文化。

〔註8〕 見《禮記》〈曲禮上〉。鄭注：「爲其遽於事，且不能備物。」故各種禮之實行自士始，然庶人在政治及社會上之權利義務，實仍規定於禮之系統中。

　　《詩經》禮字凡十見，其中屬於西周初、中期之詩，禮仍保持其宗教性意義，與《尚書》周初文獻相同，晚期始出現政治性及道德性意義之禮。周初之詩，如周頌：

　　　　△〈豐年〉：烝畀祖妣，以洽百禮，降福孔皆。

　　　　△〈載芟〉：烝畀祖妣，以洽百禮。

禮指祭祖之事。西周中期以後之詩，如〈小雅·楚茨〉：

　　　　△獻酬交錯，禮儀卒度。

　　　　△我孔熯矣，式禮莫愆。

　　　　△禮儀既備，鐘鼓既戒，孝孫徂位。

禮指與祭祀有關之儀節。又〈小雅·賓之初筵〉：

　　　　△烝衎烈祖，以洽百禮。百禮既至，有壬有林。

禮亦指祭祖之事。西周末期，禮之內容開始轉化，〈小雅·十月之交〉：

　　　　抑此皇父，豈曰不時。胡爲我作，不即我謀，徹我牆屋，田卒汙萊。

　　　　曰予不戕，禮則然矣！

皇父卿士濫用民力，毀人田業，既不自知其非，反視「下供上役」（鄭玄箋語）爲禮法當然，則此禮似與政治倫理有關。又〈鄘風·相鼠〉：

　　　　相鼠有皮，人而無儀。人而無儀，不死何爲！

　　　　相鼠有齒，人而無止。人而無止，不死何俟！

　　　　相鼠有體，人而無禮。人而無禮，胡不遄死！

詩人以鼠爲喻，謂無儀、無止、無禮之人，實鼠之不若，則此禮當指人之行爲規範，屬於道德性意義。人而違反行爲規範，不如速死，詩人以之表達強烈之譴責與憎惡，適亦反映時人對禮儀之注重也。蓋至《詩經》末期，禮已成爲人文之表徵矣！〔註9〕

二、左傳禮之思想

　　春秋時代，禮承續周初以來之發展，其政治性與道德性意義大爲彰著，終成涵蓋全幅人文世界之共同理念，故徐復觀先生稱春秋時代爲「以禮爲中心的人文世紀」。〔註10〕觀《左傳》所載，當時士大夫覘國之興衰以禮，決軍

〔註9〕以上對《尚書》、《詩經》各篇之時代問題，一準屈萬里《先秦文史資料考辨》之說。

〔註10〕見徐復觀《中國人性論史》，頁46。

之勝敗以禮，定人之吉凶以禮，聘問則預求其禮，會朝則宿戒其禮，卿大夫以此相教授，其不能者，則以爲病而講學焉。〔註11〕由是可見，禮實即春秋最具代表性之人文理念也。雖然，其原始宗教性依舊保留，如：

　　△左氏桓公二年傳：凡公行，告公宗廟。……禮也。

　　△左氏文公二年傳：祀，國之大事也，而逆之，可謂禮乎？

　　△左氏宣公三年傳：三年春，不郊而望，皆非禮也。

以上諸禮字皆表示祭祀之意。故知所謂春秋爲禮之世紀，乃指禮之政治性與道德性意義之擴張使然，非謂其宗教性意義因之消失或被取代也。據此，本節專就禮之人文意義加以探討。

（一）禮爲諸德之總匯

　　春秋時代之道德觀念，較諸以往特爲豐富，顧枝葉雖繁，殆無不以禮爲其依歸，誠可謂諸德之總匯也。如義與禮：

　　△左氏桓公二年傳：夫名以制義，義以出禮。（晉師服語）

　　△左氏僖公二十八年傳：禮以行義。（曹伯之豎侯獳使晉筮史謂晉侯
　　　語）

以義爲禮所自出，以禮爲實現義之形式，此蓋孔子「義以爲質，禮以行之」（《論語》〈衛靈公〉）之所本。義者，事之宜也，由於禮與義之結合，使禮之制訂與實踐具有理性之基礎，不致流爲僵固之形式。《禮記》〈禮器篇〉云：「禮，時爲大，順次之，體次之，宜次之，稱次之。」說明制禮之五大原則，其實總括而言，即義也。又忠信與禮：

　　△左氏僖公二十八年傳：信以守禮。（曹伯之豎侯獳使晉筮史謂晉侯
　　　語）

　　△左氏成公十五年傳：信以守禮。（楚申叔時語）

　　△左氏昭公二年傳：忠信，禮之器也。（晉叔向語）

然《左傳》言忠、信，主要係就政治上君臣民之關係立論，至孔子，始發展爲一般立身處世之原則。〔註12〕又讓與禮：

　　△左氏襄公十三年傳：讓，禮之主也。（君子曰）

　　△左氏昭公二年傳：卑讓，禮之宗也。（晉叔向語）

〔註11〕參柳詒徵《中國文化史》（上）第二十二章：周代之變遷。

〔註12〕如《論語》「爲人謀而不忠乎，與朋友交而不信乎」（〈學而篇〉）、「人而無信，
　　　不知其可也」（〈爲政篇〉）、「與人忠」（〈子路篇〉）等等皆是。

宗、主義同，皆言禮之精神以讓爲主。《左傳》多載讓國、讓賢之事，且咸以爲美，可見讓實爲政治上之重要德行，孔子稱泰伯「三以天下讓」爲「至德」（《論語》〈泰伯〉），其意亦同也。又敬與禮之關係，左氏僖公十一年傳：

> 敬，禮之輿也，不敬，則禮不行。（內史過告周襄王語）

無敬，則禮不行，故比之於輿，是敬之於禮，其重要性可知也。後孔子強調「執事敬」（《論語》〈子路〉）「修己以敬」（《論語》〈憲問〉）、「行篤敬」（《論語》〈衛靈公〉），更將禮中敬之精神普及於一般生活行爲矣！又恕與禮之關係，左氏隱公十一年傳：

> 王取鄔、劉、蒍、邘之田于鄭，而與鄭人蘇忿生之田——溫、原、絺、樊、隰郕、欑茅、向、盟、州、陘、隤、懷。君子是以知桓王之失鄭也。恕而行之，德之則也，禮之經也。己弗能有，而以與人。
> 人之不至，不亦宜乎！

案：杜注「蘇氏叛王，十二邑王所不能有」，故君子謂周桓王以己所不能有者與鄭莊爲失恕道，蓋「恕而行之」乃「禮之經也」。此與孔子以「己所不欲，勿施於人」爲「恕」（《論語》〈衛靈公〉）意實相通。又孝與禮之關係，左氏文公二年傳：

> 凡君即位，好舅甥，修昏姻，娶元妃以奉粢盛，孝也。孝，禮之始也。

周初封建親戚，目的在藩屏周室。〔註13〕封建以宗法爲骨幹，宗法精神在親親之情與尊尊之義，而實以親親之情爲主，藉親親達到尊尊之目的，以建立統治體制，維持一姓政權於不墜，故封建制度之基礎可謂建立在親緣關係之上。〔註14〕基於此一政治特性，孝之道德要求，遂益顯重要，成爲一切禮之開端，此即「孝，禮之始也」。

亦有視戰陣果毅之行動爲禮者，如左氏宣公二年傳：

> 狂狡輅鄭人，鄭人入于井。倒戟而出之，獲狂狡。君子曰：「失禮違命，宜其爲禽也。戎，昭果毅以聽之之謂禮。殺敵爲果，致果爲毅。易之，戮也。」

臨敵能表現果毅之精神，斯乃謂之禮，此勇德之發揚也。

〔註13〕《左傳》僖公二十四年富辰諫周王，言之甚詳。
〔註14〕參徐復觀《兩漢思想史》（卷一），「西周政治社會的結構性格問題」及「封建政治社會的崩潰及典型專制政治的成立」兩部分；又《中國思想史論集》，頁158。

至有將全部人倫道德皆攝歸於禮之範疇者，如左氏昭公二十六年傳：

> 君令、臣共，父慈、子孝，兄愛、弟敬，夫和、妻柔，姑慈、婦聽，
> 禮也。君令而不違，臣共而不貳；父慈而教，子孝而箴；兄愛而友，
> 弟敬而順；夫和而義，妻柔而正；姑慈而從，婦聽而婉：禮之善物
> 也。（晏子謂齊景公語）

以上十種德行，兩兩相對，實即五種人倫關係理性化之表現。吾國道德主義
務平等，於此可見。蓋君臣、父子、兄弟、夫妻、姑婦，有相對之關係，斯
有相當之義務，是之謂義務平等，非謂子孝而父可不慈，臣忠而君可不仁，
餘皆類是。〔註15〕由是觀之，春秋時代，禮之涵義已擴大為人生規範之總稱
矣！

（二）禮之功能

禮之內涵既範圍人倫全體，其功能亦瀰淪全幅人文世界。以個人言，禮
之功能首在立人：

> △左氏成公十三年傳：禮，身之幹也。（魯孟獻子語）
>
> △左氏昭公七年傳：禮，人之幹也。無禮，無以立。（魯孟僖子語）

孔子謂「立於禮」（《論語》〈泰伯〉）、「不學禮，無以立」（《論語》〈季氏〉），
荀子謂「禮者，所以正身也」（《荀子》〈修身〉），蓋即春秋一貫之人文理念也。
依禮之要求，人必須先自貴重，建立其人格尊嚴，而後始能尊貴他人，否則，
必有禍殃，左氏昭公二十五年傳：

> 二十五年春，叔孫婼聘於宋，桐門右師見之。語，卑宋大夫而賤司
> 城氏。昭子告其人曰：「右師其亡乎！君子貴其身，而後能及人，是
> 以有禮。今夫子卑其大夫而賤其宗，是賤其身也，能有禮乎？無禮，
> 必亡。」

昭子為魯人，桐門右師於他國人前卑本國之大夫，又輕視其宗族，此即不自尊
重，是為無禮，故昭子斷其必逃亡。此說明立於禮之重要也。進而言之，禮有
保護生存之效用，為人所不可須臾離者，而人之死生存亡，亦可藉此預斷焉：

> △左氏成公十五年傳：禮以庇身。（楚申叔時語）
>
> △左氏定公十五年傳：春，邾隱公來朝，子貢觀焉。邾子執玉高，
> 其容仰；公受玉卑，其容俯。子貢曰：「以禮觀之，二君者，皆有

〔註15〕參黃建中《比較倫理學》，頁97。

死亡焉。夫禮，死生存亡之體也，將左右、周旋，進退、俯仰，於是乎取之；朝、祀、喪、戎，於是乎觀之。今正月相朝，而皆不度，必已亡矣。嘉事不體，何以能久？高、仰，驕也；卑、俯，替也。驕近亂，替近疾，君為主，其先亡乎！」

觀左傳所載，時人以禮預言人之吉凶者，其例甚夥，茲復舉數則，以見一斑：

△左氏僖公二十二年傳：叔詹曰：「楚王其不沒乎！為禮卒於無別，無別不可謂禮，將何以沒？」諸侯是以知其不遂霸也。

△左氏僖公二十三年傳：楚子曰：「晉公子廣而儉，文而有禮。……吾聞姬姓，唐叔之後，其後衰者也，其將由晉公子乎？」

△左氏文公十五年傳：季文子曰：「齊侯其不免乎！己則無禮，而討於有禮者。……多行無禮，弗能在矣！」

△左氏襄公二十六年傳：公孫揮曰：「子產其將知政矣！讓不失禮。」

類此，皆說明禮以立身之重要也。

以國家社會言，禮之功能在經國定分，建構理性之人文秩序：

△左氏隱公十一年傳：禮，經國家，定社稷，序民人，利後嗣者也。（君子謂鄭莊公語）

△左氏僖公十一年傳：禮，國之幹也。……禮不行，則上下昏，何以長世？（內史過告周襄王語）

△左氏襄公二十一年傳：禮，政之輿也。（晉叔向語）

△左氏襄公三十年傳：禮，國之幹也。（鄭子皮語）

以上皆盛言禮之政治、社會功能，尤以隱公十一年君子之論最為詳盡，而具有代表性，茲略說其義。首先，禮所以治國也，如典章制度、綱紀法統之類，故《國語》〈晉語〉云：「夫禮，國之紀也。」此其一；循禮以治國，則尊卑不紊，下上不亂，故有安定社稷之效用，此其二；人民為社稷安定之基礎，其生活與行為不能無條理秩序，而禮則有規範導引之功，故《國語》〈魯語〉云：「夫禮，所以正民也。」此其三；禮之於後嗣，尚有教化之功能，蓋祖先以此昭示子孫，子孫以此繼志述事也。如是，則生命之繁衍，不徒為血統之延續，而將轉化為道德理念之相承矣！此即所謂「利後嗣」也。由是觀之，禮之功能大矣哉！

（三）禮之嶄新之天地意義

春秋之世，禮不僅為人間之首要道德觀念，且被賦予嶄新之天地意義，

成爲涵蓋天地人之統合範疇，如：

　　△左氏文公十五年傳：禮以順天，天之道也。（魯季文子語）

　　△左氏昭公二十五年傳：吉也聞諸先大夫子產曰：夫禮，天之經也，
　　　地之義也，民之行也。天地之經，而民實則之。則天之明，因地
　　　之性，生其六氣，用其五行。發爲五色，章爲五聲。淫則昏亂，
　　　民失其性。是故爲禮以奉之。……禮，上下之紀，天地之經緯也，
　　　民之所以生也，是以先王尚之。故人之能自曲直以赴禮者，謂之
　　　成人。（鄭子大叔引子產語答趙簡子問禮）

言禮爲天地之本性，且爲人所當效法而行也。此外，尚有二點值得說明：第
一，《左傳》中具有人格神意味之天多見，證明春秋原始宗教仍保有相當權
威，〔註16〕然而在人文精神之激盪下，亦發展出道德法則性之天，如上所云，
天或天道與禮之意義一致，則其爲道德之性格可知也。第二，周文之禮，主
要係封建貴族之生活軌道，庶人不得與聞其美善，今則禮成爲人民行動之依
據，生存之所賴，足見禮在春秋時代，已發展爲一般人民之行爲規範也。

（四）禮與儀之分

　　禮之制定，必先根據某種抽象之道理，此之謂「義」，俟其具體化爲種種
形式，即稱之爲「儀」，故禮有義有儀，義爲禮之理性基礎，儀爲禮之具體事
象也。如前所云，春秋時人已體認禮意之重要，故有「義以出禮」、「禮以行
義」〔註17〕等說法。至春秋末期，復出現區分禮與儀之觀念者：

　　△左氏昭公五年傳：公如晉，自郊勞至于贈賄，無失禮。晉侯謂女
　　　叔齊曰：「魯侯不亦善於禮乎？」對曰：「魯侯焉知禮！」公曰：「何
　　　爲？自郊勞至于贈賄，禮無違者，何故不知？」對曰：「是儀也，
　　　不可謂禮。禮所以守其國，行其政令，無失其民者也。今政令在
　　　家，不能取也；有子家羈，弗能用也；奸大國之盟，陵虐小國；
　　　利人之難，不知其私。公室四分，民食於他。思莫在公，不圖其
　　　終。爲國君，難將及身，不恤其所。禮之本末將於此乎在，而屑
　　　屑焉習儀以亟。言善於禮，不亦遠乎？」君子謂叔侯於是乎知禮。

　　△左氏昭公二十五年傳：子大叔見趙簡子，簡子問揖讓、周旋之禮
　　　焉。對曰：「是儀也，非禮也。」簡子曰：「敢問何謂禮？」對曰：

〔註16〕參韋政通《中國哲學思想批判》，頁 18。
〔註17〕見本節（一）禮爲諸德之總匯。

「吉也聞諸先大夫子產曰：夫禮，天之經也，地之義也，民之行也。天地之經，而民實則之。……哀樂不失，乃能協于天地之性，是以長久。」簡子曰：「甚哉，禮之大也！」對曰：「禮，上下之紀，天地之經緯也，民之所以生也，是以先王尚之。故人之能自曲直以赴禮者，謂之成人。大，不亦宜乎！」簡子曰：「鞅也請終身守此言也。」

觀女叔齊與子大叔之意，蓋皆以能發揮經國治民之用者爲禮，而視一般揖讓、周旋、進退等屑屑之節爲儀，則其間本末輕重可知矣！且由「君子謂叔侯於是乎知禮」觀之，叔侯對禮、儀之區分，亦爲當時君子共許之義，此可謂禮意之進一步發展也。

　　綜括而言，春秋乃封建貴族禮儀盛行之時代，此時禮總攝諸德，內容廣包全體人倫規範，功能涵蓋全幅人文世界，且發展出嶄新之天地意義，進而見別於儀，此皆說明禮實爲春秋時代最具代表性之人文觀念。然而春秋亦爲禮文逐漸崩壞之時代，當時上層貴族或已不甚熟悉日益繁縟之禮，或則僭越而不守禮制，馴至禮文喪失其實際意義，流爲形式，所謂周文疲弊也。孔子應運而起，賦予禮以仁之內在理性基礎，使其涵義煥然一新，非復三代相傳之舊物矣！〔註18〕

第二節　德之理論

　　春秋時代承續周初以來敬德、明德等觀念之發展，德之理論異常發達。觀《左傳》所載，當時士大夫覘國之興衰以德，決軍之勝敗以德，斷人之休咎以德；國君臨政以德，撫民以德；霸主綏諸侯以德，主盟以德。德之運用，普遍而廣泛，其重要性，庶幾乎近禮。

　　周初文獻，德字皆指具體之行爲，〔註19〕初不含價值意味，故《尚書》中有「敬德」、「明德」、「元德」、「義德」之類，以表示德之美者；亦有「凶德」、「暴德」、「非德」、「爽德」之類，以表示德之惡者。其後字義演進，始發展爲善行之共名，此春秋時代德字之通義也。《左傳》全書，德字指具體行爲者僅一見，當係沿用周初之舊義，如左氏文公十八年傳：

〔註18〕參同註1，頁39。
〔註19〕參同註10，頁23。

孝敬、忠信爲吉德，盜賊、藏姦爲凶德。（季文子使大史克答魯宣公
語）

吉德與凶德對舉，則德指具體之行爲可知。除此之外，德字皆指稱爲之美
好、合理者，如儉與德，左氏莊公二十四年傳：

春，刻其桷，皆非禮也。御孫諫曰：「臣聞之，儉，德之共也；侈，
惡之大也。先君有共德，而君納諸大惡，無乃不可乎？」

言儉爲德之大者。又敬與德，左氏僖公三十三年傳：

初，臼季使，過冀，見冀缺耨，其妻饁之，敬，相待如賓。與之歸，
言諸文公曰：「敬，德之聚也。能敬必有德……。」

相待如賓爲敬，敬乃美好而合理之行爲，故云「德之聚也」。又如忠、信、卑
讓與德：

△左氏文公元年傳：凡君即位，卿出并聘，踐修舊好，要結外援，
好事鄰國，以衛社稷，忠、信、卑讓之道也。忠，德之正也；信，
德之固也；卑讓，德之基也。

△左氏昭公十年傳：讓，德之主也。讓之謂懿德。（齊晏子謂桓子語）

忠、信、卑讓皆行爲之美善者，是以爲德也。又體恤百姓，乃從政者之理性
表現，亦可謂之德，如左氏襄公七年傳：

恤民爲德。（晉韓無忌語）

以上皆言德爲善行之通名。擴而充之，如有數種美善之行爲同時並列，
亦得以四德、七德、九德指稱之也。如四德之說：

△左氏僖公十四年傳：慶鄭曰：「背施無親，幸災不仁，貪愛不祥，
怒鄰不義，四德皆失，何以守國？」

△左氏僖公二十四年傳：庸勳、親親、暱近、尊賢、德之大者也。……
鄭有平、惠之勳，又有屬、宣之親，棄嬖寵而用三良，於諸姬爲
近，四德具矣。（富辰諫周襄王語）

△左氏襄公九年傳：元，體之長也；亨，嘉之會也；利，義之和也；
貞，事之幹也。體仁足以長人，嘉會足以合禮，利物足以和義，
貞固足以幹事，然，故不可誣也。是以雖隨無咎。今我婦人而與
於亂，固在下位，而有不仁，不可謂元；不靖國家，不可謂亨；
作而害身，不可謂利；棄位而姣，不可謂貞。有四德者，隨而無
咎，我皆無之，豈隨也哉？（魯穆姜語）

四德或爲親、仁、祥、義，或爲庸勳、親親、暱近、尊賢，或爲元、亨、利、貞，要皆表示嘉善之行爲也。又七德之說，左氏宣公十二年傳：

> 夫武，禁暴、戢兵、保大、定功、安民、和眾、豐財者也。故使子孫無忘其章。今我使二國暴骨，暴矣；觀兵以威諸侯，兵不戢矣；暴而不戢，安能保大？猶有晉在，焉得定功？所違民欲猶多，民何安焉？無德而強爭諸侯，何以和眾？利人之幾，而安人之亂，以爲己榮，何以豐財？武有七德，我無一焉，何以示子孫？其爲先君宮，告成事而已，武非吾功也。（楚莊王語）

晉、楚邲之戰，楚雖獲勝，然莊王不以爲功，蓋違反武之七德也。夫兵戰本凶殘不祥之事，而莊王乃賦予其以道德之目的，且深自反省，則當時德觀念浸潤之深、沾漑之廣，於焉可見。又如九德之說：

> △左氏文公七年傳：九功之德皆可歌也，謂之九歌。六府、三事，謂之九功。水、火、金、木、土、穀，謂之六府；正德、利用、厚生，謂之三事。義而行之，謂之德、禮。無禮不樂，所由叛也。若吾子之德，莫可歌也，其誰來之？盍使睦者歌吾子乎？（晉郤缺謂趙宣子語）

> △左氏昭公二十八年傳：詩曰：「惟此文王，帝度其心。莫其德音，其德克明。克明克類，克長克君。王此大國，克順克比。比于文王，其德靡悔。既受帝祉，施于孫子。」心能制義曰度，德正應和曰莫，照臨四方曰明，勤能無私曰類，教誨不倦曰長，賞慶刑威曰君，慈和徧服曰順，擇善而從之曰比，經緯天地曰文。九德不愆，作事無悔，故襲天祿，子孫賴之。（晉大夫成鱄語）

「六府」係民生所本，兼以「三事」，是爲九功，從政者循理以行九功，則謂之德、禮，此首則言九功之德；次則晉大夫成鱄推衍詩意，綜括文王之德有九，以勉執政魏獻子，所言亦係爲政者應然之合理行爲。

　　總之，德之涵義，周初指稱具體之行爲，洎乎春秋，則發展爲一切善行之共名，由此義復向前推演，始出現所謂「內在德性」之德。觀《左傳》言德，多就外在合理之行爲立論，似尚未進於指稱內在德性之階段，至孔子設教，乃明確即人之內在德性以言德，《論語》中如「志於道，據於德，依於仁，游於藝。」（〈述而篇〉）、「有德者必有言，有言者不必有德。」（〈憲問篇〉）、「君子懷德，小人懷土。」（〈里仁篇〉）等等皆是。

然則時人德之思想何所本乎？曰：本乎禮樂，左氏僖公二十七年傳：

> （晉文公）作三軍，謀元帥。趙衰曰：「郤縠可。臣亟聞其言矣，説
> 禮、樂而敦詩、書。詩、書，義之府也；禮、樂，德之則也；德、
> 義，利之本也……。」

詩、書、禮、樂爲當時貴族文化教養之基本教材，其中禮、樂即爲德行準則
之根源，禮主敬，別上下之分，樂主和，通上下之情，經由禮、樂之學習陶
養，遂能引發道德行爲之實踐，成就彬彬有禮之人文世界，此春秋所以爲德
禮之時代也。

第三節　信之思想

《說文》：「信，誠也，從人言。」〔註20〕是信者，言必由衷、誠實不欺
之謂也。信爲春秋時代極爲普遍之道德觀念，其重要性或僅亞於禮與德，觀
《左傳》所載，信字不下二百見，〔註21〕自個人修身，至於國際往來，皆以
信爲講求，故顧炎武論春秋與戰國之不同，首謂「春秋時猶尊禮重信，而七
國則絕不言禮與信矣。」〔註22〕可知此一觀念之見重於當時。

一、信爲君子與小人之別

君子與小人原爲封建社會貴賤階級之分，所謂「天有十日，人有十等，下
所以事上，上可以共神也。故王臣公，公臣大夫，大夫臣士，士臣皂，皂臣輿，
輿臣隸，隸臣僚，僚臣僕，僕臣臺。馬有圉，牛有牧，以待百事」，〔註23〕其中
王、公、大夫、士屬於君子階級，皂、輿、隸、僚、僕、臺、圉、牧屬於小人
階級，此一劃分，乃春秋時代各國普遍之現象。〔註24〕至孔子，始將此一不合
理之貴賤關係，由政治階級上之等差，轉化爲品德上之分判。《左傳》所載，春
秋後期，亦有時賢以信爲君子與小人之區別者：

> △左氏昭公二年傳：夫子，君子也。君子有信，其有以知之矣。（齊
> 晏子語）

〔註20〕見許慎《説文解字》，頁93。
〔註21〕據哈佛燕京學社引得特刊《春秋經傳引得》大略統計。
〔註22〕見顧炎武《日知錄集釋》，卷十三「周末風俗」條，頁37～38。
〔註23〕見《左傳》昭公七年楚芋尹無宇之言。
〔註24〕參李宗侗〈春秋時代社會的變動〉，文載《文史哲學報》第二二期。

△左氏昭公八年傳：君子之言信而有徵，故怨遠於其身；小人之言
　僭而無徵，故怨咎及之。（晉叔向語）

以言之信與僭（不信）爲君子小人之別，此即表示分判二者之標準在德，而
不在階級也。信實人之美善道德品質，故鄭子駟、子展云：「信者，言之瑞也，
善之主也。」〔註25〕凡禮、德及一切事物皆有賴信以固守之，如：

△左氏僖公二十八年傳：信以守禮。（曹伯之豎侯獳語）

△左氏文公元年傳：信，德之固也。

△左氏成公十五年傳：信以守禮，禮以庇身，信禮之亡，欲得免乎？
　（楚申叔時語）

△左氏成公十六年傳：信以守物。（楚申叔時語）

信於修身之重要，時人蓋知之深矣！

二、信爲國君及臣民共同要求之美德

　　由《左傳》觀之，信之美德，乃國君及臣民之共同要求。以臣對君言，
人臣苟能竭誠盡力，達成國君所賦予之使命，則謂之信，不然謂之失信，失
信則難以自立，如：

△左氏僖公七年傳：守命共時之謂信。（齊管仲語）

△左氏宣公二年傳：棄君之命，不信。（晉鉏麑語）

△左氏宣公十五年傳：臣聞之，君能制命爲義，臣能承命爲信。信
　載義而行之爲利。謀不失利，以衛社稷，民之主也。義無二信，
　信無二命。君之賂臣，不知命也。受命以出，有死無隕，又可賂
　乎？臣之許君，以成命也。死而成命，臣之祿也。寡君有信臣，
　下臣獲考死，又何求？（晉解揚答楚莊王語）

△左氏成公八年傳：君命不貳，失信不立。（晉士燮語）

引申言之，不叛君謂之信，左氏成公十七年傳：

人所以立，信、知、勇也。信不叛君，知不害民，勇不作亂，失茲
三者，其誰與我？（晉郤至語）

危難之來，不棄職守，亦謂之信，如左氏昭公元年傳：

思難不越官，信也。（晉趙孟語）

〔註25〕見《左傳》襄公九年。

以君對民言，國君必須修其誠信，以爲人民之典範，使之知所嚮義，對政府產生信心，然後民可以用、國可以治，如：

　　△左氏桓公十三年：大夫其非眾之謂，其謂君撫小民以信，訓諸司以德，而威莫敖以刑也。（楚鄧曼語）

　　△左氏僖公二十七年：子犯曰：「民未知信，未宣其用。」於是乎伐原以示之信。民易資者，不求豐焉，明徵其辭。

　　△左氏襄公二十一年：紇也聞之，在上位者洒濯其心，壹以待人，軌度其信，可明徵也，而後可以治人。（魯臧武仲謂季孫語）

信於政教之重要，由是可知矣！晉文公即深明斯理，故云：「信，國之寶也，民之所庇也。得原失信，何以庇之？所亡滋多。」〔註26〕其所以能取威定霸，非偶然也。《論語》〈顏淵篇〉孔子云：「自古皆有死，民無信不立。」又〈子張篇〉載子夏之語：「君子信而後勞其民，未信，則以爲厲己也。」其對「信」之強調，與春秋時賢殊無二致。可知「信」確爲當時君臣共同之要求，是以晏平仲云：「君人執信，臣人執共。忠、信、篤、敬，上下同之，天之道也。」〔註27〕

三、信爲國際政治道德

　　春秋之世，國際間之交通往來，會盟朝聘，莫不以信相尙，懸爲最高鵠的，其有不信者，則見議於時賢士大夫，故信乃當時國際間首要之政治道德。

　　以會盟言，其目的爲「凡我同盟，毋蘊年，毋壅利，毋保姦，毋留慝，救災患，恤禍亂，同好惡，獎王室」，〔註28〕而欲使盟約發生效力，持續有功，則誠信不可或缺，如：

　　△左氏桓公十二年傳：君子曰：「苟信不繼，盟無益也。詩云：『君子屢盟，亂是用長』無信也。」

　　△左氏僖公二十八年傳：癸亥，王子虎盟諸侯于王庭，要言曰：「皆獎王室，無相害也。有渝此盟，明神殛之，俾隊其師，無克祚國，及其玄孫，無有老幼。」

　　△左氏成公十一年傳：秦晉爲成，將會于令狐，晉侯先至焉，秦伯不肯涉河，次于王城，使史顆盟晉侯于河東。晉郤犨盟秦伯于河

〔註26〕見《左傳》僖公二五年。
〔註27〕見《左傳》襄公二二年。
〔註28〕見《左傳》襄公十一年載書曰。

西。范文子曰：「是盟也何益？齊盟，所以質信也，會所，信之始也，始之不從，其何質乎？」秦伯歸而背晉成。

△左氏昭公十三年傳：盟以底信，君苟有信，諸侯不貳，何患焉？（周劉獻公答晉侯語）

△左氏哀公十二年傳：盟所以周信也，故心以制之，玉帛以奉之，言之結之，明神以要之。

皆言盟所以昭信，而信亦爲使盟約有效之重要道德。

兩國往來，貴以誠信相待，否則必有爭端，如：

△左氏隱公三年傳：君子曰：「信不由中，質無益也……而況君子結兩國之信，行之以禮，又焉用質……。」

△左氏僖公十四年傳：慶鄭曰：「棄信背鄰，患孰恤之。無信患作，失援必斃，是則然矣。」

第一則藉君子之評論，說明周、鄭所以交惡，在於缺乏互信之基礎，故雖交質，亦無益。第二則言晉大夫慶鄭謂晉無信於秦，必有禍患。蓋晉饑，秦輸粟以濟之，秦饑，而晉人弗助，是「背信棄鄰」也。次年，秦晉韓之戰，晉敗，無信果爲其原因之一。〔註29〕

凡諸侯即位，小國朝見，大國聘問，「結信」爲其中重要目的之一，如左氏襄公元年傳：

凡諸侯即位，小國朝之，大國聘焉，以繼好、結信、謀事、補闕，禮之大者也。

春秋時代，列國兼併，弱肉強食，其禍酷矣！小國爲圖謀生存，或整軍經武，藉以自保；或依附強權，苟延殘喘；不得已，則惟有流移逃死之一途。〔註30〕就其依附強權而論，信爲事大國必備之條件，小國以此自立，免於侵伐之禍，如一旦無信於大國，則兵亂日至，國且不保，如：

△左氏襄公八年傳：（鄭）子展曰：「小所以事大，信也。小國無信，兵亂日至，亡無日矣。五會之信，今將背之，雖楚救我，將安用之？親我無成，鄙我是欲，不可從也。不如待晉，晉君方明，四軍無闕，八卿和睦，必不棄鄭。楚師遼遠，糧食將盡，必將速歸，

〔註29〕此由《左傳》僖公十五年韓簡答晉侯之言可知。

〔註30〕關於春秋列國之兼併，詳參陳槃〈春秋列國的兼併遷徙與民族混同和落後地區的開發〉，文載中央研究院《歷史語言研究所集刊》，第四九本第四分。

何患焉？舍之聞之，杖莫如信。完守以老楚，杖信以待晉，不亦
可乎？」

△左氏襄公二十二年傳：秋，欒盈自楚適齊。晏平仲言於齊侯曰：「商
任之會，受命於晉（案：受禁錮欒氏之命），今納欒氏，將安用之？
小所以事大，信也。失信，不立。君其圖之。」

△左氏哀公七年傳：季康子欲伐邾，乃饗大夫以謀之。子服景伯曰：
「小所以事大，信也；大所以保小，仁也。背大國，不信；伐小
國，不仁。民保於城，城保於德，失二德者，危，將焉保？」

小國事奉大國，固當以信，而大國如欲領袖群倫，成其霸業，亦須昭信
諸侯，使之懷德畏威，不敢有貳心，否則無以服之，如襄公二十七年，宋向
戌倡弭兵之議：

辛巳，將盟於宋西門之外，楚人衷甲。伯州犁曰：「合諸侯之師以爲
不信，無乃不可乎？夫諸侯望信於楚，是以來服。若不信，是棄其
可以服諸侯也。」固請釋甲。子木曰：「晉楚無信久矣，事利而已。
苟得志焉，焉用有信？」大宰退，告人曰：「令尹將死矣。不及三年，
求逞志而棄信，志將逞乎？志以發言，言以出信，信以立志。參以
定之。信亡，何以及三？」趙孟患楚衷甲，以告叔向。叔向曰：「何
害也？匹夫一爲不信，猶不可，單斃其死，若合諸侯之卿，以爲不
信，必不捷矣！食言者不病，非子之患也。夫以信召人，而以僭濟
之，必莫之與也，安能害我？且吾因宋以守病，則夫能致死。與宋
致死，雖倍楚可也，子何懼焉？又不及是。曰弭兵以召諸侯，而稱
兵以害我，吾庸多矣，非所患也。」

楚人爲達主盟諸侯之目的，不惜衷甲（案：甲在衣中）失信，故此會雖得盟
主之位，然諸侯皆歸有信之晉矣！又成公六年，晉率聯軍侵宋，師駐於衛郊，
衛人不加守備，晉夏陽說欲因是而襲之：

伯宗曰：「不可。衛唯信晉，故師在其郊而不設備。若襲之，是棄信
也。雖多衛俘，而晉無信，何以求諸侯？」

可見信爲大國用以號召諸國之重要道德。又如左氏成公八年傳：

春，晉侯使韓穿來言汶陽之田，歸之于齊。季文子餞之，私焉，曰：
「大國制義，以爲盟主，是以諸侯懷德畏討，無有貳心。謂汶陽之
田，敝邑之舊也，而用師於齊，使歸諸敝邑。今有二命曰：『歸諸齊』，

信以行義，義以成命，小國所望而懷也。信不可知，義無所立，四
方諸侯，其誰不解體？詩曰：『女也不爽，士貳其行。士也罔極，二
三其德。』七年之中，一與一奪，二三孰甚焉？士之二三，猶喪妃
耦，而況霸主？霸主將德是以，而二三之，其何以長有諸侯乎？詩
曰：『猶之未遠，是用大簡。』行父懼晉之不遠猶而失諸侯也，是以
敢私其言。」

霸主守信主義，以此長爲諸侯盟主，不然，將失諸侯，霸亦不成，季文子言
之詳矣！

　　綜括而言，左傳之言信，或爲個人修身之要德，或爲政治上國君及臣民
共守之行爲規範，或爲國際間彼此道義之要求，凡此，皆顯示春秋爲重信之
時代也。

第四節　忠之倫理內涵

　　忠爲傳統基本德目之一，就目前之考古及歷史資料加以觀察，則甲文、
金文均無忠字，即《尙書》、《詩經》及《周易》卦爻辭等亦無之，〔註31〕而
《左傳》「忠」字之出現，竟達七十次之多，〔註32〕可見晚至春秋時代，忠已
成爲普遍而重要之倫理觀念也。

　　觀《左傳》所載，忠之內涵主要指政治倫理而言，然其意義較後世頗有不
同，蓋春秋時代之言忠，君主與臣民之間皆可交互通行，初不限於下之事上，
秦漢以後，始片面化爲臣民對君主之竭誠奉獻，此封建與專制之異也。〔註33〕

一、封建體制忠之倫理內涵

　　春秋時代，政治性之君臣關係可分兩種系統，一爲基於封建禮法與社稷
意識所建立之正式君臣關係，一爲私臣集團主僕式之君臣關係，〔註34〕二者
忠之倫理內涵各有不同，茲先述前者。首先，在封建體制之下，作爲政治倫

〔註31〕《易經》本文無忠字，「傳」文中唯一之忠字見於乾卦〈文言傳〉，且語出孔
　　　　子，言「忠信所以進德也」。
〔註32〕據同註21。
〔註33〕參蕭公權《中國政治思想史》，頁542。
〔註34〕此一觀念採自劉紀曜〈公與私——忠的倫理內涵〉，文收於《中國文化新論・
　　　　思想篇》二「天道與人道」。

理之忠，係上自君主、下迄臣民咸應具備之令德，初不專指臣下之竭誠事上，此爲春秋言忠之最大特色，而有別於後世者，如襄公二十二年，晏子告陳文子曰：

> 君人執信，臣人執共，忠信篤敬，上下同之，天之道也。

說明忠之德爲君臣上下之共同要求。君爲一國之主，其忠之對象即爲全體人民，如：

> △左氏桓公六年傳：所謂道，忠於民而信於神也。上思利民，忠也；祝史正辭，信也。（季梁諫隋侯語）
>
> △左氏莊公十年傳：十年春，齊師伐我，公將戰，曹劌請見。……公曰：「小大之獄，雖不能察，必以情。」對曰：「忠之屬也，可以一戰，戰則請從。」

指出君主有「忠於民」、「利民」之政治義務，此一上對下、君對民之忠之倫理內涵，實代表春秋時代言忠之一大特色。秦漢以後，君主要求臣民盡忠，成爲單向之政治倫理，其精神視春秋之世不可同日語矣！反之，民之於君，亦當致其忠誠，如左氏宣公十二年傳：

> 今罪無所，而民皆盡忠以死君命，又何以爲京觀乎？

至臣之於君，固以忠爲其基本之政治倫理，如：

> △左氏宣公十二年傳：林父之事君也，進思盡忠，退思補過，社稷之衛也，若之何殺之？
>
> △左氏襄公九年傳：君明臣忠，上讓下競。
>
> △左氏襄公二十五年傳：晏子仰天歎曰：「嬰所不唯忠於君、利社稷者是與，有如上帝。」

以上說明春秋時代忠之交互通行義。抑有進者，在封建體制下，忠之內涵往往縮帶濃厚之社稷意識，而表現忠於公室或國家之特色，此義《左傳》中屢見，當爲其時通行之觀念：

> △左氏僖公九年傳：公曰：「何謂忠、貞？」對曰：「公家之利，知無不爲，忠也；送往事居，耦具無猜，貞也。」（荀息答晉獻公語）
>
> △左氏文公六年傳：以私害公，非忠也。（晉史駢語）
>
> △左氏成公九年傳：無私，忠也。（晉范文子語）
>
> △左氏襄公五年傳：君子是以知季文子之忠於公室也，相三君矣，而無私積，可不謂忠乎？

　　△左氏襄公十五年傳：君子謂：「子囊忠，君薨，不忘增其名；將死，
　　　不忘衛社稷，可不謂忠乎？忠，民之望也。」
　　△左氏昭公元年傳：臨患不忘國，忠也。（趙孟語）
　　△左氏昭公二年傳：辭不忘國，忠信也；先國後己，卑讓也。（晉叔
　　　向語）

歸納上列諸條資料，知忠之政治性涵義即「公而無私」。所謂公，原指封建時
代一國之最高統治者，《爾雅》〈釋詁〉訓公爲君，即指此義，是以國君之家
室謂之公家或公室。公室或公家爲封建共同體之核心，對之竭誠無私，乃所
以維護社稷之利益，非是君臣間個人關係之效忠，故楚共王云：「忠，社稷
之固也。」〔註35〕蓋封建政治，社稷共同體之利益高於一切，無論國君或臣民，
其權利義務皆依於此而存在。故國君有忠於民之政治義務，而臣民亦當爲代
表社稷之公室竭誠奉獻，此封建氏族共同體在君臣規範上之一大特色。易言
之，一旦國君使共同體之利益蒙受危害，則國人有權利或能力起而反抗，〔註
36〕《左傳》載莒國之數逐其君，皆因其故，如文公十八年，莒紀公「多行無
禮於國」，太子僕「因國人以弒紀公」；襄公三十一年，「犁比公虐，國人患之」，
廢世子展輿「因國人以攻莒子，弒之」；《左傳》釋春秋筆法「書曰：『莒人弒
其君買朱鉏』，言罪之在也」；又昭公二十三年，「莒子庚輿虐而好劍，苟鑄劍，
必試諸人，國人患之」，且又將叛齊，危及共同體，大夫烏存遂「帥國人以逐
之」。由是觀之，周代封建體制下之君臣關係，無論君主之於貴族或國人，乃
以社稷利益爲忠之倫理判準，而非君臣之私人關係，如襄公二十五年，齊莊
公因漁色而爲崔杼所弒，事變之後，《左傳》記晏子之言行曰：

　　晏子立於崔氏之門外，其人曰：「死乎？」曰：「獨吾君也乎哉，吾
　　死也？」曰：「行乎？曰：「吾罪也乎哉，吾行也？」曰：「歸乎？」
　　曰：「君死，安歸？君民者，豈以陵民？社稷是主。臣君者，豈爲其
　　口實？社稷是養。故君爲社稷死，則死之；爲社稷亡，則亡之。若
　　爲己死，而爲己亡，非其私暱，誰敢任之？且人有君而弒之，吾焉
　　得死之？而焉得亡之？將庸何歸？」

可見忠於社稷爲君臣雙方共同之要求，當國君淫虐，自失於忠道，除非其私
嬖，否則臣民無須爲之效死或逃亡。晏子之言，頗能說明社稷意識下君臣關

〔註35〕見《左傳》成公二年。
〔註36〕參杜正勝《周代城邦》第二章：周人的武裝殖民與邦國。

係之特質。以故，《左傳》釋春秋筆法曰：「凡弒君，稱君，君無道也；稱臣，臣之罪也。」〔註37〕又曰：「凡君不道於其民，諸侯討而執之，則曰：『某人執某侯』，不然則否。」，〔註38〕類此，皆可反映春秋時代忠倫理內涵之觀念背景也。

二、私臣式忠之倫理內涵

　　春秋時代政治性之君臣關係，除前所述基於社稷意識而建立之正式君臣關係，另有一種屬於主僕式之私有性君臣關係，在此系統下之臣，統可謂之私臣，如國君之私臣曰寺人、私暱、外嬖，卿大夫之私臣曰家臣，家臣尤為春秋時代最龐大之私臣集團。由於主僕式君臣關係有別於正式之君臣關係，故其忠之倫理亦表現不同之內涵。

　　以家臣言，家臣為卿大夫私屬之臣，與國君僅有象徵性之君臣關係，而無直接之統屬關係，故其惟以卿大夫為效忠之對象，不能與聞國政。如南蒯以費叛季氏，敗，亡齊，景公戲呼「叛夫」，蒯答以「臣欲張公室也」，齊大夫子韓皙則斥之曰：「家臣而欲張公室，罪莫大焉！」〔註39〕又魯叔孫氏之司馬鬷戾亦曰：「我，家臣也，不敢知國。」〔註40〕以嬖臣言，春秋中葉以降，國君每多重用能幹勇武之侍衛家臣，以抑制強大之世族，〔註41〕而嬖臣亦惟國君效其死命，如成公十七年，晉厲公使嬖臣胥童、夷羊五、長魚矯、清弗魋等人謀滅郤氏，劫欒氏、中行氏於朝，乃擢胥童為卿；又襄公二十五年，齊莊公為當權世族崔杼所弒，殉死者有賈舉、州綽、邴師、公孫敖、封具、鐸父、襄伊、僂堙等人，皆其勇力私臣，其中州綽且原係晉欒氏之黨，亡而至齊者。由此可見，規範私臣之政治倫理，非基於社稷意識之「忠」，而緣於個人關係之「不貳」，如左氏僖公二十三年傳：

> 九月，晉惠公卒。懷公立，命無從亡人，期，期而不至，無赦。狐
> 突之子毛及偃從重耳在秦，弗召。冬，懷公執狐突，曰：「子來則免。」
> 對曰：「子之能仕，父教之忠，古之制也。策名、委質，貳乃辟也。

〔註37〕見《左傳》宣公四年。
〔註38〕見《左傳》成公十五年。
〔註39〕見《左傳》昭公十四年。
〔註40〕見《左傳》昭公二十五年。
〔註41〕參增淵龍夫〈春秋戰國時代的社會與國家〉，文收於杜正勝編《中國上古史論文選集》下。

今臣之子，名在重耳，有年數矣。若又召之，教之貳也。父教子貳，
何以事君？刑之不濫，君之明也，臣之願也。淫刑以逞，誰則無罪？
臣聞命矣。」

可見就私臣而言，忠即不貳之意。《史記》〈仲尼弟子列傳〉，索隱引服虔注云：
「古者始仕，先書其名於策，委死之質于君，然後為臣，示必死節于其君也。」
透過策名委質之禮節，君臣關係於焉確立，此時臣不得有二心於君，否則即
視同犯罪行為。〔註42〕

　　總而言之，私臣與其君主間之倫理標準，並非社稷利益，而係君主私家
之利，彼此乃基於個人性恩義之結合。此種主僕式之私有性君臣關係，君尊
臣卑殆為必然之趨勢。春秋晚期，私臣集團愈益擴張，終至卿大夫之私家取
代國君之公室而國家化，進而完成君尊臣卑之政治結構，如韓、趙、魏三家
分晉與陳氏伐齊，即其顯例，此時忠之倫理內涵亦緣是而轉變也。〔註43〕

第五節　仁之思想

　　仁之一字，關係吾國政治哲學、人生哲學者至鉅，為倫常道德之本源，
儒家思想之中心，而考之甲骨文及西周金文，皆不可見，《周易》卦爻辭亦無；
《尚書》二十八篇仁字僅一見，即〈金縢〉之「予仁若考」，然茲篇據考證為
東周之作；《詩》三百篇仁字凡二見，一為〈鄭風·叔于田篇〉「洵美且仁」，
一為〈齊風·盧令篇〉「其人美且仁」，惟據今人考證，二者亦皆平王東遷以
後之作品，故仁字究起源於何時，已不能知矣。〔註44〕

　　東周以降，仁字始見流行，觀乎《左傳》，仁字凡三十九見，〔註45〕似可
說明春秋時代仁之觀念已逐漸普遍。惟《左傳》言仁，每多即事以發，故意
義含混而不易確定，雖然，其已發展為美德之稱，則可無疑。如仁厚、仁愛
可以謂之仁：

　　△左氏傳僖公十四年傳：冬，秦饑，使乞糴于晉，晉人弗與。慶鄭曰：
　　「背施無親，幸災不仁，貪愛不祥，怒鄰不義，四德皆失，何以

〔註42〕關於策名委質之禮，詳見楊寬《古史新探》：贊見禮新探。
〔註43〕關於忠之倫理內涵之轉變，詳見同註34。
〔註44〕參董作賓〈古文字中之仁〉，文載《學術季刊》第二卷第一期；又屈萬里〈仁
　　　　字涵義之史的觀察〉，文收於《書傭論學集》。
〔註45〕據同註21。

守國？」

△左氏僖公三十年傳：公曰：「不可！微夫人之力不及此。因人之力
而敝之，不仁；失其所與，不知；以亂易整，不武，吾其還也。」
（晉文公語）

△左氏昭公元年傳：武受賜矣！然宋之盟，子木有禍人之心，武有
仁人之心，是楚所以駕於晉也。今武猶是心也，楚又行僭，非所
害也。（晉趙武語）

△左氏定公四年傳：違疆陵弱，非勇也；乘人之約，非仁也；滅宗
廢祀，非孝也；動無令名，非知也。（鄖公辛語）

△左氏哀公七年傳：子服景伯曰：「小所以事大，信也；大所以保小，
仁也。背大國，不信；伐小國，不仁。民保於城，城保於德。失
二德者，危，將焉保？」

以上之仁皆含有仁愛、仁厚之意。孔子答樊遲問仁，即謂「愛人」（《論語》〈顏
淵篇〉），而後儒釋仁，亦每多自此立論，足見斯義確為仁之基本特性。又讓
賢、讓國可以謂之仁，如：

△左氏襄公七年傳：冬十月，晉韓獻子告老。公族穆子有廢疾，將
立之。辭曰：「詩曰：『豈不夙夜？謂行多露。』又曰：『弗躬弗親，
庶民弗信。』無忌不才，讓，其可乎？請立起也。與田蘇游，而
曰『好仁』。……立之，不亦可乎？」庚戌，使宣子朝，遂老。晉
侯謂韓無忌仁，使掌公族大夫。

△左氏僖公八年傳：宋公疾，大子茲父固請曰：「目夷長且仁，君其
立之！」公命子魚。子魚辭，曰：「能以國讓，仁孰大焉？臣不及
也，且又不順。」遂走而退。

△左氏僖公九年傳：宋襄公即位，以公子目夷為仁，使為左師以聽
政，於是宋治，故魚氏世為左師。

韓無忌讓賢於其弟宣子，使代韓厥為卿，晉侯以為仁；大子茲父賢其兄，而
讓之國，目夷固辭不受，而互以對方為仁，可見讓之美德亦包括於仁之中。
孔子謂伯夷、叔齊「求仁而得仁，又何怨？」（《論語》〈述而篇〉），伯夷、叔
齊乃讓國之高士，而孔子以為仁，其義與《左傳》無殊。

又敬可以謂之仁，如左氏僖公三十三年傳：

初，臼季使，過冀，見冀缺耨，其妻饁之，敬，相待如賓。與之歸，

言諸文公曰：「敬，德之聚也。能敬必有德，德以治民，君請用之！
　　臣聞之：出門如賓，承事如祭，仁之則也。」

「出門如賓，承事如祭」，所以言敬之德也。《論語》〈顏淵篇〉記仲弓問仁，
孔子答以「出門如見大賓，使民如承大祭」，義與此同，則敬亦仁之屬也。

　　又孝亦可謂之仁，如左氏昭公二十年傳：

無極曰：「奢之子材，若在吳，必憂楚國，盍以免其父召之。彼仁，
必來。不然，將爲患。」王使召之，曰：「來，吾免而父。」棠君尚
謂其弟員曰：「爾適吳，我將歸死，吾知不逮，我能死，爾能報。聞
免父之命，不可以莫之奔也；親戚爲戮，不可以莫之報也。奔死免
父，孝也；度功而行，仁也；擇任而往，知也；知死不辟，勇也。
父不可棄，名不可廢，爾其勉之！相從爲愈。」

觀其上下文，知「彼仁，必來」之仁，實與孝之涵義相當，是仁亦可用以指
稱孝也。《論語》〈學而篇〉載有子之言「君子務本，本立而道生。孝弟也者，
其爲仁之本與！」以孝爲行仁之始基，尤能明確表出二者之關係。至云「度
功而行，仁也」，則外在事功亦可謂之仁，不限於人之美德言矣！《論語》〈憲
問篇〉，孔子曰：「桓公九合諸侯，不以兵車，管仲之力也。如其仁，如其仁。」
即從管仲所成就之功業言其仁，義通乎《左傳》。

　　又不背本亦可謂之仁，如左氏成公九年傳：

文子曰：「楚囚，君子也。言稱先職，不背本也；樂操土風，不忘舊
也；稱大子，抑無私也；名其二卿，尊君也。不背本，仁也……。」

除上述諸內涵外，《左傳》中亦有包舉數德以爲仁者，如：

△左氏莊公二十二年傳：君子曰：「酒以成禮，不繼以淫，義也。以
君成禮，弗納於淫，仁也。」

△左氏襄公七年傳：恤民爲德，正直爲正，正曲爲直，參和爲仁。（晉
韓無忌語）

　　總括而言，《左傳》中之仁已發展爲美德之稱，大凡人之行爲能表現愛、
讓、敬、孝、禮、正、直等道德品質者，率可目之爲仁，至於外在事功之成
就，亦得以仁稱之，可見仁在春秋時代之涵義相當複雜，內容亦不甚固定，
蓋時人用以泛指人之美德，不必即有明確之內涵。仁在孔子學說中始形成一
定之理論意義，不僅爲全德之名，且爲道德之根，價值之源，代表人格發展
之最高境界也。

第六節　人性論之初步發展

　　人性論爲中國哲學之中心論題，孔子雖罕言性與天道，惟其後則諸家辨析精微，討論綦詳，往往成爲學術分異之關鍵所在。第如沿波討源，振葉尋根，則春秋時代固其根源所自也。本節擬以「性」字爲線索，探討《左傳》中人性觀念之發展。

　　春秋以前，性字未見流行，《尙書》周初文獻，性字僅一見，〈召誥〉云：

　　　　節性，惟日其邁，王敬作所，不可不敬德。

「節性」，蔡沈注：「節其驕淫之性」，〔註46〕是性字指自然生命之欲望、本能，故須加以節制，不可放縱，始能日進其德。考之《詩經》，性字亦僅見於〈大雅‧卷阿〉：

　　　　伴奐爾游矣，優游爾休矣。豈弟君子，俾爾彌爾性，似先公酋矣。

　　　　爾土宇昄章，亦孔之厚矣。豈弟君子，俾爾彌爾性，百神爾主矣。

　　　　爾受命長矣，茀祿爾康矣。豈弟君子，俾爾彌爾性，純嘏爾常矣。

「彌爾性」言滿足其欲望，〔註47〕性字亦作欲望解。《說文》釋性云：「人之易气，性善者也，从心，生聲。」〔註48〕乃以漢儒之說爲據，固非字之本義，惟由以上《詩》、《書》等典籍所見性字用法觀之，則其原義似當指自然生命之本能、欲望也。

　　春秋以降，性字較爲多見。以《左傳》言，性字凡九見，綜觀其用法，或作欲望解、或作生字讀解，或作本性、本質解。如指欲望之性者：

　　△左氏襄公十四年傳：天生民而立之君，使司牧之，弗使失性。有
　　　　君而爲之貳，使司保之，勿使過度。（師曠答晉悼公語）

　　△左氏昭公二十五年傳：氣爲五味，發爲五色，章爲五聲，淫則昏
　　　　亂，民失其性。是故爲禮以奉之。（鄭子大叔引子產語答趙簡子問
　　　　禮）

「弗使失性」言使人民各遂其生，各適其性，此性字指生活欲望；「民失其性」之性亦指滋味聲色等欲望，此乃自然生命本有之特徵，既不可絕，亦不可淫（過度），須賴禮以節導之。又如作生字解者：

　　△左氏昭公八年傳：今宮室崇侈，民力彫盡，怨讟並作，莫保其性。

〔註46〕見蔡沈《書集傳》注。

〔註47〕此據徐復觀先生之說，參同註10，頁9。

〔註48〕見同註5，頁506。

（師曠答晉平公語）

△左氏昭公十九年傳：吾聞撫民者，節用於內，而樹德於外，民樂
　其性，而無寇讎。（沈尹戌答楚平王語）

「莫保其性」言無人能保其生活或生存，「民樂其性」即「民樂其生」，二性
字皆作生字讀解也。又如指本性、本質者：

△左氏襄公二十六年傳：冬十月，楚子伐鄭，鄭人將禦之。子產曰：
　「晉楚將平，諸侯將和，楚王是故昧於一來。不如使逞而歸，乃
　易成也。夫小人之性，釁于勇，嗇于禍，以足其性而求名焉者，
　非國家之利也，若何從之。」子展說，不禦寇。

「小人之性」之性字，乃本性之性，「以足其性」之性字，則指欲望而言，為
發于其本性特有之欲求也。

　　以上所言性字涵義中，作本性、本質解者為曩昔所未見，當係晚出新義，
此一性字新義之出現，似說明春秋時人已漸不能滿意於現象間平列之關係，
而欲進而追求其內部之性質。所謂現象內部之性質，一則為現象所以成立之
根據，一則為某物與生俱有之特質，故亦可謂之性。〔註49〕惟時人對事物最
基本性質之把握，乃始於天地，蓋天地運行，寒來暑往，春耕秋收，恒有一
定之規律，此一規律與人之道德法則同一化，故天地亦具有道德法則之性
質，即以之為其本性也。由體察何者為天地之本性，或可引發人對其本性之
探尋，如：

△左氏襄公十四年傳：天之愛民甚矣，豈其使一人肆于民上，以從
　其淫，而棄天地之性？必不然矣。（師曠答晉悼公語）

△左氏昭公二十五年傳：夫禮，天之經也，地之義也，民之行也。
　天地之經，而民實則之。……民有好惡、喜怒、哀樂，生于六氣，
　是故審則宜類，以制六志。哀有哭泣，樂有歌舞，喜有施舍，怒
　有戰鬥。喜生於好，怒生於惡，是故審行信令，禍福賞罰，以制
　死生。生，好物也；死，惡物也。好物，樂也；惡物，哀也。哀
　樂不失，乃能協于天地之性，是以長久。（鄭子大叔引子產語答趙
　簡子問禮）

第一則言愛民為天地之性，第二則言禮為天地之性，二者皆以道德特質為天
地本性，具有超越意義與價值意義。既然天地之性為愛民、為禮，而人復須

〔註49〕參同註10，頁58。

法效天地之性，則人之性亦不能自外於愛民與禮，此中似即隱含性善之義。雖然，時人之追溯道德根源，仍求之於法則性之天地，尚未直下從人之性分中尋思也。故所謂「善」，亦由天所降命，非發自人內在之本性，如左氏成公十三年傳：

> 吾聞之，民受天地之中以生，所謂命也。是以有動作禮義威儀之則，以定命也。能者養之以福，不能者敗以取禍。是故君子勤禮，小人盡力。勤禮莫如致敬，盡力莫如敦篤。敬在養神，篤在守業。（劉康公語）

「民受天地之中以生」，言人稟受天地之中而得其生存也，以故，所謂「命」，乃性命之命，指個體生命之存在而言。人既受天地之中而生，即須有禮義威儀以貞定其命，否則將流於怠惰放肆，故曰「君子勤禮」，又曰「勤禮莫如致敬」。惟「天地之中」可有不同之解釋，或謂天地沖虛中和之氣，或謂天地之理道，或謂乃理、氣之綜合，〔註50〕或謂即禮，〔註51〕說雖不同，其為人性命之所本則一。由於劉康公言命不言性，且偏重藉外在修養工夫以言定命，故即使「天地之中」具有道德意義，亦非直下就之以言超越之義理之性，此與《中庸》首章「天命之謂性」不同，「天命之謂性」之性乃義理當然之性，為萬善萬德之所從出，人之惟此當盡，亦出乎性分自然之要求，無須假之于外也。徐復觀先生云：

> 在春秋時代的人文精神中，雖然許多賢士大夫有從傳統中洗滌得很純淨地道德地合理性，但他們只能說有人文的教養，而不能說有從內向外，從下向上的自覺地工夫；所以儘管道德法則化了以後的天地之性，可以「命」到人身上來，使人之性與天地之性相應；但這是由合理性的推論而來，而不是由個人工夫的實證而來。只算是為以後的人性論，開闢了一段更深更長的路程，其本身尚不能算是真正人性論的自覺。〔註52〕

其言是也。孔子以後，孟子即心說性，荀子即生說性，成為言性之兩大系統，至宋儒復分義理之性與氣質之性，其端緒當濫觴於春秋也。

〔註50〕參李杜《中西哲學思想中的天道與上帝》，頁50。
〔註51〕此徐復觀先生之說，參見同註10，頁60。
〔註52〕見同註10，頁60。

第七節　餘　論

一、改過之人文意義

「改過」乃道德實踐之重要行爲，其所以具有人文之眞實意義，端在肯定人之主體性，肯定人有自由意志，能好善惡惡，明辨是非，故爲進德修業之大端。《論語》中，孔子屢以此自勉勉人，如「過則勿憚改」（〈學而篇〉）、「過而不改，是謂過矣。」（〈衛靈公篇〉）、「丘也幸，苟有過，人必知之」（〈述而篇〉）、「德之不修，學之不講，聞義不能徙，不善不能改，是吾憂也。」（〈述而篇〉）皆是。過而能改，則不妨其爲君子、爲聖賢，此即吾國最可貴之人文思想也。惟孔子以前，此類思想在《左傳》中已見端倪，如左氏宣公二年傳：

> 人誰無過，過而能改，善莫大焉。詩曰：「靡不有初，鮮克有終。」
> 夫如是，則能補過者鮮矣。君能有終，則社稷之固也，豈惟群臣賴
> 之。又曰：「袞職有闕，惟仲山甫補之。」能補過也。君能補過，袞
> 不廢矣。（隨會諫晉靈公改過）

人不能無過，此現實人生之有限性，惟所貴者在於能改過，故曰「善莫大焉」。犯過在人，改過亦在人，人本身即具備改過遷善之能力，不必依恃外在超越之力量，此乃中國人文思想特重主體性之表現。在西方，道德依附於宗教，而宗教原罪之說，否定人有自力解救之可能，必須仰賴上帝之恩寵，始能洗脫罪惡，是以主體性湮沒不彰，影響所及，其人文主義始終難有堅實之人性基礎也。

二、不使無後之道德觀

春秋時代，無論邦君與貴族之爭權，抑貴族與貴族之爭權，皆極盡慘烈之能事，而政權爭奪之結果，或國君見逐、見弒，或氏族盡滅，群公子盡殺。〔註53〕雖然，《左傳》中卜不乏時君不使貴族無後之記載，於刑戮之餘，頗能表現仁厚之道德心性，如左氏莊公十六年傳：

> 鄭伯治與於雍糾之亂者，九月，殺公子閼，刖強鉏。公父定叔出奔
> 衛。三年而復之，曰：「不可使共叔無後於鄭。」使以十月入，曰：
> 「良月也，就盈數焉。」

〔註53〕參李宗侗〈封建的解體〉，文載《文史哲學報》第十五期。

雍糾之亂在桓公十五年，時祭仲專權，鄭伯患之，使其壻雍糾殺之，不果，雍糾見殺，鄭伯出奔，至莊公十四年，鄭伯復入國，故有此年治與於雍糾之亂之事。公父定叔為共叔段之孫，共叔段有王鄭之心，為鄭莊公所敗，出奔共地，事見隱公元年。此則厲公為存其後於鄭，乃於三年後使公父定叔回國，復其祿位。此一不使無後之作法，左氏以為禮，如左氏成公十八年傳：

> 齊為慶氏之難故，甲申晦，齊侯使士華免以戈殺國佐于内宮之朝。
> 師逃于夫人之宮。書曰：「齊殺其大夫國佐」，棄命、專殺、以穀叛
> 故也。使清人殺國勝。國弱來奔。王湫奔萊。慶封為大夫，慶佐為
> 司寇。既，齊侯反國弱，使嗣國氏，禮也。

慶氏之難起於去年，國佐棄會師伐鄭之命而先歸，殺慶克，以穀叛，故有此年之禍。齊侯為使其族不致絕滅，乃返國弱，使之繼承國氏，禮也。尤有進者，時人且以立後為寓有勸善之道德目的，如左氏宣公四年傳：

> 其孫箴尹克黃使於齊，還及宋，聞亂。其人曰：「不可以入矣。」箴
> 尹曰：「棄君之命，獨誰受之？君，天也，天可逃乎？」遂歸，復命，
> 而自拘於司敗。王思子文之治楚國也，曰：「子文無後，何以勸善？」
> 使復其所，改命曰生。

克黃為子文之孫，其先為若敖氏，若敖氏族以子越之叛，為楚莊王所滅，時克黃使於齊，幸免於難，莊王思子文治楚國有功，不欲其子孫因之滅絕，乃使克黃復任箴尹之官，以使為善者有所勸也。又如左氏成公八年傳：

> 晉趙莊姬為趙嬰之亡故，譖之于晉侯曰：「原、屏將為亂。欒、郤為
> 徵。六月，晉討趙同、趙括。武從姬氏畜于公宮，以其田與祈奚。
> 韓厥言於晉侯曰：「成季之勳，宣孟之忠，而無後，為善者其懼矣！
> 三代之令王皆數百年保天之祿，夫豈無辟王？賴前哲以免也。周書
> 曰：『不敢侮鰥寡。』所以明德也。」乃立武，而反其田焉。

成季即趙衰，輔佐晉文公有功；宣孟即趙盾，《國語》〈晉語〉六，述知武子之言，亦謂「宣子之忠，其可忘乎！」可見當時晉人皆以忠稱許趙盾。韓厥以二人對晉國貢獻匪淺，如亦不能免於宗毀祀滅，則為善者將無所勸，故勸景公存其後以勵來者，此正「明德」之表現也。

　　以上不使無後之記載，晉、楚、齊、鄭皆有之，左氏以為禮，時人更賦予勸善之道德意義，可見此當係春秋時代共通之道德觀也。

第四章　《左傳》之政治思想

第一節　德治思想

　　德治思想乃儒家一貫之政治主張。所謂「德治」，以對從政者之道德要求為主，從政者苟能修身正己，樹立道德典範，則人民在其感召啟發之下，亦將起而效之，致力於道德人格之修養，循是以往，即可達到治國平天下之境界，此德治之本質，亦先秦儒家之通義也。如：

　　△子曰：「為政以德。譬如北辰，居其所，而眾星共之。」（《論語》〈為政篇〉）

　　△季康子問政於孔子。孔子對曰：「政者正也，子帥以政，孰敢不正？」（《論語》〈顏淵篇〉）

　　△上好禮，則民莫敢不敬；上好義，則民莫敢不服；上好信，則民莫敢不用情。（《論語》〈子路篇〉孔子答樊遲請學稼）

　　△君仁莫不仁，君義莫不義，君正莫不正，一正君而國安矣。（《孟子》〈離婁上篇〉）

　　△「聞修身，未聞為國也」「君者儀也，民者影也，儀正則影正」「君者槃也，民者水也，槃圓則水圓」（《荀子》〈君道篇〉）

　　△「自天子以至於庶人，壹是皆以修身為本」「所謂平天下在治其國者，上老老而民興孝；上長長而民興弟；上恤孤而民不倍，是以君子有絜矩之道也」（《大學》）

　　以上皆表示在位者修身正己，為民表率，即能創造理想之政治秩序，此德治

思想之基本要義。由此一基本要義出發，向外擴而充之，則凡表現於政治上之一切合理舉措，皆得謂之德治。故德治有其一定之政治內容，如：

> △子適衛，冉有僕。子曰：「庶矣哉！」冉有曰：「既庶矣，又何加焉？」曰：「富之。」曰：「既富矣，又何加焉？」曰：「教之。」（《論語》〈子路篇〉）

> △凡為天下國家有九經，曰：修身也，尊賢也，親親也，敬大臣也，體群臣也，子庶民也，來百工也，柔遠人也，懷諸侯也。（《中庸》孔子答哀公問政章）

> △五畝之宅，樹之以桑，五十者可以衣帛矣；雞豚狗彘之畜，無失其時，七十者可以食肉矣；百畝之田，勿奪其時，數口之家，可以無飢矣。謹庠序之教，申之以孝悌之義，頒白者不負戴於道路矣。七十者衣帛食肉，黎民不飢不寒，然而不王者，未之有也。（《孟子》〈梁惠王上篇〉）

孔子以「養民」、「教民」為政治要務，此即德治之大端；至《中庸》，則發展為「九經」之系統，九經乃治理天下國家之九項不變原則，實即德治之九項綱領；至於孟子言王道之具體內容，其實亦等於德治之具體內容也。

儒家之德治思想，由孔子奠其初胚，其後諸儒雖多有致意，要之，不外就其所建規模，加以增益強調而已。惟孔子之前，德治思想早為傳統之政治理念，周初建國，即已濫觴，洎乎春秋時代，乃大流行，第未構成完整之體系耳。《左傳》以記載當時之政治活動為主體，特於其中突出德治之觀念，值得吾人注意，如：

> △左氏隱公十一年傳：君子謂鄭莊公「失政刑矣！政以治民，刑以正邪。既無德政，又無威刑，是以及邪，邪而詛之，將何益矣！」

> △左氏僖公三十三年傳：德以治民，君請用之。（胥臣謂晉文公語）

> △左氏襄公二十四年傳：僑聞君子長國家者，非無賄之患，而無令名之難。……夫令名，德之輿也；德，國家之基也。有基無壞，無亦是務乎！（子產致宣子書語）

皆指德治而言。茲就《左傳》所載，探討春秋時人之德治思想。

一、在位者修身正己

居上位者修明德行，以身作則，推而廣之，即可收治國平天下之效用，

此德治思想之第一要義，春秋時賢多能明之。如桓公二年，宋大宰華父督以郜國大鼎賂桓公，桓公受之，且置諸太廟之中，於時為非禮，故臧哀伯以人君當「昭德塞違」諫之：

> 君人者，將昭德塞違，以臨照百官，猶懼或失之，故昭令德以示子孫：是以清廟茅屋，大路越席，大羹不致，粢食不鑿，昭其儉也。袞、冕、黻、珽，帶、裳、幅、舄，衡、紞、紘、綖，昭其度也。藻、率、鞞、鞛，鞶、厲、游、纓，昭其數也。火、龍、黼、黻，昭其文也。五色比象，昭其物也。錫、鸞、和、鈴，昭其聲也。三辰旂旗，昭其明也。夫德，儉而有度，登降有數，文、物以紀之，聲、明以發之，以臨照百官，百官於是乎戒懼，而不敢易紀律。今滅德立違，而寘其賂器於大廟，以明示百官。百官象之，其又何誅焉？國家之敗，由官邪也；官之失德，寵賂章也。郜鼎在廟，章孰甚焉？武王克商，遷九鼎于雒邑，義士猶或非之，而況將昭違亂之賂器於大廟，其若之何？

言人君當發揚道德、阻塞邪惡，以為百官之模範，子孫之典型，始能守業無失，長保國祚；反之，如人君「滅德立違」，以不德示百官，則百官亦將相率為不善，斯國家衰敗之由也。又如左氏襄公二十一年傳：

> 邾庶其以漆、閭丘來奔，季武子以公姑姊妻之，皆有賜於其從者。於是魯多盜。季孫謂臧武仲曰：「子盍詰盜？」武仲曰：「不可詰也。紇又不能。」季孫曰：「我有四封，而詰其盜，何故不可？子為司寇，將盜是務去，若之何不能？」武仲曰：「子召外盜而大禮焉，何以止吾盜？子為正卿，而來外盜；使紇去之，將何以能？庶其竊邑於邾以來，子以姬氏妻之，而與之邑。其從者皆有賜焉。若大盜禮焉以君之姑姊與其大邑，其次皁牧輿馬，其小者衣裳劍帶，是賞盜也。賞而去之，其或難焉。紇也聞之，在上位者洒濯其心，壹以待人；軌度其信，可明徵也，而後可以治人。夫上之所為，民之歸也。上所不為，而民或為之，是以加刑罰焉，而莫敢不懲。若上之所為，而民亦為之，乃其所也，又可禁乎？夏書曰：『念茲在茲，釋茲在茲，名言茲在茲，允出茲在茲，惟帝念功。』將謂由己壹也。信由己壹，而後功可念也。」

季孫為魯正卿，不能修德以臨民，乃召外盜而大禮焉，故武仲藉禁盜一事，

告其為政者當先正己然後可以治人之理，蓋「上之所為，民之歸也」。所謂「洒濯其心」、「軌度其信」者舉言內修其誠信之德。有諸中，形之於外，爰可徵信於人，成為下民法效之對象，斯政治良窳之關鍵也。孔子於此，三致意焉，如：

> △子曰：「其身正，不令而行；其身不正，雖令不從。」（《論語》〈子路篇〉）
>
> △子曰：「苟正其身矣，於從政乎何有？不能正其身，如正人何？」（同上）
>
> △季康子患盜，問於孔子。孔子對曰：「苟子之不欲，雖賞之不竊。」（《論語》〈顏淵篇〉）
>
> △季康子問政於孔子曰：「如殺無道，以就有道，何如？」孔子對曰：「子為政，焉用殺？子欲善，而民善矣！君子之德，風；小人之德，草，草上之風，必偃。」（同上）

皆言為政者當先正己身。己身正，則民亦正；己欲善，而民亦善，其間道德之感召力至偉且速，如風行草上，未有不偃者也。季康子患盜一則，與臧武仲所言情境頗為類似，而意之顯豁，尤在其上。臧哀伯與臧武仲俱為魯大夫，其所言雖有桓公、襄公時代之異，顧政治理念無殊，可見德治之主張當係魯國傳統之政治思想，然則孔子之德治思想，蓋亦有其文化背景矣！

居上位者內修其明德，發之於外，則威儀見焉。有威儀，始足以為民所法，而成功其德治，如左氏襄公三十一年傳：

> 衛侯在楚，北宮文子見令尹圍之威儀，言於衛侯曰：「令尹似君矣，將有他志。雖獲其志，不能終也。詩云：『靡不有初，鮮克有終。』終之實難，令尹其將不免。」公曰：「子何以知之？」對曰：「詩云：『敬順威儀，惟民之則。』令尹無威儀，民無則焉。民所不則，以在民上，不可以終。」公曰：「善哉！何謂威儀？」對曰：「有威而可畏謂之威，有儀而可象謂之儀。君有君之威儀，其臣畏而愛之，則而象之，故能有其國家，令聞長世。臣有臣之威儀，其下畏而愛之，故能守其官職，保族宜家。順是以下皆如是，是以上下能相固也。衛詩曰：『威儀棣棣，不可選也。』言君臣、上下、父子、兄弟、內外、大小皆有威儀也。……故君子在位可畏，施舍可愛，進退可度，周旋可則，容止可觀，作事可法，德行可象，聲氣可樂，動作

有文，言語有章，以臨其下，謂之有威儀也。」

北宮文子對「威儀」之闡釋，實即德治思想之發揮。威儀含賅範圍甚廣，凡施舍、進退、周旋、容止、作事、德行、聲氣、動作、言語等皆屬之，人君於此，苟能以身作則，樹立典型，謂之有威儀，人君而有威儀，則臣民亦將以之爲法，而各自培養適於其身分地位之威儀，夫如是，上下不亂，尊卑不紊，自能建立理性之政治秩序。孔子答齊景公問政曰：「君君、臣臣、父父、子子。」（《論語》〈顏淵篇〉）與北宮文子所言旨意相近，要皆表示德治之思想也。惟此一由上至下之關係系列中，以人君地位最爲重要，蓋人君修德乃成功一切政治之起點，若不仁而居高位，則政治失其起點，縱有作爲，恐不免治絲愈棼，徒勞無益，〔註1〕故孟子曰：「惟仁者宜在高位。不仁而在高位，是播其惡於衆也。」（《孟子》〈離婁上篇〉）

　　好惡之心，人皆有之，在上位者亦然，惟在上位者擁有最高權力，若好惡不得其正，則爲禍之烈，甚於常人。故居上位者修德，務使好惡不失其正，如左氏昭公十五年傳：

　　吾聞諸叔向曰：「好惡不愆，民知所適，事無不濟。」……率義不爽，好惡不愆，城可獲而民知義所，有死命而無二心，不亦可乎？（晉穆子語）

好其所當好，惡其所當惡，是謂好惡不愆。在上位者好惡得其正，則民知所適從，故事無不成。不僅此也，德治之最高原則，尤在能與民同好惡，如：

　　△左氏成公六年傳：聖人與衆同欲，是以濟事，子盍從衆？子爲大政，將酌於民者也。（或謂欒武子語）

　　△左氏昭公四年傳：求逞於人，不可；與人同欲，盡濟。（子產答楚靈王語）

欲惡與天下同，表示爲政者不以其私意統治人民，而服從客觀之是非，如此可避免個人好惡與政治權力相結合，以構成強大之支配力。其後孟子勸齊宣王憂樂與民共之，好貨與民共之，好色與民共之，〔註2〕皆在強調此意。至《大學》，則總之曰：「民之所好好之，民之所惡惡之，此之謂民之父母。」自是以往，遂成爲中國言治道之第一義。

　　人皆有過，雖在上位者亦不免，惟在上位者一身繫政治之成敗，故尤重

〔註1〕參蕭公權《中國政治思想史》，頁65。
〔註2〕參見《孟子》〈梁惠王下篇〉，第五、六兩章。

其能反省、改過,如:

> △左氏僖公十九年傳:宋人圍曹,討不服也。子魚言于宋公曰:「文
> 王聞崇德亂而伐之,軍三旬而不降。退修教而復伐之,因壘而降,
> 詩曰:『刑于寡妻,至于兄弟,以御于家邦。』今君德毋乃猶有所
> 闕,而以伐人,若之何?盍姑內省德乎?無闕而後動。」
>
> △左氏宣公二年傳:人誰無過,過而能改,善莫大焉。詩曰:「靡不
> 有初,鮮克有終。」夫如是,則能補過者鮮矣。君能有終,則社
> 稷之固也,豈惟群臣賴之。又曰:「袞職有闕,惟仲山甫補之。」
> 能補過也。君能補過,袞不廢矣。(隨會諫晉靈公改過)

改過之具體表現即為「罪己」。人君罪己,表示其願對臣民負責,而勇於承擔
政治過失,此即政治理性化之先聲,如:

> △左氏桓公十三年傳:十三年春,楚屈瑕伐羅,鬬伯比送之。還,
> 謂其御曰:「莫敖必敗。舉趾高,心不固矣!」遂見楚子,曰:「必
> 濟師!」楚子辭焉。入告夫人鄧曼。鄧曼曰:「大夫其非眾之謂,
> 其謂君撫小民以信,訓諸司以德,而威莫敖以刑也。莫敖狃於蒲
> 騷之役,將自用也,必小羅。君若不鎮撫,其不設備乎!夫固謂
> 君訓眾而好鎮撫之,召諸司而勸之以令德,見莫敖而告諸天之不
> 假易也。不然,夫豈不知楚師之盡行也?」楚子使賴人追之,不
> 及。莫敖使徇于師曰:「諫者有刑!」及鄢,亂次以濟,遂無次,
> 且不設備。及羅,羅與盧戎兩軍之,大敗之。莫敖縊于荒谷。群
> 帥因于冶父以聽刑。楚子曰:「孤之罪也。」皆免之。
>
> △左氏莊公八年傳:夏,齊師圍郕,郕降于齊師。仲慶父請伐齊師。
> 公曰:「不可。我實不德,齊師何罪?罪我之由。夏書曰:『皋陶
> 邁種德,德,乃降。』姑務修德,以待時乎!」
>
> △左氏文公元年傳:殽之役,晉人既歸秦帥,秦大夫及左右皆言於
> 秦伯曰:「是敗也,孟明之罪也,必殺之。」秦伯曰:「是孤之罪
> 也。周芮良夫之詩曰:『大風有隧,貪人敗類,聽言則對,誦言如
> 醉,匪用其良,覆俾我悖。』是貪故也,孤之謂矣。孤實貪以禍
> 夫子,夫子何罪?」復使為政。
>
> △左氏襄公三年傳:晉侯之弟揚干亂行於曲梁,魏絳戮其僕。晉侯
> 怒,謂羊舌赤曰:「合諸侯,以為榮也。揚干為戮,何辱如之?必

殺魏絳，無失也！」對曰：「絳無貳志，事君不辟難，有罪不逃刑，
其將來辭，何辱命焉？」言終，魏絳至，授僕人書，將伏劍，士
魴、張老止之。公讀其書，曰：「日君乏使，使臣斯司馬。臣聞『師
眾以順爲武，軍事有死無犯爲敬』，君合諸侯，臣敢不敬？君師不
武，執事不敬，罪莫大焉。臣懼其死，以及揚干，無所逃罪。不
能致訓，至於用鉞，臣之罪重，敢有不從以怒君心？請歸死於司
寇。」公跣而出，曰：「寡人之言，親愛也；吾子之討，軍禮也。
寡人有弟，弗能教訓，使干大命，寡人之過也。子無重寡人之過，
敢以爲請。」晉侯以魏絳爲能以刑佐民矣，反役，與之禮食，使
佐新軍。

第一則言楚武王未從鬭伯比之建議，致楚軍大敗於羅與盧戎，乃罪己以示過
失；次則言魯師及齊師圍郕，而郕獨降於齊師，莊公乃罪己，而以修德自勉；
第三則言殽之役，秦敗於晉，秦大夫及左右皆過孟明，欲使穆公殺之，穆公
乃自以爲罪，復使爲政。後秦能霸西戎，用孟明故也；〔註3〕末則言晉悼公以
其弟揚干爲辱之故，欲殺司馬魏絳，後見絳所授僕人書，感其盡忠職守，遂
自言己過，且擢魏絳爲新軍佐。以上皆言人君能坦示己過而承擔政治責任也。

　　居上位者治國理民，責任重大，惟一人智有不及，慮有未周，故復須察
納雅言，諮諏善道，俾補闕漏，有所廣益，如左氏昭公二十年傳：

　　　君所謂可，而有否焉，臣獻其否，以成其可；君所謂否，而有可焉，
　　　臣獻其可，以去其否，是以政平而不干，民無爭心。（晏子答齊景公
　　　語）

臣之於君，當將順其美，以匡其惡，而君之於臣，尤應開張聖聽，推誠納諫，
使行爲過失減至最低限度，如此方能登政治於清平之境，而息百姓之爭心。

　　居上位者修德之具體內容，除以上所云推誠、正其好惡、改過、罪己、
納諫外，其他一切美善之行爲，皆當納入修身範圍之內。由是觀之，在德治
之規定下，居上位者之道德要求，較一般人特爲嚴格。茲以敬德與儉德爲代
表，加以說明。

　　敬乃在位者之重要德行，胥臣言諸晉文公曰：「敬，德之聚也。能敬必
有德。德以治民，君請用之！臣聞之，出門如賓，承事如祭，仁之則也。」

〔註3〕參見《左傳》文公三年。

〔註4〕即強調人君當以敬德臨民。反之，若在位者而有不敬之行為，則恒有禍殃之來，如：

> △左氏成公四年傳：夏，公如晉。晉侯見公，不敬。季文子曰：「晉侯必不免。詩曰：『敬之敬之！天惟顯思，命不易哉！』夫晉侯之命在諸侯矣，可不敬乎？」

> △左氏襄公二十一年傳：會於商任，錮欒氏也。齊侯、衛侯不敬。叔向曰：「二君者必不免。會朝，禮之經也；禮，政之輿也；政，身之守也。怠禮，失政；失政，不立，是以亂也。」

> △左氏襄公二十八年傳：蔡侯歸自晉，入于鄭，鄭伯享之。不敬。子產曰：「蔡侯其不免乎！日其過此也，君使子展迋勞於東門之外，而傲。吾曰猶將更之。今還，受享而惰，乃其心也。君小國，事大國，而惰傲以爲己心，將得死乎？若不免，必由其子。其爲君也，淫而不父。僑聞之，如是者，恒有子禍。」

> △左氏襄公二十八年傳：爲宋之盟故，公及宋公、陳侯、鄭伯、許男如楚。公過鄭，鄭伯不在，伯有迋勞於黃崖，不敬。穆叔曰：「伯有無戾於鄭，鄭必有大咎。敬，民之主也，而棄之，何以承守？鄭人不討，必受其辜。濟澤之阿，行潦之蘋藻，寘諸宗室，季蘭尸之，敬也。敬可棄乎？」

以上皆緣爲禮不敬而時人斷其必有災咎，可見敬之爲德，實乃在位者修身之要目，故曰：「敬，民之主也」。

儉亦在位者之重要德行，魯大夫禦孫諫莊公曰：「臣聞之：『儉，德之共也；侈，惡之大也。』先君有共德，而君納諸大惡，無乃不可乎？」即強調人君當培養儉德而去汰侈。夫上之所爲，民之所歸，其影響既深且遠，未可輕忽也。如左氏昭公四年傳：

> 楚子示諸侯侈。椒舉曰：「夫六王、二公之事，皆所以示諸侯禮也，諸侯所由用命也。夏桀爲仍之會，有緡叛之；商紂爲黎之蒐，東夷叛之；周幽爲大室之盟，戎狄叛之，皆所以示諸侯汰也，諸侯所由棄命也。今君以汰，無乃不濟乎！」王弗聽。子產見左師曰：「吾不患楚矣。汰而愎諫，不過十年。」左師曰：「然。不十年侈，其惡不遠。遠惡而後棄。善亦如之，德遠而後興。」

〔註4〕見《左傳》僖公三十三年。

楚靈王侈汰，失其君德，且不受椒舉之諫，故子產斷言其不過十年，後果於昭公十三年爲楚人所弒，此以汰侈亡身也。人君如是，大夫亦然，如晉欒氏汰虐，士鞅斷言其禍將在欒盈，左氏襄公十四年傳：

> 秦伯問於士鞅曰：「晉大夫其誰先亡？」對曰：「其欒氏乎？」秦伯曰：「以其汰乎？」對曰：「然。欒黶汰虐已甚，猶可以免，其在盈乎！」秦伯曰：「何故？」對曰：「武子之德在民，如周人之思召公焉，愛其甘棠，況其子乎？欒黶死，盈之善未能及人，武子所施沒矣，而黶之怨實章，將於是乎在。」秦伯以爲知言，爲之請於晉而復之。

是故子產執政，務在獎忠儉而去汰侈，如左氏襄公三十年傳：

> 大人之忠儉者，從而與之；泰侈者，因而斃之。

「大人」謂卿大夫，卿大夫係政治上層人物，其行爲得失影響社會風氣甚鉅，故必須嚴於律己，以爲下民法則，此子產所以特重卿大夫之道德要求也。

二、撫民、養民、教民

德治以人君修身爲第一要義，順是而推之，則首先出現撫民、養民、教民等思想，蓋人民乃政治之主要對象，而從政者依於德治之要求，必欲愛之、養之、教之也。在此種道德政治下，從政者與人民之關係，猶父母之於其子，父母愛子，乃天職也，是以從政者亦當視民如子，善盡其養護之責。如：

> △左氏襄公二十五年傳：晉程鄭卒，子產始知然明，問爲政焉。對曰：「視民如子，見不仁者誅之，如鷹鸇之逐鳥雀也。」
> △左氏昭公三十年傳：吳光新得國，而親其民，視民如子，辛苦同之，將用之也。若好吳邊疆，使柔服焉，猶懼其至。吾又彊其讎，以重怒之，無乃不可乎！（子西諫楚昭王語）
> △左氏哀公元年傳：臣聞，國之興也，視民如傷，是其福也；其亡也，以民爲土芥，是其禍也。楚雖無德，亦不艾殺其民。吳日敝於兵，暴骨如莽，而未見德焉。天其或者正訓楚也，禍之適吳，其何日之有？（逢滑答陳懷公語）

其後孟子云：「文王視民如傷。」（〈離婁下篇〉）又云：「禹思天下有溺者，由己溺之也；稷思天下有飢者，由己飢之也。」（同上）荀子亦云：「上之於下，如保赤子。」（《荀子》〈王霸篇〉）皆言從政者當視民如子，憂樂同之也。

（一）撫　民

視民如子，則當撫之恤之，如：

> △左氏莊公十一年傳：是宜爲君，有恤民之心。（宋臧孫達語）
>
> △左氏僖公二十四年傳：臣聞之，大上以德撫民，其次親親以相及也。（富辰諫周襄王語）
>
> △左氏襄公七年傳：恤民爲德。（晉韓無忌語）

可見時人皆以撫民恤民爲從政者之大德，能有恤民之心，則適宜爲君。此種恤民思想，不僅行之於國內，亦見之於對他國人民之體恤，如：

> △左氏僖公十三年傳：冬，晉薦饑，使乞糴于秦。……丕鄭之子豹在秦，請伐晉。秦伯曰：「其君是惡，其民何罪？」秦于是乎輸粟于晉。
>
> △左氏僖公十五年傳：是歲，晉又饑，秦伯又餼之粟，曰：「吾怨其君，而矜其民。且吾聞唐叔之封也，箕子曰：『其後必大』晉其庸可冀乎？姑樹德焉，以待能者。」
>
> △左氏哀公十年傳：冬，楚子期伐陳，吳延州季子救陳，謂子期曰：「二君不務德，而力爭諸侯，民何罪焉？我請退，以爲子名，務德而安民。」乃還。

昭公十三年，楚平王以未撫民人，遂止伐吳：

> 吳滅州來，令尹子期請伐吳，王弗許，曰：「吾未撫民人，未事鬼神，未修守備，未定國家，而用民力，敗不可悔。州來在吳，猶在楚也，子姑待之。」

楚平王雖知撫民之重要，然其於國內之種種措施，則違反撫民之道，故當昭公十九年，楚人城州來以挑吳，沈尹戌遂斷言楚人必敗：

> 楚人城州來。沈尹戌曰：「楚人必敗。昔吳滅州來，子旗請伐之。王曰：『吾未撫吾民。』今亦如之，而城州來以挑吳，能無敗乎？」侍者曰：「王施舍不倦，息民五年，可謂撫之矣。」戌曰：「吾聞撫民者，節用於內，而樹德於外，民樂其性，而無寇讎。今宮室無量，民人日駭，勞罷死轉，忘寢與食，非撫之也。」

可知撫民之實際內容，不惟須節用於內，使民樂其性，亦當樹德於外，使無寇讎之患也。

政治上民心之向背，亦繫乎撫民與否，此於齊晏子與晉叔向感慨公室衰

微中見之，如左氏昭公三年傳：

> 既成昏，晏子受禮，叔向從之晏，相與語。叔向曰：「齊其何如？」
> 晏子曰：「此季世也，吾弗知齊其爲陳氏矣。公棄其民，而歸於陳氏。
> 齊舊四量，豆、區、釜、鍾。四升爲豆，各自其四，以登於釜。釜
> 十則鍾。陳氏三量皆登一焉，鍾乃大矣。以家量貸，而以公量收之。
> 山木如市，弗加於山；魚、鹽、蜃、蛤，弗加於海。民參其力，二
> 入於公，而衣食其一。公聚朽蠹，而三老凍餒，國之諸市，屨賤踊
> 貴。民人痛疾，而或燠休之。其愛之如父母，而歸之如流水。欲無
> 獲民、將焉辟之？箕伯、直柄、虞遂、伯戲，其相胡公、大姬已在
> 齊矣。」叔向曰：「然。雖吾公室，今亦季室也。戎馬不駕，卿無軍
> 行，公乘無人，卒列無長。庶民罷敝，而宮室滋侈。道殣相望，而
> 女富溢尤。民聞公命，如逃寇讎。欒、郤、胥、原、狐、續、慶、
> 伯降在皂隸，政在家門，民無所依。君日不悛，以樂慆憂。公室之
> 卑，其何日之有？讒鼎之銘曰：『昧旦丕顯，後世猶怠。』況日不悛，
> 其能久乎？」

齊陳氏善於收買人心，勤於愛顧百姓，故民歸之如流水；景公重賦斂，不知
體恤民間疾苦，故民多棄之，而公室日卑矣。晉國亦然，蓋平公未能撫恤人
民也。

撫民乃從政者之首要職責，使有不能善盡此一職責者，輕則亡身，重則
亡國，如：

> △左氏隱公四年傳：公問於眾仲曰：「衛州吁其成乎？」對曰：「臣
> 聞以德和民，不聞以亂。以亂，猶治絲而棼之也。夫州吁，阻兵
> 而安忍。阻兵，無眾；安忍，無親。眾叛、親離，難以濟矣。夫
> 兵，猶火也；弗戢，將自焚也。夫州吁弒其君，而虐用其民，於
> 是乎不務令德，而欲以亂成，必不免矣。」

> △左氏昭公二十五年傳：楚子使蓬射城州屈，復茄人焉；城丘皇，
> 遷訾人焉。使熊相禖郭巢，季然郭卷。子大叔聞之，曰：「楚王將
> 死矣。使民不安其土，民必憂，憂將及王，弗能久矣。」

皆言國君未能撫民而時人斷其必不免。隱公四年九月，衛人殺州吁於濮；昭
公二十六年，楚平王卒，均驗。又如：

> △左氏僖公二年傳：虢公敗戎於桑田。晉卜偃曰：「虢必亡矣！亡下

　　陽不懼，而又有功，是天奪之鑒，而益其疾也。必易晉而不撫其
　　民矣！不可以五稔。」

△左氏襄公三十年傳：六月，鄭子產如陳蒞盟，歸，復命。告大夫
　　曰：「陳，亡國也，不可與也。聚禾粟，繕城郭，恃此二者，而不
　　撫其民。其君弱植，公子侈，大子卑，大夫敖，政多門，以介於
　　大國，能無亡乎？不過十年矣。」

皆言國君不撫其民而時人斷其必亡國。僖公五年，晉滅虢；昭公八年，楚滅
陳，均驗。可知撫民與否，往往即爲興亡盛衰之關鍵也。

（二）養民、教民

　　養民、教民，乃德治之具體內容，亦撫民思想更進一步之表現。國之本
在民，民以食爲天，故政治之首要在民生。民生既爲政治之第一要務，則從
政者首當求保障之、滿足之，使無匱乏，免於飢寒，此養民之思想也。如：

△左氏文公十三年傳：邾文公卜遷于繹。史曰：「利於民而不利於君。」
　　邾子曰：「苟利於民，孤之利也。天生民而樹之君，以利之也。民
　　既利矣，孤必與焉。」左右曰：「命可長也，君何弗爲？」邾子曰：
　　「命在養民，死之長短，時也。民苟利矣，遷也，吉莫如之！」
　　遂遷于繹。五月，邾文公卒，君子曰：「知命。」

△左氏襄公十四年傳：良君將賞善而刑淫，養民如子，蓋之如天，
　　容之如地。（師曠答晉侯語）

首則邾文公自言養民爲國君天職，故政策之決定以利民爲先。其爲人主而能
有此自覺，足徵可貴，是以君子謂之知命。次則師曠言良君當養民如子，如
天覆地載也。

　　生存乃人民之最基本需求，而養民即所以解決此一問題，故爲從政者之
首要職務。然國家之目的不僅在人民有充裕之衣食，而更要求其有美善之品
性與行爲，是以孔子論衛國之民則謂既富而教，孟子亦云：「善政不如善教之
得民也。」〔註5〕教之重要，由此可見。《左傳》載晉文公入國之後，實施一
系列教民措施，遂能一戰而霸，如左氏僖公二十七年傳：

　　晉侯始入而教其民，二年，欲用之。子犯曰：「民未知義，未安其居。」
　　於是乎出定襄王，入務利民，民懷生矣。將用之。子犯曰：「民未知

─────────────
〔註5〕見《孟子》〈盡心上篇〉，第十四章。

信，未宣其用。」於是乎伐原以示之信。民易資者，不求豐焉，明
徵其辭。公曰：「可矣乎？」子犯曰：「民未知禮，未生其共。」於
是乎大蒐以示之禮，作執秩以正其官。民聽不惑，而後用之。出穀
戍，釋宋圍，一戰而霸，文之教也。

晉侯之教民，乃在厚生之基礎上，示民以義、信、禮等諸道德，日久功見，
然後民遂可用。此與孔子所謂「善人教民七年，亦可以即戎矣」「以不教民戰，
是謂棄之」〔註6〕若合符節。又如：

△左氏襄公十四年傳：天生民而立之君，使司牧之，勿使失性。（師
曠答晉侯語）

△左氏昭公二十五年傳：則天之明，因地之性，生其六氣，用其五
行。氣爲五味，發爲五色，章爲五聲。淫則昏亂，民失其性。是
故爲禮以奉之。（子太叔答趙簡子以子產語）

△左氏襄公二十八年傳：夫民，生厚而用利，於是乎正德以幅之，
使無黜嫚，謂之幅利。

合以上三則觀之，知教民乃人君之天職，且當在人民生厚而用利之基礎上，
以禮、德爲教，此與孔子「先富後教」之義相合，皆屬於德治之思想也。

（三）使民以時

養民之道多方，尤以使民不違農時乃古今不變之通則。孔子云：「道千乘
之國，敬事而信，節用而愛人，使民以時。」（《論語》〈學而篇〉）即以此爲
治國之重要原則之一。孟子云：「不違農時，穀不可勝食也；數罟不入洿池，
魚鱉不可勝食也；斧斤以時入山林，材木不可勝用也。穀與魚鱉不可勝食，
材木不可勝用，是使民養生喪死無憾也。養生喪死無憾，王道之始也。」又
云：「雞豚狗彘之畜，無失其時，七十者可以食肉矣；百畝之田，勿奪其時，
數口之家，可以無飢矣。」（皆見〈梁惠王上篇〉）對使民以時之效用，尤有
具體說明，甚至以此爲王道之始。可見使民以時亦德治之重要原則也。如左
氏文公六年傳：

閏月不告朔，非禮也。閏以正時，時以作事，事以厚生，生民之道
於是乎在矣！不告閏朔，棄時政也，何以爲民？

此《左傳》釋經文「閏月不告月，猶朝于廟」。告月即告朔，古者天子常以季

〔註6〕皆見《論語》〈子路篇〉。

冬頒來歲十二月之朔於諸侯，諸侯受而藏之祖廟。月朔，則以特羊告廟，請而行之，禮也。〔註7〕魯文公閏月不告朔，故左氏謂之非禮。告朔，則農事有正確之時令依據，農事合乎時令，始能致民生於富厚，此養民之大端，故為在位者之政治要務。魯文公怠棄時政，非所以治民也。又如：

△左氏桓公四年傳：四年春正月，公狩于郎，書，時，禮也。

△左氏莊公二十九年傳：冬十有二月，城諸及防，書，時也。凡土功，龍見而畢務，戒事也。火見而致用，水昏正而栽，日至而畢。

△左氏襄公十三年傳：冬，城防，書事，時也。於是將早城，臧武仲請俟畢農事，禮也。

△左氏昭公九年傳：冬，築郎囿。書，時也。季平子欲其速成也。
叔孫昭子曰：「詩曰：『經始勿亟，庶民子來。』焉用速成，其以勤民也？……」

以上皆《左傳》釋春秋經語。首則言魯桓公狩獵得時，不害農事，左氏以為禮。次則言魯莊公築城不違農時。蓋土木之功，必俟夏收秋收俱已完畢，始興，過冬至，則不再施工也。第三則言魯襄公築城合於時令，不害農功。據《左傳》所載，當時本欲提早築城，由於臧武仲以俟農事畢為請，遂罷，左氏以為禮。末則言魯築郎囿不誤農時。其時季平子本欲速成，而叔孫昭子以勿勞民告之，遂止。由此可見，使民以時確為人君施政之重要原則。

（四）綏諸侯以德

以德示諸侯，則四方歸心，無有不服，此霸王之大德，亦德治之表現也。如：

△左氏僖公四年傳：君若以德綏諸侯，誰敢不服？（屈完答齊桓公語）

△左氏僖公七年傳：管仲言於齊侯曰：「臣聞之，招攜以禮，懷遠以德。德、禮不易，無人不懷。」齊侯修禮於諸侯，諸侯官受方物。

△曰衛不睦，故取其地。今已睦矣，可以歸之。叛而不討，何以示威？服而不柔，何以示懷？非威非懷，何以示德？無德，何以主盟？（晉郤缺謂趙宣子語）

△左氏昭公四年傳：臣聞諸侯無歸，禮以為歸。（椒舉言於楚靈王語）

〔註7〕參見朱熹《四書集注》，《論語》〈八佾篇〉「子貢欲去告朔之餼羊」章注。

綜上所述，可知德治思想乃春秋時人普遍之政治觀，由在位者之修身正己始，訖於以德柔遠人，其間條理一貫，脈絡分明，對後世德治理論不無啟發之作用。此種德治理想在春秋時代之宗法背景下，易於發揮政治實效，蓋若宗子能修身謹禮，影響所及，未嘗不可產生齊家治國平天下之效用也。〔註8〕然則德治思想之根據何在？曰出於對人性之信賴也。《詩·大雅·烝民》云：「民之秉彝，好是懿德。」美德既為人所同有，所同好，則在位者修身正己，自能啟民向善之心，使之各盡其在己之德，擴而充之，即可達於治國平天下之境界。〔註9〕此種思想在理論上固為可通，惟於事勢上則容有未許。就治者言，對之要求以聖賢之道，冀其成為道德人格之典型，一則治者之道德擔負過重，一則除非其有道德覺悟，能敬畏天命以自律，否則無他良法以限制其非理性之行為；且夫現實上，仁者可遇不可求，而昏君暴君則比比皆是，故德治理想恒面臨無法貫澈之困境。由於德治強調治者之道德要求，且賦于其以無限之政治責任，相對而言，則人民之擔負過輕，成為政治上被動之存在。此時，若有仁者在位，人民固可自適其性，自遂其生；反之，若不仁者在位，則生民之禍即不可免。可見德治理想有其不足與限制，此惟賴近代之法律制度有以補救之也。〔註10〕

第二節　禮治思想

　　如前所云，德治所憑藉以為治之工具為「禮」，故凡主張德治，必然即重視禮治。孔子曰：「道之以政，齊之以刑，民免而無恥；道之以德，齊之以禮，有恥且格。」（《論語》〈為政篇〉）德與政相對，禮與刑相對。禮、刑皆所以禁民為非，其間分殊，《大戴記》〈禮察篇〉言之詳矣，如：

　　　　△禮者禁於將然之前，而法者禁於已然之後……禮云禮云，貴絕惡
　　　　　於未萌，而起敬於微眇，使民日徙善遠罪而不能知也。孔子曰：「聽
　　　　　訟，吾猶人也，必也使無訟乎。」此之謂也。

　　　　△以禮義治之者積禮義，以刑罰治之者積刑罰。刑罪積而民怨倍，
　　　　　禮義積而民和親。故世主欲民之善同，而所以使民之善者異。或

〔註8〕參蕭公權《迹園文存》，頁139。
〔註9〕參徐復觀《學術與政治之間》，頁49；又《中國思想史論集》，頁216。
〔註10〕參牟宗三《政道與治道》第八章：理性之內容的表現與外延的表現。

導之以德教，或敺之以法令。導之以德教者，德教行而民康樂；

敺之以法令者，法令極而民哀戚。哀樂之感，禍福之應也。

春秋時代，禮已發展爲諸德之總匯，其功能，小自個人立身，大至經國定分，可謂籠罩全幅人文世界。〔註11〕觀《左傳》所載，禮治乃春秋時人普遍之政治主張，如：

　△左氏桓公二十三年傳：禮以體政，政以正民。（晉師服語）

　△左氏莊公二十三年傳：夫禮所以整民也。（魯曹劌語）

　△左氏成公十二年傳：政以禮成，民是以息。（晉郤至語）

　△左氏襄公二十一年傳：禮，政之輿也。（晉叔向語）

　△左氏襄公三十一年傳：禮之於政，如熱之有濯，濯以救熱，何患
　　之有？（北宮文子謂衛襄公語）

　△左氏昭公五年傳：禮所以守其國，行其政令，無失其民者也。（女
　　叔齊答晉平公語）

　△左氏昭公二十六年傳：禮之可以爲國也久矣，與天地並。（晏子答
　　齊景公語）

以上皆表示禮乃政治之根本，係經國理民之重要資具。從政者修己治人，胥賴乎是。故鄭子產讓不失禮，公孫揮知其將執政，左氏襄公二十六年傳：

　鄭伯賞入陳之功，三月甲寅朔，享子展，賜之先路三命之服，先八
　邑；賜子產次路再命之服，先六邑。子產辭邑，曰：「自上以下，降
　殺以兩，禮也。臣之位在四，且子展之功也，臣不敢及賞禮，請辭
　邑。」公固予之，乃受三邑。公孫揮曰：「子產其將知政矣。讓不失
　禮。」

楚執政子玉剛而無禮，蒍賈謂其不可以治民，左氏僖公二十七年傳：

　楚子將圍宋，使子文治兵於睽，終朝而畢，不戮一人。子玉復治兵
　於蒍，終日而畢，鞭七人，貫三人耳。國老皆賀子文。子文飲之酒。
　蒍賈尚幼，後至，不賀。子文問之。對曰：「不知所賀。子之傳政於
　子玉，曰：『以靖國也。』靖諸內而敗諸外，所獲幾何？子玉之敗，
　子之舉也。舉以敗國，將何賀焉？子玉剛而無禮，不可以治民，過
　三百乘，其不能以入矣。苟入而賀，何後之有？」

由是觀之，執政者可以治民之先決條件，乃其自身行爲之合理化也。執政者

───────────────

〔註11〕參見本書第三章第一節「禮之思想」。

以禮示民，然後民有所法，此禮治之初義，推而廣之，凡執政者施於政治上之一切合理作爲，皆爲禮治應有之內容，如：

　　△左氏襄公二十六年傳：古之治民者，勸賞而畏刑，恤民不倦。賞以春夏，刑以秋冬。是以將賞，爲之加膳，加膳則飫賜，此以知其勸賞也。將刑，爲之不舉，不舉則徹樂，此以知其畏刑也。夙興夜寐，朝夕臨政，此以知其恤民也。三者，禮之大節也。有禮無敗。（楚聲子答令尹子木語）

　　△左氏襄公三十一年傳：子產之從政也，擇能而使之，……北宮文子所謂有禮也。

聲子以治民者勸賞、畏刑、恤民爲禮之大節，北宮文子以子產從政之善於擇能而使爲有禮，此皆重視禮治之表現也。

　　禮治思想爲儒家重要之政治理論，孔子曰：「能以禮讓爲國乎，何有？不能以禮讓爲國，如禮何？」（《論語》〈里仁篇〉）又曰：「安上治民，莫善於禮。」（《孝經》）又曰：「故聖人以禮示之，故天下國家可得而正也。」（《禮記》〈禮運〉）又曰：「古之爲政，愛人爲大；所以治人，禮爲大。」又曰：「爲政先禮，禮其政之本與！」（並見《禮記》〈哀公問〉）皆強調爲國必須以禮。然由《左傳》觀之，孔子此一禮治之主張，其歷史根源當溯自春秋前期也。

第三節　民本思想

　　民本思想主張政治之主體在人民，而不在統治者，統治者乃應人民之需要而存在。人民之需要以生存爲基本，以禮、樂教化爲切要，故從政者當以撫民、養民、教民爲其最大職責，一切政治措施皆應以之爲最終目的，而力求其實現。由是可知，民本思想乃德治思想必然蘊含之觀念。蓋依於德治之要求，從政者應對人民善盡其撫、養、教之職責，此即表示政治當以人民爲主體也。關於撫民、養民、教民等思想，前節已有論述，可由之以覘民本之旨，茲即《左傳》相關資料，闡發其未竟之義，以見春秋時人民本思想之梗概焉。

一、重民思想

　　以民爲政治之主要目的，重視其於政治上之地位及影響力，此即重民之義。故重民思想屬於民本思想。如：

△左氏文公十年傳：陳侯鄭伯作會楚子于息。冬，遂及蔡侯次于厥
貉，將以伐宋。宋華御事曰：「楚欲弱我也！先爲之弱乎？何必使
誘我？我實不能，民何罪？」乃逆楚子，勞且聽命。

△左氏成公六年傳：晉人謀去故絳。諸大夫皆曰：「必居郇瑕氏之地，
沃饒而近鹽，國利君樂，不可失也。」韓獻子將新中軍，且爲僕
大夫。公揖而入，獻子從公立於寢庭，謂獻子曰：「何如？」對曰：
「不可。郇瑕氏土薄水淺，其惡易覯，易覯則民愁，民愁則墊隘，
於是乎有沈溺重膇之疾，不如新田，土厚水深，居之不疾，有汾
澮以流其惡，且民從教，十世之利也。夫山、澤、林、鹽，國之
寶也。國饒則民驕佚，近寶，公室乃貧，不可謂樂。」公說，從
之。夏四月丁丑，晉遷于新田。

△左氏昭公九年傳：無圉猶可，無民，其可乎？（魯叔孫昭子語）

第一則宋司寇華御事自言其無能，致見伐於楚，楚軍若來，則民無罪而受其
難，是以先自迎勞楚軍，以示服從，卒使宋國免於戰禍，其重民之意可見。
次則言韓獻子獨排眾議，勸晉景公遷都於新田，觀其所云，乃以利民與否爲
取決之原則，是亦可見其重民思想。末則由圉、民之對比，叔孫昭子之重民
亦顯然可知。

　　民心向背爲政治成敗之關鍵，所謂「得民者昌，失民者亡」，驗之史實，
曾無差謬，故從政者當以得民爲政治要務，不然，將自取敗亡。如：

△左氏僖公十一年傳：丕豹奔秦，言於秦伯曰：「晉侯背大主而忌小
怨，民弗與也，伐之必出。」公曰：「失眾，焉能殺，違禍，誰能
出君。」

△左氏成公三年傳：晉郤克、衛孫良夫伐廧咎如，討赤狄之餘焉。
廧咎如潰，上失民也。

△左氏成公十七年傳：君實有臣而殺之，其謂君何？我之有罪，吾
死後矣。若殺不辜，將失其民，欲安，得乎？待命而已。（晉郤至
語）

△左氏昭公四年傳：申無宇曰：「楚禍之首將在此矣。召諸侯而來，
伐國而克，城竟莫校，王心不違，民其居乎？民之不處，其誰堪
之？不堪王命，乃禍亂也。」

△左氏昭公二十五年傳：「與之。如是，魯君必出。政在季氏三世矣，

魯君喪政四公矣。無民而能逞其志者，未之有也，國君是以鎮撫
其民。詩曰：『人之云亡，必之憂矣。』魯君失民矣，焉得逞其志？
靖以待命猶可，動必憂。」（宋樂祈語）

「舍民數世，以求克事，不可必也。」（魯懿伯語）

△左氏昭公三十二年傳：魯君世從其失，季氏世修其勤，民忘君矣。
雖死於外，其誰矜之？社稷無常奉，君臣無常位，自古以然。（史
墨答趙簡子語）

以上皆言人民在政治上地位重要，足以左右政局，影響成敗，不容忽視。上
而失民，或不得安其位，或弗能逞其志，或有禍亂之來，可不慎歟！由賢士
大夫對人民政治地位之強調，可見時人重民思想之一斑。《左傳》釋春秋書法
云：「凡君不道於其民，諸侯討而執之，則曰『某人執某侯』，不然則否。」〔註
12〕又師曠答晉悼公問衛人出其君云：「天之愛民甚矣，豈其使一人肆於民上，
以從其淫，而棄天地之性，必不然矣。」亦皆表示貴重人民之意。尤以師曠
所言，與孟子「民為貴，社稷次之，君為輕」〔註13〕之說精神一貫，義復相
通，可謂深體於重民之旨，其不同者，師曠假天道以為言，且表達上不若孟
子顯豁斬截也。

二、重視民意

由於人民在政治上有舉足輕重之地位，故執政者有所行事，輒須諮詢民
意，體察輿情，以為施政之參考，決策之準據，此即民本之思想也。如：

△左氏桓公六年傳：公之未昏於齊也，齊侯欲以文姜妻鄭大子忽，
大子忽辭。人問其故，大子曰：「人各有耦，齊大，非吾耦也。詩
云：『自求多福』在我而已，大國何為？」君子曰：「善自為謀。」
及其敗戎師也，齊侯又請妻之，固辭。人問其故，大子曰：「無事
於齊，吾猶不敢；今以君命奔齊之急，而受室以歸，是以師昏也，
民其謂我何？」遂辭諸鄭伯。

△左氏莊公三十二年傳：虢其亡乎！吾聞之，國將興，聽於民；將
亡，聽於神。（虢史嚚語）

△左氏襄公十年傳：子孔當國，為載書，以位序、聽政辟。大夫、

〔註12〕見《左傳》成公十五年。
〔註13〕見《孟子》〈盡心下篇〉，第十四章。

諸司、門子弗順，將誅之。子產止之，請爲之焚書。子孔不可，曰：「爲書以定國，眾怒而焚之，是眾爲政也，國不亦難乎？」子產曰：「眾怒難犯，專欲難成，合二難以安國，危之道也。不如焚書以安眾，子得所欲，眾亦得安，不亦可乎？專欲無成，犯眾興禍，子必從之。」乃焚書於倉門之外，眾而後定。

△左氏襄公二十五年傳：人謂崔子必殺之（案：殺晏子），崔子曰：「民之望也，舍之，得民。」

第一則言鄭太子忽以懼民非議爲由，乃辭齊婚；次則言史嚚以國之興亡爲取決於能否聽於民意；第三則言子孔欲專鄭國之政，而眾弗從，將誅之，子產乃勸其焚盟書以安眾，蓋「眾怒難犯，專欲難成」也；末則言齊崔杼以晏子爲民心所嚮望之人，故釋而不殺。凡此，皆表示對民意輿情之重視也。

輿論爲民意表達之重要方式，古今皆然。肯定輿論之功能，即表示對民意之尊重，此所以爲民本思想也。以執政者言，經由輿論之管道，可以照鑒實際政治之成敗得失，以爲興利除弊之準繩，其重要性自不待言。據《左傳》所載，春秋時人頗有能體認輿論批評之價值者，如

△左氏襄公十四年傳：自王以下各有父兄子弟以補察其政。史爲書，瞽爲詩，工誦箴諫，大夫規誨，士傳言，庶人謗，商旅于市，百工獻藝。（師曠答晉悼公語）

△左氏襄公三十一年傳：鄭人游于鄉校，以論執政。然明謂子產曰：「毀鄉校何如？」子產曰：「何爲？夫人朝夕退而游焉，以議執政之善否。其所善者，吾則行之，其所惡者，吾則改之。是吾師也，若之何毀之？我聞忠善以損怨，不聞作威以防怨，豈不遽止？然猶防川。大決所犯，傷人必多，吾不克救也。不如小決使道，不如吾聞而藥之也。」然明曰：「蔑也今而後知吾子之信可事也。小人實不才，若果行此，其鄭國實賴之，豈唯二三臣？」仲尼聞是語也，曰：「以是觀之，人謂子產不仁，吾不信也。」

首則師曠言貴族政治下，各階級咸有其不同方式以補察人君之政，其中所謂「士傳言，庶人謗，商旅于市」，即皆指輿論批評而言。士、庶人、商旅而可以議論政治得失，此說明反映民意之輿論批評，其價值被肯定也。次則言鄭人游于鄉校，以議論政事得失，然明遂提議子產毀鄉校而絕之，子產弗許，亦不禁民論政，且以之爲行善改惡之權衡，足徵其思想開明，能深體輿論批

評之價值所在也。後孔子即承繼此一士、庶人議政之傳統，而主張人民可以批評政治，其云：「天下有道，則庶人不議。」（《論語》〈季氏篇〉）反之，若天下無道，則庶人可議當議也。明儒黃宗羲云：

> 學校所以養士，然古之聖主，其意不僅此也。必使治天下之具皆出於學校，而後設學校之意始備。……天子之所是未必是，天子之所非未必非。天子遂不敢自爲非是，而公其非是於學校。是故養士爲學校之一事，而學校不僅爲養士而設也。〔註14〕

其視學校不應僅爲養士之地，且尤當爲批評政治是非之所在，此顯然即春秋時代庶人議政精神之進一步發揮，而有所承於子產與孔子者也。〔註15〕

三、革命思想及國人與政

人君既爲民而設，所謂「天生民而樹之君，以利之也」、「天生民而立之君，使司牧之，勿使失性」，〔註16〕自當善盡其保民、養民、教民之責，俾無虧於天職；反之，若人君暴虐，殘民以逞，失其所以爲人君之道，則可以變置其位，此即革命之說也。由是觀之，革命乃順乎天理、應乎人心之事，肯定其價值，即表示承認人民在政治上之主位性，故亦屬之民本思想也。如左氏襄公十四年傳：

> 夫君，神之主也，民之望也。若困民之主，匱神乏祀，百姓絕望，
> 社稷無主，將安用之？弗去何爲？（晉師曠語）

文獻上革命之說，以此爲首見，雖然其事實早已有之，如史載「湯武革命，順乎天而應乎人」，〔註17〕又西周屬王之失國及春秋時代之類似事件皆是。其後孟子云：「聞誅一夫紂矣，未聞弒君也。」（〈梁惠王下篇〉）荀子亦云：「誅桀、紂若誅獨夫。」（〈議兵篇〉）皆主革命之說。溯其遠源，當以師曠所言爲先聲也。

此外，春秋時代國人與政之現象甚爲普遍，在貴族政治下頗有舉足輕重之力量，值得一提。春秋時之所謂國，通常指國都（或包括近郊）而言，國人即國都中人之謂也，包括居城中之士、工商業者及近郊之農民，而有別於

〔註14〕見黃宗羲《明夷待訪錄》〈學校篇〉。
〔註15〕參余英時《歷史與思想》，頁9～10。
〔註16〕分見《左傳》文公十三年邾文公語、十四年師曠語。
〔註17〕見《周易》革卦〈象傳〉。

居住鄙野之貧苦人民，故其範圍較民爲窄。〔註18〕春秋時代之國人自成集團，非是宗法貴族結構之一部份，其於政治上之地位，雖爲被統治者，然却與國君、貴族鼎足而三，具有左右政局之力量，如國人可以參與國君之廢立：

　　△左氏僖公二十八年傳：春，晉侯將伐曹，假道于衛，衛人弗許。
　　　還，自南河濟，侵曹、伐衛。……衛侯請盟，晉人弗許。衛侯欲
　　　與楚，國人不欲，故出其君，以說于晉。……六月，晉人復衛侯。

　　△左氏襄公三十一年傳：莒犁比公生去疾及展輿。既立展輿，又廢
　　　之。犁比公虐，國人患之。十一月，展輿因國人以攻莒子，弒之，
　　　乃立。

可以決定和戰，左氏宣公十二年傳：

　　春，楚子圍鄭，旬有七日。鄭人卜行成，不吉；卜臨于大宮，且巷
　　出車，吉。國人大臨，守陴者皆哭。

可以左右外交重大決策，左氏哀公元年傳：

　　吳之入楚也，使召陳懷公。懷公朝國人而問焉，曰：「欲與楚者右，
　　欲與吳者左。陳人從田，無田從黨。」

國君與貴族間之政治鬥爭，亦往往因國人之向背而決定其成敗，如：

　　△左氏文公七年傳：（宋）昭公將去群公子，……穆襄之族率國人以
　　　攻公，殺公孫固、公孫鄭于公宮。六卿和公室。

　　△左氏定公十三年傳：冬十一月，荀躒、韓不信、魏曼多奉公以伐
　　　范氏、中行氏，弗克。二子將伐公。……國人助公，二子敗，從
　　　而伐之。

由是可見，在政治、軍事上，國人每具最後之決定性作用，致使當時之統治階層不能不重視其地位及影響力，而思有以爭取之。夫如是，則春秋時代民本思想之發達，似不難索解矣！惟依封建禮法，國人並無干預政治之法定權，蓋以其身分乃被統治者，至多僅能以實力影響政局也。逮乎封建制度崩潰，舊社會組織瓦解，則國人與政之光榮傳統亦緣貴族政治而消失矣。〔註19〕

　　綜上所述，可知春秋時代已出現頗爲進步之民本思想。中國民本思想之基本內容，諸如重民、重視民意及革命等觀念，大體皆具備於此時。由於民

〔註18〕有關「國人」之構成分子，參見徐復觀《兩漢思想史》（卷一），頁33～40；
　　　　又童書業《春秋左傳研究》，頁346及頁371～372。
〔註19〕參杜正勝《周代城邦》第五章二：國人與政的限度。

本思想強調人民爲政治之主體，政治之目的在人民，是故特顯人文之意義與價值，實乃吾國極可寶貴之政治思想。惟以今日民主之標準視之，則民本思想頗見其時代之限制與不足，茲舉三端以言之。第一、民本思想知重民意，而不知如何實現之。如民主政治有議會組織，以使民意能切實表達，而曩昔中國則付之闕如也。此一限制，梁任公早有所見，其云：「我先民極知民意之當尊重。惟民意如何而始能實現，則始終未嘗當作一問題以從事研究。故執政者若違反民意，除却到惡貫滿盈群起革命外，在平時更無相當的制裁之法。此吾國政治思想中之最大缺點也。」〔註20〕第二、民本思想乃順撫民、養民之觀念而來，基本上爲德化之性格。在此一背景下，人民之接受聖君賢相之德澤潤化，乃如嬰兒之爲父母所呵護，純屬被動之存在。民主則起於人民自覺自發以爭取基本人權，進而復制訂客觀之法律，以保障其自由與權利，此乃由傳統人民之爲「道德之存在」，轉成「政治之存在」矣！第三、民本思想在理念上肯定人民爲政治之主體，國君係爲服務人民而存在，然於現實政治上，則國君復爲政治之主體，權原之所在。故民本政治如欲求其實現，惟有期之於聖君賢相之型態，然聖君賢相可遇不可求，是以民本思想亦不能無限制。民主則不然，在民主制度之下，政府各級行政首長之產生，權操人民之手，故不能不對人民負責，且其權力之行使亦有客觀法律以限制之也。由是觀之，民本與民主之不同，根本即在於政治體制之異，至於二者之基本宗趣，並無精神原則上之牴觸也。〔註21〕

第四節　尚賢思想

尚賢思想爲德治思想應有之發展。依德治思想之要求，人君固當修其明德，愛民如子，抑實際政治事務經緯萬端，頭緒紛雜，非一人之力所能爲，故復須任賢舉能，使能者在職，賢者在位，以收輔佐之功，俾成德治之實。《論語》〈子路篇〉載孔子答仲弓問政，即以舉賢才爲政治要務之一。墨子云：「國有賢良之士眾，則國家之治厚；賢良之士寡，則國家之治薄。」（〈尚賢下〉）荀子亦云：「論德而定次，量能而授官，皆使人載其事而各得其所宜。」（〈君

〔註20〕見梁啓超〈先秦政治思想史〉，前論第三章：民本的思想，收於《梁啓超學術論叢》通論類（一）。

〔註21〕關於民本與民主之不同，參見蔡仁厚《孔孟荀哲學》，頁322～326；又韋政通〈民主與中國文化〉，文收於《傳統與現代化》一書。

－77－

道篇〉）可見尚賢為中國傳統政治思想之重要特色。信賴賢者，以為但使賢人在位，即可致天下於太平，導民生於安樂，此其所以富於人文意義也。

據文獻資料顯示，周初尚賢思想已濫觴於文王之時，如《尚書》〈君奭〉：

> 公曰：「君奭！在昔，上帝割申勸寧王之德，其集大命于厥躬。惟文王尚克修和我有夏，亦惟有若虢叔，有若閎夭，有若散宜生，有若泰顛，有若南宮括。又曰：無能往來茲迪彝教，文王蔑德降于國人。亦惟純佑秉德，迪知天威，乃惟時昭文王；迪見冒聞于上帝，惟時受有殷命哉。」

此周公告召公之言，其中虢叔等五人，皆文王賢臣。由於賢人輔政，故文王時政治修明，如《詩經》〈大雅‧文王〉：

> 世之不顯，厥猶翼翼。思皇多士，生此王國。王國克生，維周之楨。濟濟多士，文王以寧。

成王在位時，三監及淮夷叛，有賢臣十人佐成王以平定亂事，如《尚書》〈大誥〉：

> （成王曰）：「今蠢，今翼日，民獻（案：民，謂官吏；獻，謂賢者）有十夫，予翼，以于敉寧武圖功。」

周公亦嘗告誡成王起用亡殷賢民，如《尚書》〈洛誥〉：

> 孺子來相宅，其大惇典（案：惇，厚；典，錄用）殷獻民，亂為四方新辟；作周，恭先。

則周初尚賢思想似無征服者與被征服者之界限。

泊及春秋之世，王綱解紐，五霸代興，國與國之間競爭激烈，接觸頻繁，無論政治、社會、經濟各方面皆有鉅大變動。此時列國為處理日益繁劇之國內事務，需要政治人才；為應付逐漸增多之國際會盟，需要外交人才；為求屈人之兵，爭勝於疆場，需要軍事人才。總之，為圖謀國家之生存發展，無不致力於羅致人才，以為己用，此當時尚賢思想之歷史背景。就現存文獻記載觀之，春秋時代推行尚賢政治之國家，齊、晉、秦、楚等霸主之國皆有之，而其餘諸國亦莫不以尚賢為急務，蓋此已蔚為當世之風尚也。茲就《左傳》所記，輔以《國語》，取國為單位，逐一論述之。

一、齊 國

齊國尚賢最著稱之事例，厥為管仲之相桓公：

> 左氏莊公九年傳：鮑叔帥師來言曰：「子糾，親也，請君討之；管、

召，讎也，請受而甘心焉。」乃殺子糾于生竇。召忽死之。管仲請囚，鮑叔受之，及堂阜而稅之。歸而以告曰：「管夷吾治於高傒，使相可也。」公從之。

鮑叔牙知管仲賢能，薦之於桓公，桓公不計前嫌，使之為相，畀以重任，可見其求才之殷，尚賢之切。後桓公卒能九合諸侯、一匡天下，完成霸業，未嘗非管仲之力也。據《國語》之記載，桓公與管仲於齊國所推行之尚賢政策中，以所謂「三選」之制最為具體，〈齊語〉云：

> 正月之朝，鄉長復事。君親問焉，曰：「於子之鄉，有居處好學、慈孝於父母、聰慧質仁、發聞於鄉里者，有則以告。有而不以告，謂之蔽明，其罪五。」有司已於事而竣。桓公又問焉，曰：「於子之鄉，有拳勇股肱之力秀出於眾者，有則以告。有而不以告，謂之蔽賢，其罪五。」有司已於事而竣。桓公又問焉，曰：「於子之鄉，有不慈孝於父母、不長悌於鄉里、驕躁淫暴、不用上令者，有則以告。有而不以告，謂之下比，其罪五。」有司已於事而竣。是故鄉長退而修德進賢，桓公親見之，遂使役官。桓公令官長期而書伐，以告以選，選其官之賢者而復用之，曰：「有人居我官，有功休德，惟慎端愨以待時，使民以勸，綏謗言，是以補官之不善政。」桓公召而與之語，訾相其質，足以比成事，誠可立而授之。設之以國家之患而不疚，退問之其鄉，以觀其所能而無大厲，升以為上卿之贊。謂之三選。

「三選」者，鄉長所進，官長所選，公所訾相也。由鄉長報告其鄉里中賢德之士，桓公親見之，可者，則命之以官；由長官報告其所選官之賢者，桓公召而與之語，如表現特異，考核無誤，至「升以為上卿之贊」。除國內有舉賢措施，對外，管仲亦勸桓公遣「遊士」以「號召天下賢士」，〈齊語〉云：

> 桓公曰：「吾欲從事於諸侯，其可乎？」管子對曰：「未可。鄰國未吾親也。君欲從事於天下諸侯，則親鄰國。」桓公曰：「若何？」管子對曰：「審吾疆場，而反其侵地；正其封疆，無受其資；而重為之皮幣，以驟聘眺於諸侯，以安四鄰，則四鄰之國親我矣。為遊士八十人，奉之以車馬、衣裘，多其資幣，使周遊於四方，以號召天下之賢士。皮幣玩好，使民鬻之四方，以監其上下之所好，擇其淫亂者而先征之。」

賢才不僅求之于國內，復積極謀之于國外，善乎管仲之規畫，此齊國創霸之

基礎也。桓公尚賢之無分畛域，亦見於其任用異國流亡之臣，如左氏莊公二十二年傳：

> 春，陳人殺其大子御寇。陳公子完與顓孫奔齊。顓孫自齊來奔。齊侯使敬仲為卿。辭曰：「羈旅之臣幸若獲宥，及於寬政，赦其不閒於教訓，而免於罪戾，弛於負擔，君之惠也。所獲多矣，敢辱高位以速官謗？請以死告。詩曰：『翹翹車乘，招我以弓。豈不欲往？畏我友朋。』使為工正。飲桓公酒，樂。公曰：「以火繼之。」辭曰：「臣卜其晝，未卜其夜，不敢。」君子曰：「酒以成禮，不繼以淫，義也；以君成禮，弗納於淫，仁也。」

敬仲自陳來奔，桓公即欲界以卿之高位，則其人必甚賢能，此由桓公使為工正與君子之稱美適可見焉。

　　齊國尚賢思想之表現，以桓公時代最為著明。桓公與管仲之於尚賢，不僅有思想，且有具體之措施；不惟舉國中之能者，且用他國之賢士，其求才之積極殷切，宛然在目，此齊國所以能為諸侯之霸主也。孟子云：「五霸，桓公為盛。」（〈告子下〉）孔子亦大管仲之功，曰：「桓公九合諸侯，不以兵車，管仲之力也。如其仁！如其仁！」（《論語》〈憲問〉）又曰：「管仲相桓公，霸諸侯，一匡天下，民到于今受其賜。微管仲，吾其被髮左衽矣！豈若匹夫匹婦之為諒也，自經於溝瀆而莫之知也！」（《論語》〈憲問〉）

二、晉　國

　　晉繼齊成為諸侯霸主，乃在文公之時。文公即位之前，顚沛流離於國外十九年，久經憂患，深知民情，〔註22〕復國之後，首先即實行尚賢政治，《國語》〈晉語〉云：

> 元年春，公及夫人嬴氏至自王城。秦伯納衛三千人，實紀綱之僕。公屬百官，賦職任功。棄責薄斂，施舍分寡。救乏振滯，匡困資無。輕關易道，通商寬農。懋穡勸分，省用足財。利器明德，以厚民性。舉善援能，官方定物，正名育類。昭舊族，愛親戚，明賢良，尊貴寵，賞功勞，事耆老，禮賓旅，友故舊。胥、籍、狐、箕、欒、郤、柏、先、羊、舌、董、韓，實掌近官。諸姬之良，掌其中官。異姓

〔註22〕參見《左傳》僖公二十八年楚子語。

> 之能，掌其遠官。公食貢，大夫食邑，士食田，庶人食力，工商食
> 官，皁隸食職，官宰食加。政平民阜，財用不匱。

文公之舉賢任職，係依親疏關係之不同，而官其遠近，可見封建宗法血統之
觀念仍具有相當支配力量，此其尚賢之限制也。

　　晉國不僅國君尚賢，即人臣亦以爲政之道在於任賢使能，如晉襄公時代，
趙盾之所以能執國政，乃由於陽處父之薦賢，左氏文公六年傳：

> 春，晉蒐于夷，舍二軍。使狐射姑將中軍，趙盾佐之。陽處父至自
> 溫，改蒐于董，易中軍。陽子，成季之屬也，故黨於趙氏，且謂趙
> 盾能，曰：「使能，國之利也。」是以上之。宣子於是乎始爲國政，
> 制事典，正法罪，辟獄刑，董逋逃，由質要，治舊洿，本秩禮，續
> 常職，出滯淹。既成，以授太傅陽子與大師賈佗，使行諸晉國，以
> 爲常法。

又魯昭公七年，晉國發生日蝕，平公問於士文伯，士文伯云：

> 國無政，不用善，則自取謫于日月之災，故政不可不慎也。務三而
> 已：一曰擇人，二曰因民，三曰從時。

亦以用賢爲政治首要之務。可見尚賢思想乃當時晉國君臣共同之政治理念也。

　　魯宣公十六年，晉士會帥師滅赤狄別種，攘夷有功，晉景公乃請于周天
子，以禮服賜士會，命之將中軍，且任大傅之職：

> 春，晉士會帥師滅赤狄甲氏及留吁、鐸辰。三月，獻狄俘。晉侯請
> 于王，戊申，以黻冕命士會將中軍，且爲大傅。於是晉國之盜逃奔
> 于秦。羊舌職曰：「吾聞之，『禹稱善人，不善人遠』，此之謂也夫！
> 詩曰：『戰戰兢兢，如臨深淵，如履薄冰。』善人在上也。善人在上，
> 則國無幸民。諺曰：『民之多幸，國之不幸也。』是無善人之謂也。」

大傅爲晉主禮刑之近官，士會以中軍帥兼之，於時群盜奔秦焉，此言賢人在
位對政治影響之鉅，故羊舌職引詩以明之。《論語》〈顏淵篇〉載孔子答樊遲
問仁與智，亦在闡發斯理，可互相發明：

> 樊遲問仁。子曰：「愛人。」問知。子曰：「知人。」樊遲未達。子
> 曰：「舉直錯諸枉，能使枉者直。」樊遲退，見子夏曰：「鄉也，吾
> 見於夫子而問知。子曰：『舉直錯諸枉，能使枉者直。』何謂也？」
> 子夏曰：「富哉言乎！舜有天下，選於眾，舉皋陶，不仁者遠矣；湯
> 有天下，選於眾，舉伊尹，不仁者遠矣。」

又魯成公三年，晉擴充原有三軍爲六軍，景公乃任命六位著有軍功之大夫爲
卿，使之分居新作三軍之將佐：

> 十二月甲戌，晉作六軍。韓厥、趙括、鞏朔、韓穿、荀騅、趙旃皆
> 爲卿，賞鞌之功也。

六卿任命之標準在於個人能力及其實際貢獻，此說明政治高位之取得，已逐
漸掙脫舊式封建世襲制度之囿限，轉而重視客觀之才德表現也。

晉國尚賢思想之傳統，至悼公時再度發揚。史稱悼公命官任職皆能量才
器使，符於民譽，此晉國所以復霸之重要原因，如左氏成公十八年傳：

> 二月乙酉朔，晉悼公即位于朝。始命百官，施舍、已責，逮鰥寡，
> 振廢滯，匡乏困，救災患，禁淫慝，薄賦斂，宥罪戾，節器用，時
> 民用，欲無犯時，使魏相、士魴、魏頡、趙武爲卿；荀家、荀會、
> 欒黶、韓無忌爲公族大夫，使訓卿之子弟共儉孝弟。使士渥濁爲大
> 傅，使修范武子之法；右行辛爲司空，使修士蒍之法。弁糾御戎，
> 校正屬焉，使訓諸御知義。荀賓爲右，司士屬焉，使訓勇力之士時
> 使。卿無共御，立軍尉以攝之。祁奚爲中軍尉，羊舌職佐之；魏絳
> 爲司馬，張老爲候奄。鐸遏寇爲上軍尉，籍偃爲之司馬，使訓卒乘，
> 親以聽命。程鄭爲乘馬御，六騶屬焉，使訓群騶知禮。凡六官之長，
> 皆民譽也。舉不失職，官不易方，爵不踰德，師不陵正，旅不偪師，
> 民無謗言，所以復霸也。

以上通言悼公所行，未必皆在即位之年。如合《國語》以觀，益可見其知人
善任，惟賢是用，〈晉語〉云：

> 君知士貞子之帥志博聞而宣惠於教也，使爲大傅。知右行辛之能以
> 數宣物定功也，使爲元司空。知欒糾之能御以和于政也，使爲戎御。
> 知荀賓之有力而不暴也，使爲戎右。欒伯請公族大夫，公曰：「荀家
> 惇惠，荀會文敏，黶也果敢，無忌鎮靜，使茲四人者爲之。夫膏梁
> 之性難正也，故使惇惠者教之，使文敏者導之，使果敢者諗之，使
> 鎮靜者修之。惇惠者教之，則偏而不倦；文敏者導之，則婉而入；
> 果敢者諗之，則過而不隱；鎮靜者修之，則壹。使茲四人者爲公族
> 大夫。」公知祁奚之果而不淫也，使爲元尉。知羊舌職之聰敏肅給
> 也，使佐之。知魏絳之勇而不亂也，使爲元司馬。知張老之智而不
> 詐也，使爲元候。知鐸遏寇之恭敬而信彊也，使爲輿尉。知籍偃之

悼帥舊職而恭給也，使爲輿司馬。知程鄭端而不淫，且好諫而不隱
也，使爲贊僕。

魯襄公三年，悼公以魏絳能用刑罰治民，使爲新軍之佐：

晉侯以魏絳爲能以刑佐民矣，反役，與之禮食，使佐新軍。張老爲
中軍司馬，士富爲侯奄。

絳原係中軍司馬，主管晉軍軍法，今則升爲新軍之佐，是由大夫而列卿矣！
同年，中軍尉祁奚請求告老，悼公問以繼任人選，祁奚唯賢是薦，「外舉不棄
讎，內舉不失親。」，〔註23〕故君子美之：

祁奚請老，晉侯問嗣焉。稱解狐，其讎也，將立之而卒。又問焉。
對曰：「午也可。」（案：午，祁奚子）於是羊舌職死矣，晉侯曰：「孰
可以代之？」對曰：「赤也可。」於是使祁午爲中軍尉，羊舌赤佐之。
君子謂祁奚「於是能舉善矣。稱其讎，不爲諂；立其子，不爲比；
舉其偏，不爲黨。商書曰，『無偏無黨，王道蕩蕩』，其祁奚之謂矣。
解狐得舉，祁午得位，伯華得官，建一官而三物成，能舉善也。夫
唯善，故能舉其類。詩云：『惟其有之，是以似之。』祁奚有焉。」

當此之時，不僅爲政者汲汲以求賢爲務，即一般人臣亦有讓賢之胸懷，如左
氏襄公十三年傳：

荀罃、士魴卒，晉侯蒐于綿上以治兵。使士匄將中軍，辭曰：「伯游
長，昔臣習於知伯，是以佐之，非能賢也。請從伯游。」荀偃將中
軍，士匄佐之。使韓起將上軍，辭以趙武。又使欒黶，辭曰：「臣不
如韓起，韓起願上趙武，君其聽之。」使趙武將上軍，韓起佐之；
欒黶將下軍，魏絳佐之。新軍無帥，晉侯難其人，使其什史率其卒
乘官屬，以從於下軍，禮也。晉國之民是以大和，諸侯遂睦。

晉君能用賢，其下群臣能讓賢，用賢、讓賢皆尚賢思想之具體表現。賢者而
在其位，能者而在其職，自可躋國家於富強之域，登人民於安和之境，故晉
於悼公在位之時，乃能復爲諸侯霸王。魯襄公九年，傳載子囊諫楚共王勿助
秦伐晉，可由之以覘其時晉國之富盛：

秦景公使士雅乞師于楚，將以伐晉，楚子許之。子囊曰：「不可，當
今吾不能與晉爭。晉君類能而使之，舉不失選，官不易方。其卿讓
於善，其大夫不失守，其士競於教，其庶人力於農穡，商工皁隸不

〔註23〕見《左傳》襄公二十一年晉叔向語。

> 知遷業。韓厥老矣，知罃稟焉以爲政。范匄少於中行偃而上之，使
> 佐中軍。韓起少於欒饜，而欒饜、士魴上之，使佐上軍。魏絳多功，
> 以趙武爲賢，而爲之佐。君明、臣忠、上讓、下競。當是時也，晉
> 不可敵，事之而後可。君其圖之！」

足見晉國確因力行尙賢政治而成爲國際強國。然由商賈技工以及皁隸，俱甘
心世代爲之，無意于改變職業觀之，晉之尙賢當僅行之於貴族集團，尙未超
越階級之限制也。

綜上所述，悼公時代，晉國尙賢政治之實施，仍頗受宗法親緣觀念之影
響，蓋其因材任使，惟於世家大族中行之也。

晉之尙賢政治，至春秋晚期續有發展。如晉頃公時代，魏獻子執政，即
務於擧賢任能，左氏昭公二十八年傳：

> 秋，晉韓宣子卒，魏獻子爲政，分祁氏之田以爲七縣，分羊舌氏之
> 田以爲三縣。司馬彌牟爲鄔大夫，賈辛爲祁大夫，司馬烏爲平陵大
> 夫，魏戊爲梗陽大夫，知徐吾爲塗水大夫，韓固爲馬首大夫，孟丙
> 爲盂大夫，樂霄爲銅鞮大夫，趙朝爲平陽大夫，僚安爲楊氏大夫。
> 謂賈辛、司馬烏爲有力於王室，故擧之；謂知徐吾、趙朝、韓固、
> 魏戊，餘子之不失職、能守業者也；其四人者，皆受縣而後見於魏
> 子，以賢擧也。魏子謂成鱄：「吾與戊也縣，人其以我爲黨乎？」對
> 曰：「何也！戊之爲人也，遠不忘君，近不偪同；居利思義，在約思
> 純，有守心而無淫行，雖與之縣，不亦可乎？昔武王克商，光有天
> 下，其兄弟之國者十有五人，姬姓之國者四十人，皆擧親也。夫擧
> 無他，唯善所在，親疏一也。……主之擧也，近文德矣，所及其遠
> 哉！」

觀魏獻子任官之標準，或有功於王室，或卿之庶子能守業勿失，或以賢故，
要之，皆唯才德是用，是以晉大夫成鱄善其所擧。

晉定公之時，晉、鄭將戰於鐵，趙簡子誓師，許其屬以軍功行賞，左氏
哀公二年傳：

> 簡子誓曰：「范氏、中行氏反易天明，斬艾百姓，欲擅晉國而滅其君。
> 寡君恃鄭而保焉。今鄭爲不道，棄君助臣，二三子順天明，從君命，
> 經德義，除詬恥，在此行也。克敵者，上大夫受縣，下大夫受郡，
> 士田十萬，庶人工商遂，人臣隸圉免。志父無罪，君實圖之！若其

> 有罪，絞縊以戮，桐棺三寸，不設屬辟，素車、樸馬，無入于兆，
> 下卿之罰也。」

案：遂，杜注云：「得遂進仕」；免，杜注云：「免厥從」。由是觀之，庶人工商可因戰功而得入仕途，奴隸亦可因之而復爲自由民也。此說明由於當時貴族之間兼併爭奪，日趨激烈，遂不惜與庶人種種權利，使其爲己效命。然則古代階級制度由是大壞矣！〔註24〕

三、秦　國

秦國僻處西陲，穆公在位之時，力行尚賢政治，國力達於鼎盛，卒爲西戎霸主，如左氏文公三年傳：

> 秦伯伐晉，濟河焚舟，取王官及郊，晉人不出。遂自茅津濟，封殽屍而還。遂霸西戎，用孟明也。君子是以知「秦穆公之爲君也，舉人之周也，與人之壹也。孟明之臣也，其不解也，能懼思也；子桑之忠也，其知人也，能舉善也。詩曰，『于以采蘩？于沼于沚。于以用之？公侯之事』，秦穆有焉。『夙夜匪解，以事一人』，孟明有焉。『詒厥孫謀，以燕翼子』，子桑有焉。」

有能知人之君，有能舉善之臣，則政治自然修明，國家自然富強，此秦霸西戎之憑藉也。

四、楚　國

楚國偏處南方，其階級限制似不若中原諸國之森嚴，〔註25〕惟政權多掌於世族之手，〔註26〕故尚賢政治之推行亦不能無局限。《左傳》所載，楚莊王之時，揮軍北上中原，觀兵問鼎，威服諸侯，完成霸業，其所以致此者，亦有得於尚賢政治之實施也。此由宣公十二年，晉隨武子言楚「其君之舉也，內姓選於親，外姓選於舊。舉不失德，賞不失勞」，可爲說明。又楚康王之時，官人有道，君子美之，左氏襄公十五年傳：

> 楚公子午爲令尹，公子罷戎爲右尹，蔿子馮爲大司馬，公子橐師爲

〔註24〕參齊思和〈戰國制度考〉，文收於《中國史探研》〈古代篇〉。
〔註25〕參文崇一〈楚文化研究〉，中央研究院《民族學研究所專刊》之十二，頁87。
〔註26〕參饒宗頤〈荊楚文化〉，文載中央研究院《歷史語言研究所集刊》，第四十一本第二分，註80。

右司馬，公子成爲左司馬，屈到爲莫敖，公子追舒爲箴尹，屈蕩爲連尹，養由基爲宮廄尹，以靖國人。君子謂「楚於是乎能官人。官人，國之急也。能官人，則民無覦心。詩云：『嗟我懷人，寘彼周行。』能官人也。王及公、侯、伯、子、男、甸、采、衛大夫，各居其列，所謂周行也。」

以上爲楚國國內之尚賢，對於他國亡臣之賢能者，楚國亦延攬有加，官以高位，此於歷任楚君幾皆可見，蓋已成爲楚國之政治傳統矣！如楚成王時，以齊桓公之七子爲七大夫，左氏僖公二十六年傳：

公以楚師伐齊，取穀。凡師，能左右之曰以。寘桓公子雍於穀，易牙奉之以爲魯援。楚申公叔侯成之。桓公之子七人，爲七大夫於楚。

楚共王時，以晉之亡臣伯州犂爲太宰：

△左氏成公十五年傳：晉三郤害伯宗，譖而殺之，及欒弗忌。伯州犂奔楚。

△左氏成公十六年傳：楚子登巢車，以望晉軍。子重使太宰伯州犂侍于王後。

楚康王時，以鄭之亡臣子革、齊之亡臣申鮮虞爲右尹：

△左氏襄公十九年傳：鄭子孔之爲政也專，國人患之，乃討西宮之難與純門之師。子孔當罪，以其甲及子革、子良氏之甲守。甲辰、子展、子西率國人伐之，殺子孔，而分其室。……子革、子良出奔楚，子革爲右尹。

△左氏襄公二十七年傳：崔氏之亂，申鮮虞來奔，僕賃於野，以喪莊公。冬，楚人召之，遂如楚，爲右尹。

實則延攬他國才智之士，乃春秋時代各國共通之風氣，不獨楚國爲然，如魯襄公二十六年，聲子謂楚令尹子木「雖楚有材，晉實用之」，可見一斑。

楚之尚賢，除重用他國能臣，尚且及於戰俘之有才具者，如左氏哀公十七年傳：

楚白公之亂，陳人恃其聚而侵楚。楚既寧，將取陳麥。楚子問帥於大師子穀與葉公諸梁，子穀曰：「右領差車與左史老皆相令尹、司馬以伐陳，其可使也。」子高曰：「率賤，民慢之，懼不用命焉。」子穀曰：「觀丁父，鄀俘也，武王以爲軍率，是以克州、蓼，服隨、唐，大啓群蠻。彭仲爽，申俘也，文王以爲令尹，實縣申、息，朝陳、

蔡，封畛於汝。唯其任也，何賤之有？」

由子穀之言觀之，其使人也唯才，才堪任事，雖賤不礙，否則，雖貴不用，此即典型之尚賢思想；復次，楚國舉用俘之賢者，早在武王、文王之時即有之，足見其尚賢歷史淵源久遠。

五、鄭　國

鄭國實行尚賢政治，以子產執政時最爲成功。子產主張人必先學，以培養其才能器識，然後方可入於仕途，如左傳襄公三十一年傳：

> 子皮欲使尹何爲邑。子產曰：「少，未知可否。」子皮曰：「愿，吾愛之，不吾叛也。使夫往而學焉，夫亦愈知治矣。」子產曰：「不可。人之愛人，求利之也。今吾子愛人則以政，猶未能操刀而使割也，其傷實多。子之愛人，傷之而已，其誰敢求愛於子？子於鄭國，棟也。棟折榱崩，僑將壓焉，敢不盡言？子有美錦，不使人學製焉。大官、大邑，身之所庇也，而使學者製焉，其爲美錦不亦多乎？僑聞學而後入政，未聞以政學者也。若果行此，必有所害。譬如田獵，射御貫，則能獲禽，若未嘗登車射御，則敗績厭覆是懼，何暇思獲？」子皮曰：「善哉！虎不敏。吾聞君子務知大者、遠者，小人務知小者、近者。我，小人也。衣服附在吾身，我知而愼之；大官、大邑所以庇身也，我遠而慢之。微子之言，吾不知也。他日我曰，子爲鄭國，我爲吾家，以庇焉，其可也。今而後知不足。自今請，雖吾家，聽子而行。」子產曰：「人心之不同如其面焉，吾豈敢謂子面如吾面乎？抑心所謂危，亦以告也。」子皮以爲忠，故委政焉，子產是以能爲鄭國。

尹何乃子皮屬臣，子皮愛其謹愼順從，欲使爲家邑之宰，子產則以尹何年少，才識或有不足，如授以政，恐將害之，不若使之先學，俟其有成，然後以政與之。所謂「學而後入政」，實即《論語》〈子張篇〉「學而優則仕」（子夏語）之意，又《論語》〈先進篇〉云：

> 子路使子羔爲費宰。子曰：「賊夫人之子！」子路曰：「有民人焉！有社稷焉，何必讀書，然後爲學？」子曰：「是故惡夫佞者。」

亦言必學成，然後始可仕以行其學。由此，可略窺子產尚賢思想之根源也。至其具體表現，則見之於鄭國尚賢政治之實施，如左氏襄公三十一年傳：

> 子產之從政也，擇能而使之：馮簡子能斷大事，子大叔美秀而文，
> 公孫揮能知四國之為，而辨於其大夫之族姓、班位、貴賤、能否，
> 而又善為辭令。裨諶能謀，謀於野則獲，謀於邑則否。鄭國將有諸
> 侯之事，子產乃問四國之為於子羽，且使多為辭令；與裨諶乘以適
> 野，使謀可否；而告馮簡子使斷之。事成，乃授子大叔使行之，以
> 應對賓客，是以鮮有敗事。北宮文子所謂有禮也。

子產善就各人所長加以統合運用，尤能充分發揮政治功效，易於達成政治目
標。然子產之尚賢，亦局限於世家大族中行之，仍不脫貴族政治之色彩也。

六、宋、衛、吳

　　春秋時代實行尚賢政治之國家，除以上所述齊、晉、秦、楚、鄭等國外，
其餘諸國亦皆有此風氣，惟史文有闕，其詳不得而知，茲以宋、衛、吳等國
為例，加以說明。

　　宋為春秋時代小國之一，其尚賢思想可於以下二事中見之：

　　△左氏文公十六年傳：宋公子鮑禮於國人，宋饑，竭其粟而貸之。
　　　年自七十以上，無不饋詒也，時加羞珍異。無日不數於六卿之門。
　　　國之材人，無不事也；親自桓以下，無不恤也。

　　△左氏哀公九年傳：二月甲戌，宋取鄭師于雍丘，使有能者無死，
　　　以郟張與鄭羅歸。

首則言宋公子鮑對國之賢材無不事；次則言鄭、宋之戰，宋不忘選取敵國之
有能者以為己用，此皆尚賢思想之具體表現也。

　　衛之尚賢，見於文公之時：

　　左氏閔公二年傳：衛文公大布之衣、大帛之冠，務材、訓農，通商、
　　惠工，敬教、勸學，授方、任能，元年，革車三十乘；季年，乃三
　　百乘。

「授方、任能」皆指官人而言，授方者，授之以百官之常法也；任能者，任
用其材能之人也。不授以方，則無治法；不任以能，則無治人。〔註27〕

　　吳國在春秋時代尚屬蠻荒之區，人口稀少，土地未闢，文化低落，〔註28〕
然亦頗重視尚賢，故能迅速興起，與楚、越鼎足於南方。如：

〔註27〕說詳俞樾《群經平議》。
〔註28〕參童書業《春秋史》，頁259。

左氏襄公二十九年傳：吳公子札來聘，見叔孫穆子，說之。謂穆子
曰：「子其不得死乎！好善而不能擇人。吾聞君子務在擇人。吾子爲
魯宗卿，而任其大政，不愼舉，何以堪之？禍必及子！」

公子札以魯叔孫穆子任大政而不能謹愼擇人，斷其必不得善終，可見尙賢在
春秋之世已成爲時代潮流，如有違反此一趨勢者，將無法適存於當時之社會。
至吳國尙賢之具體事例，見於吳王闔廬之重用楚亡臣伍員。伍員屢獻奇策，
故吳能數敗楚師，成爲楚之大患。〔註29〕

綜上所述，尙賢爲政治進步、國家富強之必要條件，春秋列國率能注意
及之。由《左傳》觀之，春秋尙賢政治之實施，以中期文公、宣公之後較爲
積極，至襄公、昭公時代最爲顯著；所舉用賢才，以政治、外交居多，軍事
次之。然大體而言，春秋時代之尙賢，仍頗受貴族政治之圇限，依當時制度，
非貴族不能受封，亦非貴族不得爲官，故人才之拔擢，多行之於貴族或世家
集團，此一現象，至春秋晚期始肇轉變之機，其時封建制度瀕於崩潰，貴賤
之分漸泯，曩昔貴族固多「降在皁隷」，〔註30〕而平民亦可緣軍功得遂進仕，
尙賢思想已浸假突破階級之樊籬矣！

第五節　災異說之政治意義

孔子作春秋，多載日蝕、彗見、地震、水旱、火災、山崩等等自然災異，
近人梁啓超以爲此類現象於人事上政治上毫無關係，而聖人視之若甚鄭重焉
者，蓋以「夫人主者，無論何人，無論何時，夫安能無失德，則雖災變日起，
而無不可以附會，但使稍自愛者，能恐懼一二，修省一二，則生民之禍，其
亦可以稍弭，此孔子言災異之微意也。雖其術虛渺迂遠。斷不足以收匡正之
實效，然用心蓋良苦矣」，〔註31〕故於春秋特著以元統天以天統君之義。此種
假天以壓抑君王，藉災異以警惕人主之思想，即災異說之政治意義也。茲就
《左傳》所載，舉其實例，以覘聖人神道設教之微旨。

春秋之世，時人率以爲自然災異與人事變化相關，此固迷信之徵也。然
人君而迷於災異神怪之說，則國是堪虞，生民可慮，是故有識之士乃假借宗

〔註29〕參見《左傳》昭公三十年、三十一年，定公二年、四年。
〔註30〕見《左傳》昭公三年晉叔向語。
〔註31〕見梁啓超〈中國學術思想變邊之大勢〉，頁739，收於《梁啓超學術論叢》通
論類（二）。

教之威靈，以警惕人君，使其謹於所爲，勤修政事，則國是是幸，生民有福，此神道設教之人文意義也。如左氏昭七年傳：

> 夏四月甲辰朔，日有食之。晉侯問於士文伯曰：「誰將當日食？」對曰：「魯、衛惡之。衛大，魯小。」公曰：「何故？」對曰：「去衛地如魯地，於是有災，魯實受之。其大咎其衛君乎！魯將上卿。」公曰：「詩所謂『彼日而食，于何不臧』者，何也？」對曰：「不善政之謂也。國無政，不用善，則自取謫于日月之災，故政不可不慎也。務三而已：一曰擇人，二曰因民，三曰從時。」

晉平公迷信，以日食爲天譴，人將受其禍，故問士文伯「誰將當日食」，士文伯除預言魯、衛將受其凶惡，復因勢利導，暗誡平公爲政不可不謹慎從事，蓋日食起於無善政，無善政則人君將「自取謫于日月之災」。士文伯寓教戒於災異說之中，其用心可以想見，惜平公未能善體斯意，依舊迷於星占術之神奇效驗，復問可常以此占之否？足徵其迷信之態度未嘗轉變：

> 晉侯謂伯瑕曰：「吾所問日食，從矣。可常乎？」對曰：「不可。六物不同，民心不壹，事序不類，官職不則，同始異終，胡可常也？詩曰：『或燕燕居息，或憔悴事國』其異終也如是。」公曰：「何謂六物？」對曰：「歲、時、日、月、星、辰，是謂也。」公曰：「多語寡人辰而莫同，何謂辰？」對曰：「日月之會是謂辰，故以配日。」

士文伯以爲影響預言徵驗之因素甚多，如六物、民心、事序、官職等皆是，此類因素變化不定，極其複雜，往往始同而終異，故不可常以此占之。士文伯言星占效驗之種種限制，實所以告平公勿沉迷於此道，且試就其所言影響占驗結果之諸因素觀之：天象（即「歲、時、日、月、星、辰六物」）僅爲其中之一，而民心、事序、官職等人事則佔大部分，足見其重人事逾於天象，所引《詩·小雅·北山》之句，亦在說明人事之不同作爲，其結果亦每每相異。士文伯言天象雜以人事，乃神道設教一貫之旨，蓋欲藉此曉喻平公，使勿迷於天象，而努力於人事也。顧平公不僅未能稍體此意，反執「六物」以窮其根源，是迷於災異之說深矣！故平公既以是問之，士文伯亦以是答之，如此而已。平公之未能修德愛民，復見之於昭公八年，此年適有石言之異象發生：

> 春，石言于晉魏榆。晉侯問於師曠曰：「石何故言？」對曰：「石不能言，或馮言。不然，民聽濫也。抑臣又聞之曰：『作事不時，怨讟

動于民，則有非言之物而言。』今宮室崇侈，民力彫盡，怨讟並作，
莫保其性，石言，不亦宜乎？」於是晉侯方築虒祁之宮，叔向曰：「子
野之言君子哉！……是宮也成，諸侯必叛，君必有咎，夫子知之矣。」
平公爲圖一己之樂而大興宮室，濫用民力，故師曠借石言以警之，冀其反省
改過，撫愛百姓，此神道設教之旨也。惟平公昏瞶無道，始終未能覺悟，是
以叔向斷言其宮成必有大咎，後果卒於昭公十年。

　　人君失德，則天降災異以警告之，懲罰之，大夫亦然，如《左傳》釋僖
公十五年經文：「己卯晦，震夷伯之廟」云：

　　震夷伯之廟，罪之也，於是展氏有隱慝焉。

夷伯爲魯大夫展氏之祖父，是時展氏有人所不知之罪惡，故雷電擊其祖廟，
以示警戒。杜注云：「隱惡，非法所得；尊貴，罪所不加。是以聖人因天地之
變，自然之妖，以感動之。知達之主，則識先聖之情以自屬；中下之主，亦
信妖祥以不妄，神道助教，唯此爲深。」蓋封建時代，國君及大夫之位多爲
世襲，且其權力未有客觀法制以限制之，如一旦敗德喪行，則黎民受害，國
被其禍，故聖人假神道而設教，欲以此稍加制衡也。此種藉宗教方式管束國
君之思想，在當時確有其一定之政治效果，如左氏莊公十一年傳：

　　秋，宋大水。公使弔焉，曰：「天作淫雨，害於粢盛，若之何不弔？」
　　對曰：「孤實不敬，天降之災，又以爲君憂，拜命之辱。」臧文仲曰：
　　「宋其興乎！禹、湯罪己，其興也悖焉；桀、紂罪人，其亡也忽焉。
　　且列國有凶，稱孤，禮也。言懼而名禮，其庶乎！」既而聞之曰：「公
　　子御說之辭也。」臧孫達曰：「是宜爲君，有恤民之心。」
宋有大水之災，魯使人來弔，閔公先自罪己，此即懍於天威之表現也。

　　總而言之，災異說爲古代約束人君之特殊方式，孔子著春秋，即重災異，
歷代更以之警戒爲人君者，至清末猶然。以今日自然科學之觀點視之，災異
說固屬無稽之迷信，然在以往亦有其一定之政治效果，兩漢無暴君，詔書多
懼辭，即爲實例。雖然，此絕非約束國君之正當方式，蓋如遇暴君不懼神道，
則無論災異如何鉅大，亦不能產生任何警惕作用也。〔註32〕

〔註32〕參牟宗三〈中國文化大動脈中的現實關心問題〉，文收於《時代與感受》一書。

第五章　《左傳》之人文史觀

　　中國傳統史學特色之一，乃在於以人物爲歷史活動之主體，此由史記以降正史中人物傳記之豐富，可爲印證。傳統史家不僅視人物活動爲歷史之中心，更深信主導歷史變動之根源性力量，亦在於人之自身，而非如西方歷史自然主義者之將一切歷史事件解釋爲「社會規律」或「超越之力量」所決定，〔註1〕此即吾國史學人文主義之歷史觀之傳統也。由於傳統史家重視歷史變遷中人之主觀因素，且以爲影響世運興衰之關鍵恒在於人物之賢奸，是故史書中特嚴於褒貶之義，是非之辨，蓋欲藉對歷史人物之道德批判，以發揮懲惡勸善之教化作用，俾有益於世道人心也。抑褒貶之所以可能，其前提爲肯定人具有自由意志，是以應該且必須對其行爲之後果負責，〔註2〕而肯定人具有自由意志，復爲人文主義之重要理念，由是言之，褒貶觀念之本身，實即蘊含史家人文主義之基本立場，亦所以表現其人文主義之歷史觀也。茲從史家褒貶之角度，以論左傳之人文史觀。

　　中國史學之人文傳統，以孔子修春秋爲其嚆矢。孟子嘗云：

> 世衰道微，邪說暴行有作，臣弑其君者有之，子弑其父者有之。孔子懼，作春秋。春秋，天子之事也；是故孔子曰：「知我者，其惟春秋乎？罪我者，其惟春秋乎？」

司馬遷亦云：

> 夫春秋，上明三王之道，下辨人事之際，別嫌疑，明是非，定猶豫，善善，惡惡，賢賢，賤不肖，存亡國，繼絕世。補敝起廢，王道之

〔註1〕參見余英時〈章實齋與柯靈烏的歷史思想〉，文收於《歷史與思想》一書。
〔註2〕參見同註1。

大者也。〔註3〕

由是可見，春秋之作，確有懲惡勸善之作用在焉，所謂「一字之褒，寵踰華袞之贈；片言之貶，辱過市朝之撻」。〔註4〕孔子既寓褒貶於歷史人物，則其歷史觀無疑即人文主義之歷史觀也。第此種褒貶史法，固非始創於孔子，春秋之時史官，即有共同必守之法，〔註5〕如：

△左氏莊公二十三年傳：君舉必書，書而不法，後嗣何觀？（曹劌諫魯莊公語）

△左氏僖公七年傳：且夫合諸侯，以崇德也。會而列姦，何以示後嗣？夫諸侯之會，其德、刑、禮、義，無國不記。記姦之位，君盟替矣，作而不記，非盛德也。君其勿許！（管仲諫齊桓公語）

△左氏文公十五年傳：君之先臣督得罪於宋殤公，名在諸侯之策。臣承其祀，豈敢辱君？請承命於亞旅。（宋華耦辭魯文公語）

△左氏成公二年傳：晉侯使鞏朔獻齊捷於周。王弗見，……王使委於三吏，禮之如侯伯克敵使大夫告慶之禮，降於卿禮一等。王以鞏伯宴，而私賄之。使相告之曰：「非禮也，勿籍！」

△左氏襄公二十年傳：衛甯惠子疾，召悼子曰：「吾得罪於君，悔而無及也。名藏在諸侯之策，曰『孫林父、甯殖出其君』。君入，則掩之。若能掩之，則吾子也。若不能，猶有鬼神，吾有餒而已，不來食矣。」悼子許諾，惠子遂卒。

由右列資料可知，一國之事，非僅本國記之，他國之史官亦有共同之書法以記之。且夫書法寓褒貶之意在其中，恒能對時人產生懲惡勸善之作用，是故曹劌以「君舉必書，書而不法，後嗣何觀」諫魯莊公；管仲以「德、刑、禮、義，無國不記」警齊桓公；華督弒其君殤公，惡名載之於諸侯簡冊，致華耦猶以罪人子孫自居；周王宴鞏伯不合于禮，爰使贊禮者囑其勿記載於史冊；衛大夫甯惠子臨終之際，深以其惡名著於史籍為憾，力促其子甯悼子為之補救。凡此，皆可見史官褒貶對當時社會影響力之大也。又如：

△左氏宣公二年傳：乙丑，趙穿攻靈公於桃園。宣子未出山而復。大使書曰：「趙盾弒其君。」以示于朝。宣子曰：「不然。」對曰：

〔註3〕見《史記》一三〇卷。
〔註4〕見《春秋穀梁傳》序。
〔註5〕參柳詒徵《國史要義》，史權第二。

「子爲正卿，亡不越境，反不討賊，非子而誰？」宣子曰：「嗚呼！詩曰：『我之懷矣，自詒伊慼。』其我之謂矣。」孔子曰：「董狐，古之良史也，書法不隱；趙宣子，古之良大夫也，爲法受惡。惜也，越竟乃免。」

△左氏襄公二十五年傳：大史書曰：「崔杼弑其君。」崔子殺之。其弟嗣書而死者二人，其弟又書，乃舍之。南史氏聞大史盡死，執簡以往，聞既書矣，乃還。

董狐將弑君之罪名歸諸趙宣子，此與史實不符，而孔子乃以「古之良史」稱之，何以故？此不僅爲一般所謂之「誅心之論」，實係當時已有一種作爲記錄準則之書法，董狐不過「書法不隱」，而趙盾亦止於「爲『法』受惡」。〔註6〕次則言崔杼弑齊莊公，齊太史不懼死而直書其惡，充分表現史官秉筆直書，不畏權貴之精神，而崔杼之所以必殺史官，適亦見其懍於史筆之褒貶也。

春秋時代史官秉筆直書之精神，一脈相傳，綿延不斷，形成史官之優良傳統，孔子修春秋，其褒貶之史法，當即承襲此一古代史官之成規，〔註7〕孟子云：

晉之乘，楚之檮杌，魯之春秋，一也。其事則齊桓晉文，其文則史；孔子曰：其義則丘竊取之矣！〔註8〕

「義」謂列國史書所寓褒貶之法，孔子特取之而著於春秋經。班固亦云：

周室既微，載籍殘缺，仲尼思存前聖之業……以魯周公之國，禮文備物，史官有法，故與左兵明觀其史記，據行事，仍人道，因興以立功，就敗以成罰，假日月以定曆數，藉朝聘以正禮樂，有所褒諱貶損。〔註9〕

所謂「史官有法」，正點明孔子史法之所出，而此即下文之「有所褒諱貶損」也。左氏作傳，復本春秋之旨，宣揚其懲惡勸善之精神，如：

△左氏成公十四年傳：九月，僑如以夫人婦姜氏至自齊。舍族，尊夫人也。故君子曰：「春秋之稱，微而顯，志而晦，婉而成章，盡而不汙，懲惡而勸善，非聖人，誰能脩之？」

〔註6〕參徐復觀〈原史〉，文收於《兩漢思想史》（卷三）。
〔註7〕參見同註1。
〔註8〕見《孟子》〈離婁下篇〉，第二十一章。
〔註9〕見班固〈漢書藝文志〉春秋條下。

△左氏昭公三十一年傳：冬，邾黑肱以濫來奔，賤而書名，重地故也。君子曰：「名之不可不慎也如是！夫有所有名而不如其已。以地叛，雖賤，必書地，以名其人，終爲不義，弗可滅已。是故君子動則思禮，行則思義；不爲利回，不爲義疚。或求名而不得，或欲蓋而名章，懲不義也。齊豹爲衛司寇，守嗣大夫，作而不義，其書爲『盜』。邾庶其，莒牟夷，邾黑肱以土地出，求食而已，不求其名，賤而必書。此二物者，所以懲肆而去貪也。若艱難其身，以險危大人，而有名章徹，攻難之士將奔走之。若竊邑叛君以徼大利而無名，貪冒之民將實力焉。是以春秋書齊豹曰『盜』，三叛人名，以懲不義，數惡無禮，其善志也。故曰，春秋之稱微而顯，婉而辨。上之人能使昭明，善人勸焉，淫人懼焉，是以君子貴之。」

以上皆左氏假君子曰以發議，要在說明孔子春秋之微言大義。其中對春秋褒貶之筆法，懲勸之作用，申論綦詳，頗致頌讚貴重之意，足證左氏在史學觀念上受孔子春秋之影響深矣！由於左氏肯定褒貶史法之價值與功用，則其作傳之時，必重視對歷史人物之道德批判，以求發揮懲惡勸善之效果，此所以其歷史觀爲人文主義者也。

左傳表達褒貶之方式，概括而言，可分四種，一者出於書法之解釋，二者見於「禮也」、「非禮也」之簡捷判斷，三者出於「君子曰」之評論，四者見於歷史行爲之因果關係。如以傳春秋之性質言，前三者屬於「以義傳經」，末者屬於「以史傳經」。以義傳經，乃代歷史發言，爲三傳所通有；以史傳經，則爲歷史自己發言，乃左傳所獨具。〔註 10〕無論以義傳經或以史傳經，皆可於其中見出左氏褒貶之史法，而反映其人文主義之歷史觀也。茲分述之。

一、書法之解釋

左氏作傳，於敘述史實之外，復闡明孔子春秋之微言大義，諸稱「書」、「不書」、「先書」、「故書」、「不言」、「不稱」、「書曰」、「追書」、「言」、「稱」之類，皆《左傳》解經之文，亦其褒貶史法之表現也。

稱書者，如文公二年經：「夏六月，公孫敖會宋公、陳侯、鄭伯、晉士穀盟于垂隴。」傳曰：「書士穀，堪其事也。」杜注云：「晉司空非卿也，以士

〔註 10〕 參同註 4。

穀能堪卿事，故書。」又宣公五年經：「夏，公至自齊。」傳曰：「夏，公至自齊，書，過也。」杜注云：「公既見止，連婚於鄰國之臣，厭尊毀列，累其先君，而於廟行飲至之禮，故書以示過。」皆其類也。

稱不書者，如僖公十五年經：「夏五月，日有食之。」傳曰：「日有食之，不書朔與日，官失之也。」又僖公十九年經：「梁亡。」傳曰：「梁亡，不書其主，自取之也。」皆其類也。

稱先書者，如桓公二年經：「宋督弒其君與夷及其大夫孔父。」傳曰：「君子以督爲有無君之心，而後動於惡，故先書弒其君。」杜注云：「雖有君，若無也。」又僖公二年經：「虞師，晉師滅下陽。」傳曰：「先書虞，賄故也。」杜注云：「虞非倡兵之首，而先書之，惡貪賄也。」皆其類也。

稱故書者，如隱公三年經：「三月庚戌，天王崩。」傳曰：「壬戌，平王崩。赴以庚戌，故書之。」杜注云：「周平王也，實以壬戌崩，欲諸侯之速至，故遠日以赴，春秋不書實崩日而書遠日者，即傳其僞以懲創臣子之過也。」又成公八年經：「反十月癸卯，杞叔姬卒。」傳曰：「來歸自杞，故書。」杜注云：「女既適人，雖見出棄，猶以成人禮書之，終爲杞伯所葬，故稱杞叔姬。」皆其類也。

稱不言者，如隱公元年經：「鄭伯克段於鄢。」傳曰：「不言出奔，難之也。」杜注云：「段實出奔，而以克爲文，明鄭伯志在必殺，難言其奔。」又莊公十八年經：「夏，公追戎于濟西。」傳曰：「公追戎于濟西，不言其來，諱之也。」杜注云：「戎來侵魯，魯人不知，去乃追之，故諱不言其來。」皆其類也。

稱不稱者，如莊公元年經：「三月，夫人孫于齊。」傳曰：「不稱姜氏，絕不爲親，禮也。」杜注云：「姜氏齊姓，於文姜之義，宜與齊絕，而復奔於齊，故於其奔，去姜氏以示義。」又僖公元年經：「元年春，王正月。」傳曰：「不稱即位，公出故也。」杜注云：「國亂，身出復入，故即位之禮有闕。」皆其類也。

稱書曰者，如文公十六年經：「冬十有一月，宋人弒其君杵臼。」傳曰：「書曰宋人弒其君杵臼，君無道也。」杜注云：「稱君，君無道也。」又襄公二十九年經：「杞子來盟。」傳曰：「杞文公來盟，書曰子，賤之也。」杜注云：「賤其用夷禮。」皆其類也。

以上七類，即杜序所謂之「變例」，至追書、言、稱之類，孔疏云：「案：

襄元年圍宋彭城，非宋地，追書也。隱元稱鄭伯，譏失教也。昭三十一年公在乾侯，言不能外內也。先書、故書既是新意，則追書亦是新意；書與不書俱是新意，則稱與不稱、言與不言俱是新意。豈得不言、不稱獨爲新意，言也、稱也便即非乎？釋例終篇云：諸雜稱二百八十有五。止有其數，不言其目。就文而數，又復參差，竊謂追書也，言也，稱也，亦是新意，序不言者，蓋諸類之中，足以包之故也。」如是，則變例凡可得十類。左氏以此等方式發明春秋之書法義例，足見其重視孔子褒貶之史法，是即可說明左氏之史觀爲人文史觀也。

二、「禮也」、「非禮也」之簡捷判斷

　　左氏之傳春秋，或出以簡捷之判斷，所謂「禮也」、「非禮也」之類是。此類斷語，如依批評者身分之不同，可別爲三類，即左氏本人之意見、當時人之意見以及「君子曰」。其中「君子曰」，「禮也」有四條，「非禮也」有五條，例如：

> △左氏成公十八年傳：公至自晉。晉范宣子來聘，且拜朝也。君子謂晉於是乎有禮。

> △左氏襄公二年傳：夏，齊姜薨。初，穆姜使擇美檟，以自爲櫬與頌琴，季文子取以葬。君子曰：「非禮也，禮無所逆。婦，養姑者也。虧姑以成婦，逆莫大焉。……」

當時人之意見，「禮也」有六條，「非禮也」有十六條，〔註11〕例如：

> △左氏僖公三十三年傳：齊國莊子來聘，自郊勞至于贈賄，禮成而加之以敏。臧文仲言於公曰：「國子爲政，齊猶有禮，君其朝焉！臣聞之：服於有禮，社稷之衛也。」

> △左氏成公十三年傳：春，晉侯使郤錡來乞師，將事不敬。孟獻子曰：「郤氏其亡乎！禮，身之幹也；敬，身之基也。郤子無基。且先君之嗣卿也，受命以求師，將社稷是衛，而惰，棄君命也，不亡何爲？」

左氏之意見，「禮也」有六十七條，「非禮也」有三十二條，〔註12〕居此類斷

〔註11〕統計數字據李宗侗〈史官制度——附論對傳統之尊重〉，文載《文史哲學報》，第十四期。

〔註12〕見同註9。

語之大部份，可由之以覘左氏褒貶之史法，例如：

　　△春秋桓公十五年經：春二月，天王使家父來求車。

　　　左氏桓公十五年傳：春，天王使家父來求車，非禮也。諸侯不貢
　　　車服，天子不私求財。

　　△春秋襄公元年經：冬，衛侯使公孫剽來聘。晉侯使荀罃來聘。

　　　左氏襄公元年傳：冬，衛子叔、晉知武子來聘，禮也，凡諸侯即
　　　位，小國朝之，大國聘焉，以繼好、結信、謀事、補闕，禮之大
　　　者也。

左氏身爲史官，習於禮教，故褒貶人物，評論是非，一準諸禮，所謂「禮也」、
「非禮也」，即據傳統周禮所作之判斷也。

三、「君子曰」之評論

　　《左傳》「君子曰」乃左氏隨文傳經，自申其義之詞，爲後世史書論贊之
始祖。其形式不一，或作「君子曰」，或作「君子謂」，或作「君子是以知」、
「君子是以」、「君子以爲」、「君子以」、「君子以……爲……」等等不一而足，
要皆左氏所假託以發議論者也。爲便敍述，今概名「君子曰」。

　　左氏所謂君子，究何所指，前人說法不一，或謂孔子，或謂當時之君子，
或謂左氏本人。以《左傳》本文證之，三說皆不爲無據，必拘執一曲之見，
則並有反證可駁。〔註13〕大抵而言，此類案語，可爲左氏所引述聖賢之評論，
亦可爲左氏自發之議論，其間界限，未易分辨。如：

　　△左氏襄公十四年傳：吳子諸樊既除喪，將立季札。季札辭曰：「曹
　　　宣公之卒也，諸侯與曹人不義曹君，將立子臧。子臧去之，遂弗
　　　爲也，以成曹君。君子曰：『能守節。』君，義嗣也，誰敢奸君？
　　　有國，非吾節也。札雖不才，願附於子臧，以無失節。」固立之，
　　　棄其室而耕，乃舍之。

　　△左氏昭公三年傳：文子曰：「退！二子之言，義也。違義，禍也。
　　　余不能治余縣，又焉用州，其以徼禍也？君子曰：『弗知實難。』
　　　知而弗從，禍莫大焉。有言州必死！」

此一類之「君子曰」，皆時人言語中所援引，自可視爲當時或曩昔聖賢之評論，

〔註13〕參莊雅州〈左傳史論〉，文收於《春秋三傳論文集》一書。

至其他獨立之「君子曰」，或出自聖賢評論，或出自左氏發議，今已難明。雖然，左氏對褒貶史法之重視，顯然可知，此可見左氏之歷史觀，乃採取人文主義之立場也。此一類獨立之「君子曰」，以對人物之褒貶數量最多，如：

　　△左氏隱公元年傳：君子曰：「潁考叔，純孝也；愛其母，施及莊公。

　　　詩曰：『孝子不匱，永錫爾類。』其是之謂乎！」

　　△左氏宣公十三年傳：冬，晉人討邲之敗與清之師，歸罪於先縠而

　　　殺之，盡滅其族。君子曰：「惡之來也，己則取之。其先縠之謂乎！」

亦有對事之褒貶者，如：

　　△左氏僖公二十八年傳：君子謂是盟也信，謂晉於是役也能以德攻。

　　△左氏襄公十三年傳：君子以吳為不弔，詩曰：「不弔昊天，亂靡有

　　　定。」

亦有預言式之批評，如：

　　左氏襄公三十年傳：夏，四月己亥，鄭伯及其大夫盟，君子是以知

　　鄭難之不已也。

觀《左傳》所載「君子曰」，不下八十見，數量不可謂少。其地位多在一篇之終，以評論人物行事之是非得失，表達褒善貶惡之義，於《左傳》敘事之外，別開議論之一途，此其特色也。

四、歷史行為之因果關係

　　《左傳》以史傳經，將春秋時代各方面之變遷、成就，矛盾、衝突，予以系統而完整性之敘述，千載之下讀之，猶栩栩如生，頗見本末，誠春秋之信史，一代之實錄。其史學價值之高，可謂世界性之空前成就，而遠較傳經問題為重要也。〔註14〕《四庫提要》稱：「刪除事跡，何由得其是非？無案而斷，是春秋為射覆矣。」確然！左氏善於以行為之因果關係，解釋人類之成敗禍福，以見歷史之發展有其一定之規律，可為人類之理性所掌握，是以雖非正面褒貶，而褒貶之意即在其中，且特加深切著明，蓋由非當事人以言語表達褒善貶惡之意，終不及由行為自身之因果關係以證明善與惡之歷史審判為有力也。〔註15〕茲舉例以明之。如隱公四年經文，二月「戊申，衛州吁弒其君完」，「九月，衛人殺州吁于濮」，皆言簡意賅，僅為兩件歷史事實之

〔註14〕參同註4。

〔註15〕參同註4。

記載，左氏以史傳經，則詳述其始末，推明其因果，如隱公三年傳載：

> 衛莊公娶于齊東宮得臣之妹，曰莊姜，美而無子，衛人所爲賦碩人
> 也。又娶于陳，曰厲媯，生孝伯，早死。其娣戴媯，生桓公，莊姜
> 以爲己子。公子州吁，嬖人之子也。有寵而好兵，公弗禁。莊姜惡
> 之。石碏諫曰：「臣聞：愛子，教之以義方，弗納于邪。驕、奢、淫、
> 泆，所自邪也。四者之來，寵祿過也。將立州吁，乃定之矣；若猶
> 未也，階爲之禍。夫寵而不驕，驕而能降，降而不憾，憾而能眕者，
> 鮮矣。且夫賤妨貴，少陵長，遠間親，新間舊，小加大，淫破義，
> 所謂六逆也；君義，臣行，父慈，子孝，兄愛，弟敬，所謂六順也。
> 去順效逆，所以速禍也。君人者，將禍是務去，而速之，無乃不可
> 乎？」弗聽。其子厚與州吁游，禁之，不可。桓公立，乃老。

以上所述，即杜預所謂「先經以始事」。夫衛州吁弒其君，乃在隱公四年，如
經之所書，而《左傳》却於隱公三年先發石碏之諫，蓋將州吁弒君之背景予
以交代也。由於莊公不能教子以義方，遂種下州吁弒君之因，有如是之因，
故有四年弒君之果，其間因果之關係，歷然可尋，足以爲世人勸誡之資，此
即不言褒貶而褒貶自在其中也。又隱公四年傳在「四年春，衛州吁弒桓公而
立」後，記云：

> 公與宋公爲會，將尋宿之盟。未及期，衛人來告亂。夏，公及宋公
> 遇于清。宋殤公之即位也，公子馮出奔鄭。鄭人欲納之。及衛州吁
> 立，將修先君之怨于鄭，而求寵於諸侯，以和其民。使告於宋曰：「君
> 若伐鄭，以除君害，君爲主，敝邑以賦與陳、蔡從，則衛國之願也。」
> 宋人許之。於是陳、蔡方睦於衛，故宋公、陳侯、蔡人、衛人伐鄭，
> 圍其東門，五日而還。公問於眾仲曰：「衛州吁其成乎？」對曰：「臣
> 聞以德和民，不聞以亂。以亂，猶治絲而棼之也。夫州吁，阻兵而
> 安忍。阻兵，無眾；安忍，無親。眾叛、親離，難以濟矣。夫兵，
> 猶火也；弗戢，將自焚也。夫州吁弒其君，而虐用其民，於是乎不
> 務令德，而欲以亂成，必不免矣。」……州吁未能和其民，厚問定
> 君於石子。石子曰：「王覲爲可。」曰：「何以得覲？」曰：「陳桓公
> 方有寵於王。陳、衛方睦，若朝陳使請，必可得也。」厚從州吁如
> 陳。石碏使告于陳曰：「衛國褊小，老夫耄矣，無能爲也。此二人者，
> 實弒寡君，敢即圖之。」陳人執之，而請涖于衛。九月，衛人使右

　　　　宰醜洩殺州吁于濮。石碏使其宰獳羊肩洩殺石厚于陳。君子曰：「石
　　　碏，純臣也。惡州吁而厚與焉。『大義滅親』，其是之謂乎！」

州吁「阻兵而安忍」，「弒其君而虐用其民」，故九月見殺於衛人之使右宰醜。
後者為果，前者是因，有如是之因，方有如彼之果。州吁之「阻兵而安忍」，
復可由隱公三年所述之「有寵而好兵」見出端倪，是州吁此一具體行為，又
自有其因果關係可尋也。至石碏子石厚之見殺於隱公四年九月，乃果，而隱
公三年「與州吁遊，禁之，不可」，為因，其間因果關係亦甚分明。此種行為
之因果關係之自身，即為對行為者所作之審判，較諸神之審判或聖人之審判，
尤能充分表達懲惡勸善之褒貶意義。〔註16〕顧棟高云：「看春秋，眼光須極遠，
近者十年數十年，遠者通二百四十二年。」〔註17〕即說明掌握春秋時代之演
變，當通貫人與事之因果關係以求了解也。因果關係，有十年以內者，有十
年乃至數十年者，環環相扣，脈絡分明，構成歷史有機體之秩序與規律，而
自然具備褒貶作用，達到「孔子作春秋而亂臣賊子懼」之目的，此乃左氏「以
史傳經」之首要成就，亦最足以表現其個人之人文史觀者也。

　　綜上所述，《左傳》表達褒貶之方式可分四種，即書法之解釋、「禮也」、
「非禮也」之簡捷判斷、「君子曰」之評論以及歷史行為之因果關係。前三者
屬於「以義傳經」之性質，後者則屬於「以史傳經」之性質。就以義傳經言，
左氏既採取上述三種方式以作傳，則即表示其重視褒貶之作用與價值，尤以
對人物之道德批判為然，蓋左氏確信人物之道德品質，乃影響歷史變遷與世
運興衰之主要關鍵也。復就以史傳經言，左氏以行為之因果關係，作為人類
成敗禍福之解釋，申明歷史發展乃依循一定之道德規律，凡此皆可見出左氏
之詮釋歷史，係採取人文主義之觀點也。

　　此外，據《左傳》所載，春秋時人多以行為之道德與否為標準，而預言
人之存亡、軍之勝敗以及國之興衰，例如：桓公二年，周內史以臧孫達能以
德諫君，斷其有後；僖公二十二年，鄭叔詹以楚子為禮無別，知其不沒；僖
公三十三年，王孫滿以秦師輕而無禮，斷其必敗；宣公十五年，劉康公以晉
趙同不敬，知其不及十年，必有大咎；成公十三年，孟獻子以郤錡不敬，知
其必亡；襄公二十一年，叔向以齊侯、衛侯不敬，知二君者必不免；襄公二
十六年，公孫揮以子產讓不失禮，知其將執政……等等，皆說明歷史之發展

〔註16〕參同註4。
〔註17〕見顧棟高《讀春秋偶筆》。

係遵循一定之道德規律，即有德者成功，無德者失敗也。此種自道德觀點詮釋歷史發展之現象，《左傳》中甚爲普遍，當係春秋時人共通之歷史觀，左氏特錄之入傳，以存史實之眞也。故本章不自此一角度探討左氏之人文史觀，非有意忽之也。

第六章　結　論

　　中國人文思想萌芽於殷、周之際，勃興於春秋之世，而由孔子加以總結，建立系統性之自覺理論，將人文思想推向高度成熟之階段，其後孟、荀迭有增益發揚，遂形成儒家人文主義之傳統，而中國文化之主要內涵及其特質，亦緣是而彰顯焉。

　　由《左傳》觀之，無論就宗教、道德或政治思想言，皆顯示其發展至孔子成熟期之人文思想，乃必然之趨勢也。此說明思想本身有其前後相承之歷史關係，不可能憑空產生。如由宗教至人文，由無自覺之道德行為至自覺性之道德行為，其間必有一定之發展脈絡可尋也。茲綜括各章之研究成果，敍述如後。

　　以《左傳》之宗教人文化思想言，春秋之世雖為宗教與人文交錯並行之時代，然宗教人文化之現象一旦出現，即代表一種嶄新之精神方向，終將在文化發展之過程中產生催化作用，而取得思想上之支配地位。例如在神人關係之消長方面，民為神主之觀念已然出現，此時鬼神依人而行，惟德是依，呈現道德之性格，斯即宗教人文化之表徵也。其中尤以叔孫豹人文主義之不朽論，最能顯示儒家重現世之人文特質。在災異思想方面，妖由人興、吉凶由人等人文化思想亦已出現，此表示人之自身可以主宰其命運，決定其禍福。尤以子產「天道遠，人道邇」之思想，最能代表春秋時代人文思想之高度發展，後孔子罕言天道，不語怪力亂神，或者嘗受子產之啟發亦未可定。在卜筮思想方面，則已產生不疑何卜、卜筮在德等人文思想，人德可以左右卜筮吉凶，影響鬼神意志，此亦顯示人之地位愈趨重要，而鬼神之支配力益加衰微也。總之，春秋時代宗教人文化之程度，固視殷、周之際大為進步，然尚

未達於孔子理性之宗教層次，至於戰國時代，則純爲人之時代，神已隱退矣！於此，思想演變之線索，分明可見。

以《左傳》之道德思想言，春秋之世乃道德禮儀盛行之時代，如當時之禮，總攝諸德，內容廣包全體人倫規範，爲春秋時代最具代表性之人文觀念；又德之理論亦極爲發達，其重要性幾等同於禮；他如信、忠、仁等道德觀念亦頗見重於時。雖然，其時之道德思想究有若干自覺之成份，則不可知。以常理推之，彼時道德思想當有一定程度之自覺，惟限於《左傳》史書之體裁，不易窺知耳。至孔子，則道德有其內在於人心之根源，質言之，人心具有價值自覺之能力，能自覺自律、自發命令以表現道德行爲。於此，亦可覘道德思想在歷史發展中之階段性意義。

以《左傳》之政治思想言，中國儒家一貫之政治主張 —— 德治思想，其雛形已略具於春秋時代，如人君修德愛民之觀念，養民、教民之思想，與夫禮治、民本、尚賢之思想等等，皆德治思想之基本或衍生之內容也。德治思想重視人君個人之修身，以爲人君但須修身，即能治國平天下，以今日視之，此僅爲必要條件，而非充分條件，蓋政治有其內在之獨立法則，與道德法則不同也。〔註1〕

以《左傳》之人文史觀言，左氏作傳，乃本諸孔子春秋之旨意，寓褒貶於史文之中，以發揮勸善懲惡之作用，故表現人文主義之歷史觀。其所用以表達褒貶之方式有四種，即書法之解釋、「禮也」、「非禮也」之簡捷判斷、「君子曰」之評論以及歷史行爲之因果關係。前三者屬於「以義傳經」之性質，後者則屬於「以史傳經」之性質。左氏確信人物之道德品質，乃影響歷史變遷與世運興衰之主要關鍵，故特重歷史人物之褒貶，蓋欲藉此以教化世人也。以此言之，左氏之詮釋歷史，當係採取人文主義之觀點。此種人文史觀爲中國史學之一貫傳統，及人文精神之具體表現也。

〔註1〕參牟宗三《時代與感受》，頁 356～358。

參考書目

甲、經部之屬

一、一般類

1. 《周易》，王弼、韓康伯注，藝文印書館十三經注疏阮刻本。
2. 《尚書》，孔安國注，藝文印書館十三經注疏阮刻本。
3. 《書集傳》，蔡沈（通志堂經解），漢京文化事業有限公司。
4. 《尚書今注今譯》，屈萬里，商務印書館。
5. 《詩經》，鄭玄箋，藝文印書館十三經注疏阮刻本。
6. 《詩經釋義》，屈萬里，華岡出版部。
7. 《禮記》，鄭玄注，藝文印書館十三經注疏阮刻本。
8. 《禮學新探》，高師仲華，學生書局。
9. 《論語》，何晏集解，藝文印書館十三經注疏阮刻本。
10. 《論語義理疏解》，王邦雄等，鵝湖出版社。
11. 《孟子》，趙岐注，藝文印書館十三經注疏阮刻本。
12. 《孟子義理疏解》，王邦雄等，鵝湖出版社。
13. 《四書集注》，朱熹，學海出版社。
14. 《大學義理疏解》，岑溢成，鵝湖出版社。
15. 《中庸義理疏解》，楊祖漢，鵝湖出版社。
16. 《讀經示要》，熊十力，廣文書局。
17. 《說文解字注》，段玉裁注，藝文印書館。

二、左傳類

1. 《左傳》，杜預注，藝文印書館十三經注疏阮刻本。

2. 《左傳紀事本末》，高士奇，德志出版社。

3. 《左傳分國集注》，韓席籌編註，華世出版社。

4. 《左傳會箋》，竹添光鴻，鳳凰出版社。

5. 《春秋左傳注》，楊伯峻，源流出版社。

6. 《春秋左傳今註今譯》，李宗侗，商務印書館。

7. 《春秋大事表》，顧棟高，皇清續經解第十二冊漢京。

8. 《春秋要領》，程發軔，蘭臺書局。

9. 《春秋三傳研究論集》，戴君仁等，黎明文化事業公司。

10. 《春秋左傳研究》，童書業，影印本。

乙、史部之屬

1. 《國語》，左丘明，九思出版社。

2. 《史記》，司馬遷，藝文印書館景印武英殿本。

3. 《中國哲學史》，馮友蘭，翻印本。

4. 《中國哲學史》，勞思光，三民書局。

5. 《中國思想史》，韋政通，水牛出版社。

6. 《中國學術思想史論叢》（一），錢穆，東大圖書公司。

7. 《西周史》，許倬雲，聯經出版事業公司。

8. 《春秋史》，童書業，開明書店。

9. 《中國封建社會》，瞿同祖，里仁書局。

10. 《中國史探研（古代篇）》，齊思和，弘文館出版社。

11. 《中國上古史綱》，張蔭麟，正中書局。

12. 《中國古代社會史》，李宗侗，中華文化出版事業委員會。

13. 《中國史學史》，李宗侗，華岡出版有限公司。

14. 《中國史學史稿》，劉節，弘文館出版社。

15. 《中國上古史論文選集》，杜正勝編，華世出版社。

16. 《國史大綱》，錢穆，商務印書館。

17. 《中國文化史》，柳詒徵，正中書局。

18. 《中國政治思想史》，蕭公權，聯經出版事業公司。

19. 《中國人性論史先秦篇》，徐復觀，商務印書館。

20. 《兩漢思想史》（卷一）、（卷三），徐復觀，學生書局。

21. 《中國思想史論集》，徐復觀，學生書局。

22. 《中國經學史的基礎》，徐復觀，學生書局。

23. 《古史辨》，錢玄同等，翻印本。
24. 《史學通論》，甲凱，學生書局。
25. 《史學方法》，王爾敏，東華書局。
26. 《歷史哲學》，牟宗三，學生書局。
27. 《歷史與思想》，余英時，聯經出版事業公司。
28. 《史學與傳統》，余英時，時報出版公司。
29. 《中國知識階層史論》，余英時，聯經出版事業公司。
30. 《先秦文史資料考辨》，屈萬里，聯經出版事業公司。

丙、子部之屬

1. 《復性書院講錄》，馬一孚，廣文書局。
2. 《東西文化及其哲學》，梁漱溟，里仁書局。
3. 《中國文化要義》，梁漱溟，里仁書局。
4. 《中國人生哲學概要》，方東美，先知出版社。
5. 《人文精神之重建》，唐君毅，學生書局。
6. 《中國人文精神之發展》，唐君毅，學生書局。
7. 《中華人文與當今世界》，唐君毅，學生書局。
8. 《道德的理想主義》，牟宗三，學生書局。
9. 《中國哲學的特質》，牟宗三，學生書局。
10. 《中國哲學十九講》，牟宗三，學生書局。
11. 《心體與性體》，牟宗三，學生書局。
12. 《時代與感受》，牟宗三，鵝湖出版社。
13. 《中國歷史精神》，錢穆，東大圖書公司。
14. 《學術與政治之間》，徐復觀，學生書局。
15. 《中國藝術精神》，徐復觀，學生書局。
16. 《宋明理學北宋篇》，蔡仁厚，學生書局。
17. 《孔孟荀哲學》，蔡仁厚，學生書局。
18. 《荀子與古代哲學》，韋政通，商務印書館。
19. 《中國哲學思想批判》，韋政通，水牛出版社。
20. 《古代中國文化與中國知識份子》，胡秋原，學術出版社。
21. 《文明論衡》，余英時，高原出版社。
22. 《從價值系統看中國文化的現代意義》，余英時，時報出版公司。
23. 《儒道天論發微》，傅佩榮，學生書局。

24. 《中國古代宗教初探》，朱天順，谷風出版社。

25. 《我之宗教觀》，印順法師，正聞出版社。

26. 《中西哲學思想中的天道與上帝》，李杜，聯經出版社。

27. 《中西哲學論文集》，謝幼偉，新亞研究所印行。

28. 《左傳禮說》，張其淦，力行書局。

29. 《比較倫理學》，黃建中，正中書局。

30. 《儒學傳統與文化創新》，黃俊傑，東大圖書公司。

31. 《周代城邦》，杜正勝，聯經出版事業公司。

32. 《春秋戰國時代尚賢政治的理論與實際》，黃俊傑，問學出版社。

33. 〈左傳載語之禮義精神研究〉，李啓原，高雄師範學院國文研究所 69 年碩士論文。

34. 〈左傳倫理精神研究〉，楊美玲，高雄師範學院國文研究所 72 年碩士論文。

丁、雜著之屬

1. 《國學概論》，程發軔，正中書局。

2. 《六十年來之國學》，程發軔主編，正中書局。

3. 《中國文化概論》，韋政通，水牛出版社。

4. 《思想與人物》，林毓生，聯經出版社。

5. 《中國文化新論》，丁敏等，聯經出版事業公司。

6. 《傅斯年全集》第二冊，傅斯年，聯經出版事業公司。

7. 《迹園文存》，蕭公權，大西洋圖書公司。

8. 《梁啓超學術論叢》，梁啓超，南嶽出版社。

9. 《偽書通考》，張心澂，宏業書局。

10. 《續偽書通考》，鄭良樹，學生書局。

11. 《管錐篇》第一冊，錢鍾書，全國出版社。

12. 《日知錄集釋》，顧炎武，商務印書館。

13. 《高明論學雜著》，高師仲華，黎明文化事業公司。

14. 《高明孔學論叢》，高師仲華，黎明文化事業公司。

15. 《書傭論學集》，屈萬里，聯經出版事業公司。

16. 《觀堂集林》，王國維，河洛圖書公司。

17. 《十駕齋養新錄》，錢大昕，商務印書館。

戊、期刊之屬

1. 〈左傳中的民本思想及其對於後世的影響〉，王泳，《新時代》九卷三～四

期。

2. 〈左傳對春秋時期戰爭的看法及其意義〉，張端穗，《東海中文學報》第六期。

3. 〈史官制度——附論對傳統之尊重〉，李宗侗，《文史哲學報》十四期。

4. 〈春秋時代社會的變動〉，李宗侗，《文史哲學報》二二期。

5. 〈神道思想與理性主義〉，饒宗頤，《史語所集刊》四九卷三期。

6. 〈天神觀與道德思想〉，饒宗頤，《史語所集刊》四九卷一期。

《春秋左氏傳》會盟研究

廖秀珍　著

作者簡介

廖秀珍，國立臺灣師範大學國文研究所碩士畢業，現任職明新科技大學講師，對先秦經學，儒家與道家之間的糾葛，十分有興趣。

提　　要

　　孟子嘗云：「仲尼之徒，無道桓、文之事」，但會盟的成立，在春秋時代確實有內安諸夏及外攘夷狄之功。事實上證明：戰國以後會盟之事驟減，殺戮征伐為主流，換言之，時至戰國時期會盟已無法成為維持社會秩序的力量，也因此更加突顯會盟在春秋時代的珍貴及其時代的意義。

　　本文凡分七章，首章敘述春秋與禮經之關係，春秋雖為亂世，仍重邦交之禮，方有會盟之存在，二章敘結盟儀節，就左傳所見，依序論列，並論及詛、質之相關問題。三章就經、傳所云「會」者，舉其實例，究其始末，其中以「諸侯相會」事例最多，大夫相會是春秋末之事，舉凡「討不庭」、「納公」、「立侯」、「救患」、「分災」，皆尋「會」或「盟」以定之，這就是會盟安定社會之功。四章「盟」：書「會」或書「盟」者，在春秋經傳中，似無不同，唯諸侯盟大夫為可恥之事，且春秋末期有兩大特色：一是本國諸侯與本國大夫相盟之事；二是魯文公之後「大夫盟諸侯」為常例，大夫專政已啟端倪。五章「會而盟」：書「會而盟」者多數為「公會後而盟」，內容仍是修好、平成等。六章由春秋初期、齊桓、晉文、春秋中期、春秋後期來論述各期會盟之特色，交叉應證前文所述。七章結論。

目

次

凡　例

一、左傳版本繁多，茲以重刊宋本左傳注疏附阮元校勘記者爲據（藝文印書館）。一則以其流通廣，一則以其附校勘記，最爲詳贍。

二、各本所分章節，頗多歧異，今據經、傳義例，並較文義史事，參以長沙楊遇夫先生之讀左傳一文，加以釐定。如「孟獻子言於公曰：臣聞小國之免於大國也，聘而獻物，於是有庭實旅百，朝而獻公，於是有容貌彩章，嘉淑而有加貨，謀其不免也，而薦賄，則無及也。今楚在宋，君其圖之。公說」與「十五年春，公孫歸父會楚子于宋」分爲宣十四、十五年傳文，今依楊氏合爲一傳，以詳其說。

三、凡云「會者」，可依類立部，然會成、會侵、會伐、會救、會次、會戰、會城、會葬類，其所重在侵、伐、戰、救，而不在此一會，故暫置不論。

四、經言「會」，傳言「盟」者，如春秋僖公元年經：八月，公會齊侯、宋公、鄭伯、邾人于檉。左氏傳：秋，楚人伐鄭，鄭即齊故也，盟于犖（杜注犖即檉，地有兩名）。此類列入盟章。

五、所言「會而盟」者，經只書會者，如春秋隱公十年，會于中丘；春秋哀公十二年：會于鄖。或只書盟，如春秋隱公八年，盟于瓦屋，今就傳文所云，列入會而盟章。反之，亦如之。

六、全文凡分七章，首述春秋與禮經之關係，以明其體用互見，又贊以春秋時之會盟，大抵以平成爲要，二章敍結盟儀節，就左傳所見，依序論列，並附詛、質之相關問題。三章就經、傳所云會者，舉其實例，究其始末，四、五章例同上，六章由各時期論會盟之特色，七章俱結前述。

自　序

　　春秋紀魯十二公，二百四十二年間各國之事，隨手翻覽，會盟即見，余感於「會盟」何以爲春秋特殊情勢？且歷代莫盛乎此時，故欲究其竟，以明其因。孔子嘗云：「知我者，其惟春秋乎！罪我者，其惟春秋乎！」知聖人所重；前賢亦以其寓褒貶、筆削大義而崇之，然論及春秋會盟事，殆以「刑牲歃血、要質鬼神，則非所貴」論之，皆以「書盟者，惡之也」責之，以諸侯相盟，僭禮太甚。然就所論之兩百餘例觀之，大抵以平成爲旨，非皆惡也，且諸侯相盟，非自春秋始，如隱公三年石門之盟，即尋盧之盟。而盧盟於春秋前，實春秋之會盟，頻仍而已。前儒惡其諸侯相爭，罔顧君臣之義，然孔子仍贊云：「管仲相桓公，一匡天下，民到於今受其賜，微管仲，吾其被髮左衽矣。」不以其瑕而掩其功，今本此理，探會盟之源，悉會盟之旨，知凡納公定位、分災救患，莫不藉會盟以臻其目的，觀諸盟辭，終以禮信爲依歸。竊思，孔子何以有知我罪我之語，其筆削大義，寓褒貶之旨何在？借事明義，實乃春秋大旨，春秋與禮經既是體用合一，觀其辭，即知別嫌疑、明是非，莫非聖人作經之旨乎！

　　余資質駑鈍，不敏於學，每一章成，幸蒙　林師耀曾諄諄教誨，得克竟是編。猥以學殖淺陋，管窺之見，勢所難免，唯祈博雅碩彥，不吝指教是幸。

中華民國72年歲次癸亥　廖秀珍
謹序於國立臺灣師範大學國文研究所

第一章　春秋時之會盟

第一節　《春秋》與禮

　　《史記‧太史公自序》引董仲舒之言曰：「夫不通禮義之旨，至於君不君，臣不臣，父不父，子不子。夫君不君則犯，臣不臣則誅，父不父則無道，子不子則不孝。此四行者，天下之大過也。以天下之大過予之，則受而弗敢辭，故《春秋》者禮義之大宗也」。孔子身當亂世，禮義盡失，因而《春秋》之譏僭越、惡爭奪、貶天子、退諸侯、討大夫，無不以禮義立論。新昌徐廷垣云：「春秋一書，與禮經相表裏，禮存其體而春秋著其用。」（春秋管窺原序）是春秋與禮經乃體用互見，表裏一體。

一、《左傳》善言禮

　　春秋三傳各有所長，而左氏論禮之義，垂手可得。鄭玄贊稱左氏「善於禮」（六藝論），綜覽全文，凡典章制度，臧否人物，莫不一準諸禮。是韓宣子適魯言：「周禮盡在魯矣」（昭公二年）。「臧僖伯諫觀魚」（隱公五年），言及典章文物之盛，可見一斑。「戎朝周，發幣於公卿」（隱公七年），猶不廢禮，亦可概見。又如：晉叔向以「忠信，禮之器也」（昭公二年）。女叔齊謂晉侯：「禮所以守其國，行其政令。」（昭公五年）鄭叔詹見楚子「爲禮卒於無別」，遂知其不能終於霸業（僖公二十二年）。孟獻子以郤錡不敬，知其必亡（成公十三年）。其例甚多。

　　又嘗云「禮也」，「非禮也」以爲別。如以狩於郎，合於時令，云禮也（桓

公四年）。授兵於太廟，云禮也（莊公八年）。〔註1〕齊、魯有怨，齊孝公卒，魯不廢喪紀，云禮也（僖公二十七年）。天子不私求財，使家父來求車，云非禮也（桓公十五年）。卿非君命不越境，公子友如陳葬原仲，云非禮也（莊公二十七年）。立武宮當由己不由人，季文子以鞍之功立武宮，云非禮也（成公六年）。諸如此例，不勝枚舉。甚而於違失禮儀者，斷言其不得善果，如左隱公八年傳：「四月甲辰，鄭公子忽如陳逆婦嬀。」因公子忽先配後祖，違禮失節，故緘子曰：「非禮也，何以能育？」後公子忽果不終享鄭國。

《左傳》一書言禮之處凡四六二次，尚有「禮食」、「禮書」、「禮經」、「禮秩」各一次，「禮義」三次。無論以史事以明之、或假人之口來傳答，如君子言之類。一言以蔽之，「禮」可說是《左傳》全書之核心。

二、會盟之禮制

會盟之制，其來久矣。依文獻所載，會盟在五帝時期已有之。「少暤氏之衰也，九黎亂德，民神雜揉，不可方物。夫人作享，家爲巫史，無有要質。民匱於祀，而不知其福。烝享無度，民神同位。民瀆齊盟，無有嚴威。」（國語·楚語下）至夏朝，「禹合諸侯于塗山，執玉帛者萬國。」（左哀七年）「夏桀爲仍之會」（左昭四年），皆有記錄。從殷墟出土之甲骨文可知，殷商時期會盟當有一定之發展。盟：甲骨文作"⚇"，"⚇"、"盟"等形，「甲辰貞，其大邘。王自甲，盟用白豕九」（殷契粹編·第七十九片），得知殷代"盟"已用牲畜爲盟了。

西周時期，會盟例漸多，屢見史籍：「周武有孟津之誓，成有岐陽之蒐，康有酆宮之朝，穆有塗山之會。」（左昭四年）「昔周公、太公股肱周室，夾輔成王，成王勞之而賜之盟曰『世世子孫無相害也，載在盟府』」（左僖二十六年）由此可知西周時期之會盟已普遍運用。

至於論其典制者，周禮秋官司盟職云：「掌盟載之法，凡邦國有疑會同，則掌其盟約之載，及其禮儀。北面昭明神，既盟則貳之。」是以天子巡守方岳，或王命征討有罪，皆有會遇之禮以親之。至若諸侯相於平居久無事。使卿相問，則行聘問之禮。周禮秋官大行人云：「凡諸侯之邦交，歲相問也，殷相聘也，世相朝也。」是儀禮備載聘問之禮。

〔註1〕授兵必於太廟，隱公十一年傳：「鄭伯將伐許，五月甲辰，授兵於大宮。」可相爲證。

然諸侯相盟，或盟以結好，或盟以禦外，於禮無徵。言朝、聘、會、盟之制者，經籍載有：

△尚書周官：六年五服一朝，又六年，王乃時巡，考制度於四岳。諸侯各朝於方岳，大明黜陟。

△禮記王制：諸侯之於天子也，比年一小聘，三年一大聘，五年一朝，天子五年一巡守。

△周禮春官大宗伯：時見曰會，殷見曰同。注：「十二歲，王若不巡守，則六服盡朝，朝禮既畢，王亦爲壇，合諸侯以命政焉。」秋官大行人注近同。

見於左傳者：

△文公十五年傳：諸侯五年再相朝，以脩王命，古之制也。

△昭公三年傳：子大叔向曰：「昔文、襄之霸也。其務不煩諸侯，令諸侯三歲而聘，五歲而朝，有事而會，不協而盟。」

△昭公十三年傳：叔向曰：「明王之制，使諸侯歲聘以志業，間朝以講禮，再朝而會以示威，再會而盟以顯昭明。」

注：「三年而一朝，正班爵之義，率長幼之序。六年而一會，以訓上下之則，制財用之節。十二年而一盟，所以昭信義也。凡八聘、四朝、再會、王一巡守，盟于方嶽之下。」

周室微，巡守之禮不行，方岳之會無之。賈逵、服虔以爲歲聘、間朝是朝天子之法，三年聘、五年朝、爲諸侯自相朝之制；崔靈恩以爲歲聘、間朝是朝霸王之法，三年聘、三年朝是朝天子之法。縱觀春秋二百四十二年，或諸侯相朝，或朝霸主，或相會盟，皆無定期，如太叔言：「有事而會，不協而盟」是也，黃以周禮書通故：「要之，周初之制與古制未必同，春秋之制，又未必同周初。」（第二九·頁5）

傳云「五年再相朝，古之制也」；與王制說同，是古時或行此制，且就傳文言之，文公十一年曹伯來朝，十五年又朝，其義合。蓋春秋之世，兼行古禮。秦蕙田五禮通考：「古諸侯有會、盟、遇之禮，皆因朝覲天子而後修之，以獎王室，睦鄰好。春秋之世，諸侯不尊天子，而假此禮以行之，故荀卿、穀梁子有盟詛不及三王之論，非古無是禮也。」又尚書、周禮皆載十二歲王一巡守，昭公十三年傳云亦同，經義皆合。又周禮秋官大行人：「六服者，侯服歲一見，甸服二歲一見，男服三歲一見，采服四歲一見，衛服五歲一見，

要服六歲一見。」與昭公十三年傳云「六年一會」皆同，無相違之禮。是知禮制雖在，然春秋亂世，朝、聘、會、盟皆無定期，實乃當時變禮。

依左氏隱公三年傳：「冬，齊、鄭盟于石門，以尋盧之盟也。」注：「盧盟在春秋前。」得知諸侯相盟有自來矣，非始於春秋。是以善化皮錫瑞云：「不得據古制疑春秋制爲誤，亦不必以春秋制詆古制爲非。」（王制箋）洵爲篤論。

登壇歃血，方成盟禮，盟主先歃，依左傳全文得知爭先歃盟者二：一爲襄公二十七年，晉、楚爭先；一爲哀公十三年，吳、晉爭先。晉、楚爭先，晉以「固爲諸侯盟主」爲由先歃之，楚以「諸侯歸晉之德只，非歸其尸盟。」且以「子務德，無爭先」爲理，終以楚公先歃。吳、晉爭先，吳以「於周室，我爲長。」，晉以「於姬姓，我爲伯。」相爭，晉終以「少待無與爭」，讓吳公先歃，〔註2〕由此可證知，諸侯爭伯，仍秉「禮」義行事，雖大國亦不得異說，持禮讓爲國，各懷信義。春秋雖爲亂世，朝聘會盟，仍重邦交之禮，筆削大義，殆盡於是乎。

第二節　會盟於春秋時之特色

自平王遭犬戎之難，東遷洛邑以降，疇昔盛世，已告衰竭，周室徒具虛名，政由方伯。既乏共主一令天下，則有事而會，不協則盟，或釋疑，或禦外，時會盟紛然蔚起。

〔註2〕吳、晉爭先，依左傳爲「乃先晉人」。茲依俞樾茶香室經說及國語吳語，定爲「吳公先歃」是說如下：

〔俞樾〕蓋此傳之文，與襄公二十七年宋之盟相準，彼傳云：「晉、楚爭先。晉人曰：『晉固爲諸侯盟主，未有先晉者也。』楚人曰：『子言晉、楚匹也，豈專在晉？』叔向謂趙孟曰：『諸侯歸晉之德只，非歸其尸盟也。子務德，無爭先。且諸侯盟，小國固必有尸盟者，楚爲晉細，不亦可乎？』乃先楚人。此傳云：「吳、晉爭先。吳人曰：『於周室，我爲長。』晉人曰：『於姬姓，我爲伯。』趙鞅呼司馬寅曰：『日旰矣，大事未成，二臣之罪也，建旗整列，二臣死之，長幼必可知也。』對曰：『請姑視之。』反，曰：『肉食者無墨，今吳王有墨，國勝乎？大子死乎？且夷德輕，不忍久，請少待之。』乃先晉人。」二傳之文兩兩相準，彼傳先述晉、楚爭先之言，乃載叔向、趙孟兩人之語，其意在「務德無爭先」，故繼之曰：「乃先楚人」，此傳先述吳、晉爭先之言，又載趙鞅、司馬寅兩人之語，其意在「請少待之」，杜注曰：「少待無與爭」，故繼之曰：「乃先吳人」，若作「乃先晉人」，則上文吳、晉爭先，吳固未肯讓晉、晉人又不欲與爭，此「乃先晉人」之句，不與上文相背乎？

〔吳語〕吳公先歃，晉侯亞之，今準此二說，以「乃先吳人」爲說。

　　周室微，諸侯爭權，甚而上陵天子，如周、鄭繻葛之戰，祝聃射王中肩（桓公五年）。鄭伯之享王，由王予虢公以爵，賜鄭文以鑒鑑，由是惡於王（莊公二十一年）。待王使伯服、游孫伯如鄭請滑，鄭文公不聽王命，且執二子（僖公二十四年）。楚莊王之觀兵問鼎（宣公三年），晉大夫閻嘉與周大夫甘爭閻田（昭公九年），其例不勝枚舉。

　　再者，雖天子勢微，諸侯仍以獎王室為名以召令天下。如：衛州吁弒桓公而自立，問石厚何以可定君位，石厚問計於其父，石碏曰：「覲王則可」（隱公四年）。齊桓伐楚，其由有二：一為不向周王納貢苞茅，王祭不共，無以縮酒。一為周昭王伐楚溺斃於漢水（僖公四年），狐偃言於晉侯曰：「求諸侯，莫如勤王。諸侯信之，且大義也。」（僖公二十五年）洮之盟，謀王室也（僖公八年）。黃父之會，謀王室也（昭公二十五年）。同盟于亳，獎王室（襄公十一年）。或有抗王室之舉，仍以同尊周室為其旨，是以春秋大義，蓋寓有褒貶之深義焉。時繫各國之安危者，即為會盟，是以會盟實為春秋時代之一大特色。劉向云：「聘覲以相交，期會以相一，盟誓以相救。天子之命，猶有所行，會享之國，猶有所恥。」（戰國策書錄）

　　會盟主以平息爭端，亦有偽盟以臻其事者：如秦人坎血加書，偽與子儀、子邊盟，商密因而降秦（僖公二十五年）。寺人伊戾為宋平公太子痤之內師而無寵，坎牲加書，偽作太子與楚客盟，使公囚太子（襄公二十六年）。宋寺人柳有寵，太子惡之，華合比欲殺之以媚太子，柳聞之，坎牲埋書，偽作華合比盟亡人之族，公遂逐華合比（昭公六年），會盟之舉，乃信實之證，藉以偽盟，欲成其事。亦有恃盟國之援，以致塗敗者，如楚滅黃，宋恃晉援，直戰至「易子而食，析骸以爨」之境，大體言之，會盟仍以「同恤災危、備救凶患」為要。

　　值此天子威令不行於諸侯，諸侯無所統一而自相會盟之時，其會盟之特色，可就內安諸夏及外攘夷狄兩者內外通貫言之。

一、內安諸夏

　　舉凡討不庭、納公、立侯、救患、分災，莫不藉會盟以成之。

（一）討不庭

　　△宋公不朝，鄭伯為王左卿士，以王命討之，故隱公九年防之會，十年

中丘之會，皆爲伐宋不王而會。

△魯叔孫豹、晉荀偃、宋向戌、衛甯殖、鄭公孫蠆、小邾之大夫盟，曰：
「同討不庭。」（襄公十六年）

諸侯有異志，不忠於盟，皆云討不庭。

（二）定　位

△桓公十六年，袤之會，鄭厲出奔，謀納厲公。

△僖公九年，葵丘之盟，周襄王新立。

△文公七年，扈之盟，立晉侯。

△文公十年，女栗之盟，頃王立之故。

△昭公二十五年，黃父之會，周室因子朝之亂，謀納敬王回宮。

△昭公二十六年，鄟陵之盟，魯昭被逐，謀納公。

是納公定位皆主盟會。

（三）救患分災

△僖公元年：楚人伐鄭，鄭即齊故也。盟于犖，謀救鄭也。

△成公十二年：晉、楚盟於宋西門之外，曰：「凡晉、楚無相加戎，好惡
同之。同恤菑危，備救凶患。若有害楚，則晉伐之；在晉，楚亦如之。
交贄往來，道路無壅，謀其不協，而討不庭，有渝此盟，明神殛之。
俾隊其師，無克胙國。」

△哀公六年：楚、陳有盟，不可以不救。

△國語・魯語上：魯饑，臧文仲言於莊公曰：「夫爲四國之援，結諸侯之
信，重之以婚姻，申之以盟誓，固國之艱急是爲。」（頁157）

其如劉向「期會以相一，盟誓以相救」之語也。

二、外攘夷狄

周之先祖，世居西陲，華、戎雜處，依載昭王事蹟之銘文宗周鐘：「南國
服子，敢陷虐我土，王敦伐其至，撲伐其都，服子迺遣間而逆邵王，南夷、
東夷具見廿又六邦。」時王朝率師伐夷都，致其遣使求和，臣服之夷邦二十
有六，得見周室之聲威遠播矣。然勢強得以外馳疆域，國衰則受外患要脅，
竹書紀年載：「成王二年，奄人、徐人及淮夷入于邶以叛。」「穆王十三年，
徐夷侵洛。」其時外患頻仍，侵擾未斷。

　　直至春秋，華、戎猶雜處。魯隱公二年傳云：「公會戎于潛。」魯哀公十七年傳敘衛莊公登城見戎州，可為見證。故公羊傳有：「南夷與北狄交，中國之不絕若線。」（僖公四年）之語。

　　時齊桓以會盟諸夏之侯，遏抑戎狄與楚師之進犯。齊世家云：「桓公二十三年，山戎伐燕，燕告急於齊。齊桓公救燕，遂伐山戎，至於孤竹而還。燕莊公遂送桓公入齊境，桓公曰：『非天子，諸侯相送不出境，吾不可無禮於燕。』於是分溝割燕君所至與燕，命燕君復修召公之政，納貢於周，如成、康之時。諸侯聞之，皆從齊。」（卷三二·頁1488）此即魯莊公三十年，山戎伐燕，齊桓伐之之事。魯閔公元年，狄人伐邢，管仲言於齊侯曰：「戎狄豺狼，不可厭也，諸夏親暱，不可棄也。」齊人救邢。閔公二年，狄入衛，齊侯使公子無虧帥車三百乘，甲士三千人以戍曹。僖公四年，齊侯率八國諸侯盟於召陵，未戰而退楚師，挫楚銳勢。僖公十年，齊侯、許男伐北戎。攘夷狄、扼楚師之役多矣。北伐山戎，南伐楚，東略淮夷，西逐赤狄，樹尊攘之功。顧棟高春秋大事表：「脫無齊桓，而天下之勢將遂折而入于楚。」（表二六敘）

　　晉文創霸，以城濮一戰（魯僖公二十八年）踐土之會為盛。時城濮一勝，天下諸侯翕然宗晉，楚師一敗而南奔，誠乃銷荊蠻之熾燄，振中原之聲威。馬繡云：「召陵之師，較晉為逸，而城濮之績，視齊為烈，時勢不同，遲速異效。」（事緯·卷三·頁271）盟於踐土，從之者有齊、宋、魯、蔡、鄭、衛、莒諸國，陳侯亦會之，晉文之伯，此為最盛。後晉侯常殲滅四周之戎狄，如僖公三十三年，晉人敗狄于箕。宣公十六年，晉人滅赤狄甲氏及留吁。昭公十二年，晉伐鮮虞。是齊桓、晉文並稱於世，其功莫大於止夷狄入主中原。

　　顧炎武《日知錄》云：「春秋時猶尊禮重信，而七國絕不言禮與信矣；春秋時猶宗周王，而七國絕不言王矣；春秋時猶嚴祭祀，重聘享，而七國則無其事矣；春秋時猶論宗姓氏族，而七國則無一言及之矣；春秋時猶宴會賦詩，而七國則不聞矣；春秋時猶有賦告策書，而七國無有矣。」

　　由上得證：春秋時之會盟，實具時代之義意及歷史價值，當會盟行使不力，戰國時代之開啟，亦是當然耳！

第二章　會盟之儀節

結盟儀式，大體可分請期、告廟、贄見、登壇歃血、設享宴、歸饔餼，分述如下：

第一節　結盟之法

一、請　期

△左氏隱公八年傳：齊侯將平宋、衛，有會期。宋公以幣請於衛，請先
　　相見，衛侯許之，故遇于犬丘。

△左氏襄公五年傳：吳子使壽越如晉，辭不會于雞澤之故，且請聽諸侯
　　之好。晉人將爲之合諸侯，使魯、衛先會吳，且告會期。

△左氏襄公二十四年傳：齊侯既伐晉而懼，將欲見楚子。楚子使薳啓疆
　　如齊聘，且請期。

△左氏襄公二十七年傳：皆告於小國，爲會于宋。

諸侯會盟，先遣行人往聘而請期。行人爲傳令之人，周禮秋官有大行人，
掌大賓之禮及大客之儀；小行人掌使適四方，協九儀賓客之事。入則擯相應
對，出則朝聘會盟，是以行人使命特重，其能嫻禮辭暢，方不辱君命。其有
名者如燭之武退秦師（左傳公三十年）其云：

　　「秦、晉圍鄭，鄭既知亡矣。若亡鄭而有益於君，敢以煩執事。越
　　國以鄙遠，君知其難也。焉用亡鄭以陪鄰，鄰之厚、君之薄也。若
　　舍鄭以爲東道主，行李之往來，共其乏困，君亦無所害，且君嘗爲
　　晉君賜矣，許君焦、瑕，朝濟而夕設版焉，君之所知也。夫晉、何

厭之有？既東封鄭，又欲肆其西封。若不闕秦，將焉取之？闕秦以

利晉，唯君圖之。」秦伯說，與鄭人盟。

燭之武實爲行人中之翹楚，其對秦伯應對，言詞稜厲，代鄭伯發言，終使鄭國倖存免亡。

二、告　廟

諸侯凡朝天子、聘問諸侯、或與盟會、或出師攻伐，行前親以幣帛祭告祖禰，返之亦親告之。左氏桓公二年傳：「公行，告於宗廟，反行，飲至、舍爵、策勳焉，禮也。」祭告後，合群臣飲酒，是謂歸而飲至，儀禮聘禮備載釋幣告禰之禮。其有功者，且書之於策，謂之策勳或書勞。

若過邦假道，則遣大夫取幣入告，據聘禮，誓于其境，則史讀書，司馬執策（卷十九・頁10）；至所聘盟之國，賈人拭圭，有司展幣，是知聘問會盟之使甚眾。左氏文公十五年傳：「三月，宋華耦來盟，其官皆從之。」可爲茲證。東道國則由下大夫取其幣帛入告，同意借道，則接受幣帛，並給予飲食，然亦有國君親往慰勞者，如左氏昭公五年傳：「過鄭，鄭伯勞子蕩于氾，勞屈生于菟氏。」是勞令尹於氾，勞莫敖於菟氏，此乃當時變禮。

三、贄　見

會盟之初，行相見禮，如左氏定公八年傳：「公會晉師于瓦，范獻子執羔，趙簡子、中行文子皆執雁，魯於是始尚羔。」杜注「禮，卿執羔，大夫執雁，魯則同之，今始知執羔之尊也。」此贄見禮，須依身分贄物行相見禮，儀禮士相見禮「上大夫相見以羔」又「下大夫相見以雁」是會盟之前，例行相見儀式。

四、登壇歃血

（一）殺牲歃血

禮記曲禮：「約信曰誓，涖牲曰盟。」疏云其盟法：「先鑿地爲方坎，殺牲於坎上，割牲左耳，盛以珠盤，又取血盛以玉敦，用血爲盟書，成乃歃血而讀書。」鑿地爲坎即爲築壇，這種殺牲歃血爲盟，乃最常見結盟方式。然觀春秋經、傳，則多特例，如用牲而不殺者，左氏昭公元年傳：「楚令尹圍請用牲，讀舊書，加于牲上而已。」穀梁僖公九年傳：「葵丘之盟，陳牲而不殺。」

孟子亦云：「葵丘之會，諸侯束牲載書而不歃血」（告子）在侯馬所出之盟誓遺址中，亦得佐證，「牲畜不一定殺死，而是有活埋的，或是部份活埋的。」（侯馬東周盟誓遺址）

　　或不以牲，以珪璧而成盟。如左氏襄公三十年傳：「游吉如晉還，聞難，不入。復命于介。八月甲子，奔晉。駟帶追之，及酸棗。與子上盟，用兩珪質于河。」其於侯馬所出之盟誓遺址中，亦有所見：「底部貯放有兩堆盟書和四件玉璜。」可證有以玉代牲爲盟事。

　　亦有歃血而不以牲爲盟者，如孟任割臂以盟公（左莊公三十二年），王割子期之心以與隨人盟（左定公四年），此乃殊例。

（二）執牛耳

　　殺牲歃血爲盟者，其意若違盟，有如此牲也。其盟具，由小國備籌，是謂尸盟。「且諸侯盟，小國固必有尸盟者。」（左襄公二十七年）諸侯盟牲，大都用牛，告誓時則有執牛耳一事：

　　△左氏定公八年傳：晉師將盟衛侯于鄟澤。趙簡子曰：「群臣誰敢盟衛君者？」涉佗、成何曰：「我能盟之。」衛人請執牛耳。成何曰：「衛，告溫、原也，焉得視諸侯？」將歃，涉佗捘衛侯之手，及捥。

　　※「衛人請執牛耳」下，孔疏：「盟用牛耳，卑者執之，尊者涖之。」是衛國固小，且弱於晉，但與衛侯相盟者爲晉大夫，則衛侯爲尊，衛人請晉臣執牛耳，惟晉以衛小，可比晉之縣邑，不得從諸侯禮。黃以周禮書通故謂「主盟者執牛耳」（第三十・頁18）證於左傳，則不盡同。

（三）盟　書

　　盟書在文獻典籍中通稱爲「載書」，周禮司盟：「掌盟載之法」注：「載，盟誓也，盟者書其辭與策，殺牲取血，坎其牲，加書於上而埋之，謂之載書。」盟書除以正本坎牲外，另有副本，藏於盟府，周禮秋官司盟：「既盟則貳之。」

　　△左氏僖公五年傳：虢仲、虢叔，王季之穆也，爲文王卿士，勳在王室，藏於盟府。

　　△左氏僖公二十六年傳：昔周公、大公股肱周室，夾輔成王，成王勞之，而賜之盟，曰：「世世子孫無相害也。」載在盟府，大師職之。

　　△左氏襄公十一年傳：夫賞、國之典也，藏在盟府。

　　由此觀之，其云「盟府」主掌功勳賞賜，兼載盟誓，則周禮秋官司盟僅

掌盟載之法，當不盡相同。

其正本坎牲，或埋於地下，故今可得河南沁陽所出之晉國盟書及山西侯馬盟書；或沉於河中，左氏定公十三年傳：「載書在河」注：「爲盟書沉之河。」

五、設享宴

會盟之後，設有享宴以禮嘉賓。如：

△左氏文公三年傳：「公如晉，及晉侯盟。晉侯饗公，賦菁菁者莪，……公賦嘉樂。」

△左氏文公十三年傳「……鄭伯會公於棐，……鄭伯與公宴於棐，子家賦鴻雁。……。」

△左氏文公十五年傳「宋華耦來盟，……公與之宴。」

△左氏成公十二年傳「晉郤至如楚聘，且涖盟，楚子享之。」

△左氏襄公二十七年傳「爲會于宋，……宋人享趙文子。」

今傳儀禮十七篇中，僅存燕禮（宴），或以古有饗（享）禮，楊寬：「春秋時，天子、諸侯、卿大夫間流行著一種饗禮，作爲招待賓客的隆重禮節。」（古史新探·頁 294）楊寬以爲饗禮「實際上是一種高級鄉飲酒禮」。

△左氏宣公十六年傳：王享有體薦，宴有折俎，公當享，卿當宴，王室之禮也。

△左氏成公十二年傳：郤至之言曰：「諸侯間於天子之事，則相朝也，於是乎有享、宴之禮。享以訓共儉，宴以示慈惠。」

享有「體薦」者，享禮隆重，陳列有"半解其體"之牲，謂之"體薦"；宴有「折俎」者，陳列有折斷之牲，謂之"折俎"。一示誠敬，一示安和，則禮義有殊。至若饗宴之異同，周何先生「春秋燕禮考辨」一文足資參證。

六、歸饔餼

會盟事畢，主人歸賓以饔餼。儀禮聘禮：「君使卿韋弁歸饔餼以五牢」下，注：「殺曰饔，生曰餼。」是致饔餼於賓，爲禮也。

△左氏桓公十四年傳：會于曹，曹人致餼，禮也。

△左氏僖公二十九年傳：春，公在會，饋之芻、米，禮也。

△左氏哀公十二年傳：子服景伯謂子貢曰：「夫諸侯之會，事既畢矣，侯伯致禮，地主歸餼，以相辭也。」

禮記聘義云：「主國待客，出入三積，餼客於舍，五牢之具陳於內，米三十里，禾三十車，芻薪倍禾，皆陳於外，乘禽日五雙，群介皆有餼牢，壹食再饗，燕與食賜無數，所以厚重禮也。」若據儀禮聘禮歸饔餼於賓介章所陳，則尤為完備。是以諸侯相會，地主饋饔餼於賓，左氏云其禮也。

第二節　相關問題

一、詛

左傳文中可見之詛者有：

△左氏隱公十一年傳：鄭伯使卒出豭，行出犬、雞，以詛射潁考叔者。君子謂鄭莊公：「失政刑矣。政以治民，刑以政邪。既無德政，又無威刑，是以及邪。邪而詛之，將何益矣。」

△左氏宣公二年傳：初，麗姬之亂，詛無畜群公子。

△左氏襄公十一年傳：盟諸僖閎，詛諸五父之衢。

△左氏襄公十七年傳：子罕曰：「宋國區區，而有詛有祝，禍之本也。」

△左氏昭公二十年傳：民人若病，夫婦皆詛。祝有益也，詛亦有損。……雖其善祝，豈能勝億兆人之詛。

△左氏定公五年傳：己丑，盟桓子于稷門之內。庚寅，大詛逐公父歜及秦遄，皆奔齊。

△左氏定公六年傳：陽虎又盟公及三桓於周社，盟國人于亳社，詛于五父之衢

周禮春官詛祝職：「詛祝掌盟、詛、類、造、攻、說、禬、禜之祝號。」

注：「大事曰盟，小事曰詛。」

疏：「盟者盟將來，春秋諸侯會，有盟無詛，詛者詛往過，不因會而為之。」

詛是古人為祭神時，使之加禍於某人之儀式，依隱公十一年傳載，其以豕、犬、雞詛人，《詩小雅‧何人斯》：「出此三物，以詛爾斯，」毛傳云：「三物，豕、犬、雞也。」其說詛牲三物與左傳同。至若鄭注云：「大事曰盟，小事曰詛」，觀「盟」「詛」於左傳，究有不同：

依左氏襄公十一年、定公五年、定公七年所敘，皆盟後有詛，且對同一事而發，無大小之別；又左氏昭公二十二年傳云：「豈能勝億兆人之詛」，則

「詛」亦非小事。詛盟連稱者，實因皆殺牲歃也，告誓明神，又於山西侯馬盟書中，盟辭以朱筆書之，詛辭以墨筆書之以示區分。

　　縱觀所述。則「盟」「詛」終究有所別矣。「盟」乃盟誓約辭，「詛」爲對違背誓約者的詛咒，至於處罰方式，並無具體記載。

二、質

　　左傳文中可見質者，凡三類：

（一）第一類

　　△左氏隱公三年傳：故周、鄭交質。王子狐爲質於鄭，鄭公子忽爲質於周。

　　△左氏僖公十五年傳：子桑曰：「歸之而質其大子，必得大成。」

　　△左氏僖公十七年傳：夏，晉大子圉爲質于秦。

　　△左氏文公十七年傳：晉鞏朔行成於鄭，趙穿、公壻池爲質焉。

　　△左氏文公十七年傳：多十月，鄭大子夷、石楚爲質於晉。

　　△左氏宣公四年傳：王以三王之子爲質焉，弗受。

　　△左氏宣公十二年傳：潘尫入盟，子良出質。

　　△左氏宣公十五年傳：子反懼，與之盟而告曰王，退三十里，宋及楚平。華元爲質。

　　△左氏宣公十八年傳：齊侯會晉侯盟于繒，以公子彊爲質于晉。

　　△左氏成公二年傳：必以蕭同叔子爲質，而使齊之封內盡東其畝。

　　△左氏成公二年傳：冬，公衡爲質，以請盟。

　　△左氏成公六年傳：秋八月，宋公子圍龜爲質于楚而歸。

　　△左氏成公十年傳：鄭子罕賂以襄鐘，子然盟以脩澤，子駟爲質。

　　△左氏襄公元年傳：齊大子光爲質于晉。

　　△左氏襄公十年傳：公孫黑爲質焉。

　　△左氏昭公十三年傳：遷許而質許圍。

　　△左氏昭公二十年傳：癸卯，取大子欒與母弟辰、公子地以爲質。公亦取華亥之子無慼，向寧之子羅、華定之子啓，與華氏盟，以爲質。

　　△左氏昭公二十六年傳：請納質，弗許，曰：「信女，足矣。」

　　△左氏定公三年傳：蔡侯如晉，以其子元與其大夫之子爲質焉，而請伐

楚。

△左氏定公四年傳：秋，蔡侯因之，以其子乾與其大夫之子為質于吳。

△左氏哀公十四年傳：六月，使左師巢伐之，欲質大夫以入焉。

（二）第二類

△左氏襄公三十年傳：與子上盟，用兩珪質于河。

（三）第三類

△左氏僖公二十三年傳：多，對曰：「子之能仕，父教之忠，古之制也。
策名，委質，貳乃辟也。」

△左氏成公十一年傳：范文子曰：「是盟也何益？齊盟，所以質信也，會
所，信之始也，始之不從，其可質乎？」

△左氏襄公九年傳：十二月癸亥，……且要盟無質，神弗臨也。

△左氏昭公十六年傳：楚子聞蠻氏之亂也與蠻子之無質也。

△左氏哀公二十年傳：十一月，趙孟曰：「黃池之役，先主與吳王有質，
曰：『好惡同之』。」

「質」原指盟誓時，參盟人對鬼神所獻之信物，春秋時交質之物，大都
為人，如第一類；其「質」為物者，左傳僅見一處，如第二類。第三類者，
多釋質信，唯左氏僖公二十三年傳云「策名、委質」，「委質」為何？杜注：「屈
膝」，國語晉語：「臣委質于狄之鼓，未委質于晉之鼓也。（晉語九・頁 485）
注：「質，贄也。」又「臣聞之委質為臣，無有二心，委質而策死，古之法也。」
（同上）注：「言委贄于君，書名于冊，示必死也。」則第三類所論之者同第
一類。

山西侯馬盟書中可析出委質類，不僅僅指信物而言，且有委質己身於新
君之意。楊伯峻春秋左傳注引楊寬贄見禮新探「委贄就是質附給主人，不再
收還。」（頁 403）綜觀所述，交質還歸，是春秋時代常見之事，至若委質新
君，自獻其身，以示永不叛離，則為春秋盟誓中一大特色。

第三章　會

第一節　諸侯相會

一、至自會

△春秋僖公十五年經：九月，公至自會。

△春秋僖公十七年經：九月，公至自會。

左氏僖公十七年傳：九月，公至，書曰至自會，猶有諸侯之事焉，且
諱之也。

△春秋文公十四年經：公至自會。

△春秋宣公八年經：春，公至自會。

△春秋宣公十七年經：秋，公至自會。

△春秋成公六年經：春，王正月，公至自會。

△春秋成公七年經：秋，公至自會。

△春秋成公九年經：公會晉侯、齊侯、宋公、衛侯、鄭伯、曹伯、莒子、
杞伯同盟于蒲，公至自會。

△春秋成公十五年經：公至自會。

△春秋成公十六年經：秋，公至自會。

△春秋成公十六年經：十有二月乙丑，公至自會。

△春秋成公十七年經：秋，公至自會。

左氏十七年傳：楚子重救鄭，師于首止，諸侯還。

△春秋襄公三年經：夏四月壬戌，及晉侯盟于長樗。公至自會。

△春秋襄公三年經：秋，公至自會。

△春秋襄公五年經：春，公至自會。

△春秋襄公五年經：秋，公至自會。

△春秋襄公十年經：夏五月，公至自會。

△春秋襄公十一年經：公至自會。

△春秋襄公十六年經：夏，公至自會。

△春秋襄公二十年經：秋，公至自會。

△春秋襄公二十二年經：春，公至自會。

△春秋襄公二十二年經：冬，公至自會。

△春秋襄公二十四年經：冬，公至自會。

△春秋襄公二十五年經：公至自會。。

△春秋昭公十三年經：秋，公至自會。

△春秋昭公二十六年經：秋，公至自會。居于鄆

△春秋定公四年經：七月，公至自會。

△春秋定公十四年經：秋，公會齊侯、衛侯于牽，公至自會。

△春秋哀公十三年經：秋，公至自會。

凡書公至自會者，二十有八，大抵無傳文爲說。春秋桓公二年經：「公至自唐」，左氏傳：「公至自唐，告于廟也。」孔疏引釋例云：「凡盟有一百五，公行一百七十六，書至者八十二，其不書至者九十四，皆不告廟也。」是書至者，皆歸而告於廟者也。佐證其他：

△左氏桓公十六年傳：公至自伐鄭，以飲至之禮也。

△左氏襄公十三年傳：公至自晉，孟獻子書勞于廟，禮也。

註：「告廟飲至」之禮，說詳見第二章。是書公至自會者，皆歸而告廟也。

春秋雖爲亂世，就「公至自會」而論，直到魯哀公時，都能行禮如儀。

二、一般諸侯相會

1. 春秋隱公二年經：春，公會戎于潛。

左氏隱公二年傳：春，公會戎于潛，修惠公之好也。

按：春秋時，夷狄雜居中夏，戎與惠公，本爲友好，今隱公與會，修先
君之好，故云修好。

　　　張洽春秋集註：「隱公明內外之辨，修戎政而絕其好，會可也，不能絕之，因與爲禮，登戎狄於堂陛，遂來其盟誓之請，雖辭於今，竟不能卻，而與盟於後。」（卷一・頁 3）

　　　潛，杜注爲魯地，程發軔之春秋左氏傳地名圖考亦主杜說爲近（頁106），則是戎來而我會之，魯自開國，世受戎患，此會乃先公世盟有不得不修者也。

2. 春秋隱公九年經：冬，公會齊侯于防。

　　左氏隱公九年傳：冬，公會齊侯于防，謀伐宋也。

按：家鉉翁春秋詳說：「魯啗於歸祊之利，齊背瓦屋之盟，連兵而伐與國，內揣有愧，故相與假王命以興伐宋之師，非王意也。」（卷二・頁 26）

　　毛奇齡春秋毛氏傳云：「以陰謀伐宋之舉，則直利其有，且以舒怨，非王師矣。」（卷一二四・頁八）夫子曲記其事，以見微意。

3. 春秋隱公十年經：春，王二月，公會齊侯，鄭伯于中丘。

　　左氏隱公十年傳：春，王二月，公會齊侯，鄭伯于中丘。

按：防之會、中丘之會，皆爲伐宋不王而會。

4. 春秋隱公十一年經：夏，公會鄭伯于時來。

　　左氏隱公十一年傳：夏，公會鄭伯于郲，謀伐許也。

按：顧棟高春秋大事表十七下引吳澂云：「鄭莊以小利餌，魯隱既與之伐宋，爲鄭報怨矣。又與之同伐許，爲鄭益地，許與鄭接壤，鄭之所利，齊、魯無與也。鄭伯以計鉤致齊、魯之君，而借其兵力以吞併小國耳。」（頁 6）

　　家鉉翁春秋詳說：「隱之動之於利也，得祊之餌而偕鄭伐宋，得宋之郜與防，而利心愈熾，復偕鄭入許。」（卷二・頁 29）

　　鄭借魯之力，併吞小國，故有此會。

5. 春秋桓公元年經：三月，公會鄭伯于垂，鄭伯以璧假許田。

按：家鉉翁春秋詳說：「春秋初年，弒君篡國者，皆求援於強鄰，以庇其身而免於討，桓之爲此會，求援於鄭莊也。」（卷三・頁 3）

　　張洽春秋集註：「公篡立而懼諸侯之討己，欲外結好以自固，因鄭伯嘗歸祊以易許田而未遂，乃求好於鄭，鄭亦欲乘此機遂求許田，故與桓公會於垂。」（卷二・頁 1）

　　其時宋、齊、鄭爲強國，鄭莊尤以善兵，爲諸侯所畏服，桓公篡立，

懼四鄰仗義致討，急欲自固，鄭莊乘魯有急而與之會也。亦非以祊易田，乃其有罪脅而取之，互有所求，因以爲會。

6. 春秋桓公二年經：公會齊侯、陳侯、鄭伯于稷，以成宋亂。

　　左氏桓公二年傳：春，會于稷，以成宋亂，爲賂故，立華氏也。

按：楊伯峻春秋左傳云：「華氏爲弒君之賊，然公子馮出居於鄭，鄭莊實欲納之，宋殤公及孔父之屢與宋交戰，亦爲公子馮故。今華督殺殤公及孔父而迎立公子馮，實鄭莊之所欲，稷之會，實欲成就此事，且樹立華氏之政權，故華氏於各國皆有賄賂。」（頁85）

趙鵬飛春秋經筌：「諸侯一會於稷而督命重於九鼎，馮位安於泰山，則宋之亂，非稷之會不成也。」（卷二・頁7）

諸侯會稷，欲平宋亂。因受賂而立華氏，所謂平宋亂而立亂也。

7. 春秋桓公二年經：秋七月，蔡侯、鄭伯會于鄧。

　　左氏桓公二年傳：蔡侯、鄭伯會于鄧、始懼楚也。

按：是年爲楚武王三十一年，中原諸國患楚自此始。依左昭公十二年傳述楚右尹子革之言：「昔我先王熊繹，辟在荊山。」則知荊乃楚之本號，以地名爲國號耳。楚武王僭號稱王，憑陵江漢，鄧先患之，故會蔡於其國，始懼楚也。

8. 春秋桓公三年經：春正月，公會齊侯于嬴。

　　左氏桓公三年傳：會于嬴，成昏于齊也。

按：古時娶妻必於黃昏，故云成昏。據儀禮士昏禮，昏禮有六：納采、問名、納吉、納徵、請期、親迎。見於春秋及三傳者，唯納幣與親迎。納幣即納徵，納幣之後，昏姻即訂，此云「成昏」，即男方已向女家納幣。親迎禮，諸侯親迎於境上，越境則卿爲君逆（說可參周何先生「春秋親迎」禮辨）

9. 春秋桓公三年經：六月，公會杞侯于郕。

　　左氏桓公三年傳：公會杞侯于郕，杞求成也。

按：杜注：「桓二年入杞，故今來求成。」二年桓公討杞之不敬，入杞，此次杞侯求和，公乃與會于郕。

10. 春秋桓公三年經：九月，公會齊侯于讙。

按：前云親迎禮，諸侯親迎於境上，越境則卿爲君逆，是七月公子翬如齊逆女，至九月，公會齊侯于讙，實桓公之親迎也。讙屬魯地，是

桓公之娶文姜，於禮爲合。

11. 春秋桓公六年經：夏四月，公會紀侯于郕。

左氏桓公六年傳：夏，會于成，紀來諮謀齊難也。

按：齊、鄭欲滅紀（桓公五年），紀爲魯甥，且魯新與齊婚，故紀來共商。

12. 春秋桓公十年經：秋、公會衛侯于桃丘，弗遇。

按：杜注：「衛侯與公爲會期，中背公更與齊、鄭，故公獨往而不相遇也。」

毛奇齡春秋傳：「前六年北戎伐齊，諸侯救之，鄭公子忽有功焉。齊人餼諸侯，使魯爲班次，而魯據周制班，獨後鄭。鄭人怨，請師于齊，齊人以衛師助之。至是公知之，思求成于衛以絕其援，而衛不與會，因之有三國戰郎之役。」（卷一二七・頁2）

13. 春秋桓公十一年經：九月，公會宋公于夫鐘。

按：今秋，折之會，時魯遣大夫柔往會之，今魯桓親會宋公于夫鐘。

14. 春秋桓公十一年經：冬十有二月，公會宋公于闞。

按：今秋有折、夫鐘之會，冬，公又會宋，皆爲謀報鄭之計而會。惡曹之盟，齊、衛、鄭盟同絕魯，魯桓思乘鄭公子突亂，可圖報復。

15. 春秋桓公十四年經：春正月，公會鄭伯于曹。

左氏桓公十四年傳：鄭人來請修好，十四年春，會于曹，曹人致餼，禮也。〔註1〕

按：桓公九年，曹大子來朝，是曹與魯協。去歲冬，鄭不堪宋之求賂，故與紀、魯與宋、衛、燕戰，今鄭人請脩好而會曹地。

16. 春秋桓公十五年經：五月，公會齊侯于艾。

左氏桓公十五年傳：公會齊侯于艾，謀定許也。

按：桓公十三年，齊、魯交兵，未之有合，齊襄新立，復與魯通，然桓公十八年彭生之禍，兆端於此。

17. 春秋桓公十五年經：冬十有一月，公會宋公、衛侯、陳侯于袲，伐鄭。

左氏桓公十五年傳：冬，會于袲，謀伐鄭，將納厲公也，弗克而還。

按：鄭莊在時，子忽長而賢，固已立爲太子，倘突不爭，則忽之立乃名正言順。宋莊之納突，賂使然也。賂怨敵而奪兄位，故有此會。謀伐鄭納突，未克而還。

〔註1〕　此傳文原爲：「十三年傳：鄭人來請修好。」及「十四年春，會于曹，曹人致餼，禮也。」分裂爲二，茲據楊伯峻春秋左傳注，相聯爲一。

18. 春秋桓公十八年經：春王正月，公會齊侯于濼。

左氏桓公十八年傳：公會齊侯于濼，遂及文姜如齊。

按：此會修舊好，桓公與夫人文姜遂如齊。經不書夫人，乃未參與會禮。
　　文姜與齊侯通焉，四月，桓公薨於齊。

19. 春秋莊公十三年經：春，齊侯、宋人、陳人、蔡人、邾人會于北杏。

左氏莊公十三年傳：會于北杏，以平宋亂。

按：會箋：「以諸侯主天下之會，自北杏始。」（第三・頁 37）
　　宋亂於莊公十二年，南宮萬弒閔公，齊會諸侯平其亂。會箋於文公
　　十七年云：「此在宋萬弒君、宋人逐萬立桓公之後，蓋亂後人心洶洶，
　　故會以鎮定之也。」（第九・頁 37）是會乃齊桓主會之始，欲圖霸業，
　　而恐諸侯不從，故與四國之君為此會，以平宋亂。

20. 春秋莊公十五年經：春，齊侯、宋公、陳侯、衛侯、鄭伯會于鄄。

左氏莊公十五年傳：春，復會焉，齊始霸也。

按：齊桓自此始以方伯之禮會諸侯。齊世家：「唯獨齊為中國會盟，而桓
　　公能宣其德，故諸侯賓會。」（卷三二・頁 1490）

21. 春秋莊公二十七年經：春。公會杞伯姬于洮。

左氏莊公二十七年傳：春，公會杞伯姬于洮，非事也。

按：伯姬，魯莊公之女，二十五年經：「伯姬歸於杞」，魯、杞有婚姻之
　　好，依杞世家索隱（卷三六・頁 1584）蓋為杞成公夫人。
　　毛奇齡春秋傳：「是時杞惠公在位，成尚未立，必以事來會，而以未
　　歸寧故，不入國。」（卷一三一・頁 2）杞伯姬於今冬歸寧。

22. 春秋莊公二十七年經：冬，公會齊侯于城濮。

按：此會謀伐衛也。十九年衛人立子頹，時齊桓興伯，並未能勤王討叛，
　　是年冬，王使召伯廖賜齊侯命，且請伐衛，以其立子頹而伐王之故，
　　乃有城濮之會。二十八年，齊人伐衛，敗衛師，責之以王命。
　　韓席籌左傳分國集註：「子頹之禍，基於莊王，起於五大夫，助自蘇
　　氏，而成於衛、燕。」（卷一・頁 8）
　　是子頹之亂，至此止息。

23. 春秋僖公三年經：秋，齊侯、宋公、江人、黃人會于陽穀。

左氏僖公三年傳：秋，會于陽穀，謀伐楚也。

按：僖公二年，楚入侵鄭，故謀伐楚也。江、黃楚之與國，始來服齊。

會箋：「齊桓謀楚，江、黃在楚東北境，可出兵以截齊後者。桓思為萬全之師，亦必得江、黃，而後可以斷其右臂，而皆不能不藉於宋。江、黃既受盟於貫，遂於次年會於陽穀，聽命於會，為伐楚之援。」（二年箋，第五‧頁 9）

24. 春秋僖公九年經：夏，公會宰周公、齊侯、宋子、衛侯、鄭伯、許男、曹伯于葵丘。

左氏僖公九年傳：夏，會于葵丘、尋盟，且修好，禮也。

按：此定王位也，宋襄公新立，然桓公未葬，故稱「宋子」，亦禮例也。宰周公乃王室之太宰，尋盟、修諸侯之好，同尊周室。

25. 春秋僖公十一年經：夏，公及夫人姜氏會齊侯于陽穀。

按：趙鵬飛春秋經筌：「婦人既嫁，有歸寧之禮，無出會之禮。」（卷六‧頁 36）姜氏為齊侯之女，與會，非禮也。

26. 春秋僖公十三年經：夏四月，公會齊侯、宋公、陳侯、衛侯、鄭伯、許男、曹伯于鹹。

左氏僖公十三年傳：夏，會于鹹，淮夷病杞故，且謀王室也。

按：淮夷病杞，且謀王室子帶之難，王室略定，乃為鹹之會，謀王室而致諸侯之戍，秋，諸侯戍周。

27. 春秋僖公十五年經：冬十有二月，公會齊侯、宋公、陳侯、衛侯、鄭伯、許男、邢侯、曹伯于淮。

左氏僖公十六年傳：十二月，會于淮，謀鄫，且東略也。

按：鄫為淮夷所侵凌，故謀救之。齊桓合諸侯觀兵於淮，城鄫，不克而還。桓公霸業至是衰矣。

28. 春秋僖公二十一年經：秋，宋公、楚子、陳侯、蔡侯、鄭伯、許男、曹伯會于盂，執宋公以伐宋。

左氏僖公二十一年傳：秋，諸侯會宋公于盂，子魚曰：「禍其在此乎？君欲已甚，其何以堪之？」於是楚執宋公以伐宋。

按：杜注：「不言楚之執宋公者，宋公無德而爭盟，為諸侯所疾，故總見眾國共執之文。」是年春，鹿上之盟，宋襄主盟，且議定盂之盟期，足見宋襄圖霸之心，然終告破滅。毛奇齡春秋傳：「盂會諸侯，全恃鹿上乃盟，甫踰時而楚反假盂之會直執宋公以伐宋。」（卷一三五‧頁 1）

又云：「此必諸侯惡襄不道，執殺國君，因以此報之。雖假手楚子，實則諸侯共為政。」（同上）是諸侯不堪其所為，執其君且伐其國。據公羊載，會前目夷主兵車以往，宋襄不聽，曰：「不可，吾與之約以乘車之會。」（卷十一・頁 21）終遭楚人執伏。

29. 春秋僖公二十八年經：冬，公會晉侯、齊侯、宋公、蔡侯、鄭伯、陳子、莒子、邾子、秦人于溫。

左氏僖公二十八年傳：冬，會于溫，討不服也。

按：杜注：「討衛、許。」時衛、許尙未服，故謀討之。

30. 春秋文公十三年經：冬，衛侯會公于沓。

左氏文公十三年傳：衛侯會公于沓，請平于晉。

按：魯侯朝晉，適晉經衛，衛成特會之，託其謀求和於晉。

31. 春秋文公十三年經：鄭伯會公于棐。

左氏文公十三年傳：鄭伯會公于棐，亦請平于晉。

按：魯侯朝晉返，鄭伯與會之於棐，以魯為介而求成於晉，衛、鄭不敢直附晉而求之於魯者，蓋魯深睦於晉之故。

32. 春秋文公十七年經：六月，諸侯會于扈。

左氏文公十七年傳：晉侯蒐于黃父，遂復合諸侯于扈，平宋也，公不與會，齊難故也，書曰「諸侯」無功也。

按：會箋：「今晉既立文公，則位既定矣，又合諸侯以平之，而曰『無功者』，其所以鎮定亂後，凡百鹵莽，賞罰不中，雖會猶不會故也。」

（第九・頁 37）

33. 春秋宣公元年經：夏，公會齊侯于平州。

左氏宣公元年傳：會于平州，以定公位。

按：魯宣即位，是年娶齊女，又使季孫行父如齊，復會齊侯於平州。實因魯宣篡立，末列於會，以賂請之也。

趙鵬飛春秋經箋：「宣既立矣，改元即位，又娶於齊，行父且如齊拜成婚，則公之定位已久，何至是而後定哉？齊惠蓋以公之立，皆齊之賜也，故為平州之會，要公而責賂焉。」（卷九・頁 3）宣公雖立，欲得諸侯承認，齊人可取濟西之田，何樂不為。是左氏主定公位，趙鵬飛主此會乃齊志，合而觀之則兩全矣。

34. 春秋宣公九年經：秋九月，晉侯、宋公、衛侯、鄭伯、曹伯會于扈。

左氏宣公九年傳：會于扈，討不睦也，陳侯不會，晉荀林父以諸侯之師伐陳，晉侯卒于扈，乃還。

按：七年黑壤之盟，所以謀不睦，此扈之會，欲以討不睦，時晉、楚爭彊，諸侯之從楚者，即不睦於晉，故晉為扈之會以討之。

35. 春秋宣公十一年經：秋，晉侯會狄于欑函。

左氏宣公十一年傳：秋，會于欑函，眾狄服也。

按：杜注：「赤狄潞氏最強，故服役眾狄。」顧棟高春秋大事表：「晉侯親在會，蓋欲攜赤狄之黨，以絕其援，至十五年遂滅潞氏。」（表三九・頁11）此會乃晉翦赤狄之羽翼，時楚莊方倡義于天下，晉自知其德尚不足以服遠，而特出於勤，是晉大夫郤缺云：「非德，莫如勤，非勤，何以求人？」

36. 左氏成公九年傳：二月，楚子以重賂求鄭，鄭伯會楚公子成于鄧。

按：會箋：「小國求成大國則用賂，而大國求小國亦復如是，是楚衰之驗也。」（表十二・頁68）

37. 春秋成公十六年經：秋，公會晉侯、齊侯、衛侯、宋華元、邾人于沙隨，不見公。

左氏成公十六年傳：會于沙隨，謀伐鄭也。

按：鄢陵之戰，鄭未服，故會謀伐之。晉侯受叔孫僑如之譖、怒而不見公。

38. 春秋襄公十年經：春，公會晉侯，宋公、衛侯、曹伯、莒子、邾子、滕子、薛伯、杞伯、小邾子、齊世子光會吳于柤。

左氏襄公十年傳：春，會于柤，會吳子壽夢也。

按：趙鵬飛春秋經筌：「蓋謀制楚以服鄭而已，不志於伐也。晉、楚爭鄭久矣，晉屢得而屢失之，以不能絕楚之伐鄭也。今吳方張，與楚為鄰，吳、楚兩相忌，楚得吳則足以橫行中華，晉得吳則足以斷楚右臂。」（卷十一・頁22）此會示晉、吳友好，以免楚患矣。

39. 春秋襄公十一年經：秋，公會晉侯、宋公、衛侯、曹伯、齊世子光、莒子、邾子、滕子、薛伯、杞伯、小邾子伐鄭，會于蕭魚。

左氏襄公十一年傳：十二月戊寅，會于蕭魚。庚辰，赦鄭囚，皆禮而歸之；納斥候；禁侵掠。

按：今秋同盟於亳，鄭初服，至此蕭魚之會，鄭方服晉，不復背晉者二十四年。

40. 春秋襄公十六年經：三月，公會晉侯、宋公、衛侯、鄭伯、曹伯、莒子、邾子、薛伯、杞伯、小邾子于溴梁。

左氏襄公十六年傳：春，平公即位，……會于溴梁。

按：晉平公初立，欲繼悼公霸業，故修此會以謀諸侯也。

41. 春秋襄公十九年經：冬，叔孫豹會晉士匄于柯。

左氏襄公十九年傳：冬，齊及晉平，盟于大隧，故穆叔會范宣子于柯。

按：毛奇齡春秋傳：「齊及晉平，盟于大隧。魯懼，故穆叔會范宣子于柯以自固焉。」（卷一四六・頁5）

42. 春秋襄公二十一年經：冬十月，公會晉侯、齊侯、宋公、衛侯、鄭伯、莒子、邾子于商任。

左氏襄公二十一年傳：會于商任，錮欒氏也。

按：欒盈於是年秋逃楚，乃因欒盈好施，范宣子畏其多士，爲逐欒盈故，株連殺戮，晉國不寧，商任與沙隨之會，皆爲禁錮欒盈，使諸侯不得受之，懼盈挾楚以入也。

43. 春秋襄公二十二年經：冬，公會晉侯、齊侯、宋公、衛侯、鄭伯、曹伯、莒子、邾子、薛伯、杞伯、小邾子于沙隨。

左氏襄公二十二年傳：冬，會于沙隨，復錮欒氏也。

按：毛奇齡春秋傳：「復錮欒氏也，夫祇錮其臣而遠召諸國，兩年之間，復兩奔命如此。」（卷一四六・頁9）

44. 春秋襄公二十四年經：秋八月，公會晉侯、宋公、衛侯、鄭伯、曹伯、莒子、邾子、滕子、薛伯、杞伯、小邾子于夷儀。

左氏襄公二十四年傳：秋，會于夷儀，將以伐齊。

按：去歲，齊伐衛、晉，會諸侯于夷儀，謀伐齊以報伐晉之役，冬，楚人乘虛以伐鄭救齊，故此會而未伐，不克而還，是晉不能合諸侯以制楚，夷儀之會無損於齊，而爲鄭招寇也。

45. 春秋襄公二十五年經：夏，公會晉侯、宋公、衛侯、鄭伯、曹伯、莒子、邾子、滕子、薛伯、杞伯、小邾子于夷儀。

按：晉侯自泮水，會諸侯於夷儀，謀討齊，以報二十三年之朝歌之役，齊人賄晉侯以宗器、樂器，晉侯許之。

毛奇齡春秋傳：「晉自興伯以來，凡諸侯弑逆，無不受其賄而定其所立之君，如文十五年之盟扈、十七年之伐宋類。」（卷一四七・頁2）

46. 春秋昭公四年經：夏，楚子、蔡侯、陳侯、鄭伯、許男、徐子、滕子、頓子、胡子、沉子、小邾子、宋世子佐、淮夷會于申。

左氏昭公四年傳：六月丙午，楚子合諸侯于申。椒舉言於楚子曰：「臣聞諸侯無歸，禮以為歸，今君始得諸侯，其慎禮矣，霸之濟否，在此會也。夏啓有鈞臺之享、商湯有景亳之命、周武有孟津之誓、成有岐陽之蒐、康有酆宮之朝、穆有塗山之會、桓有召陵之師、晉文有踐土之盟，君其何用？宋向戌、鄭公孫僑在，諸侯之良也，君其選焉。」王曰：「吾用齊桓。」王使問禮於左師與子產，左師曰：「小國習之，大國用之，敢不薦聞？」獻公合諸侯之禮六，子產曰：「小國共職，敢不薦守？」獻伯子男會公之禮六，君子謂合左師善守先代，子產善相小國，王使椒舉侍於後以規過，卒事不規，王問其故，對曰：「禮、吾所未見者有六焉，又何以規？」

按：齊桓、晉文之霸，皆以禮主諸侯，椒舉言諸侯無歸，禮以為歸，是「慎禮」有旨哉。楚靈何以擇用齊桓？服虔注：「召陵之役，齊桓退舍以禮，楚靈王今感其意，是以用之。」會申而天下諸侯聽於楚。向戌獻公乃盟主主會之儀節，而子產所獻是諸侯會盟主之儀節，相得則全，然二子所獻之禮，楚未嘗行，故云「吾所未見」，今亦不得知其六者何謂也。

47. 左氏昭公五年傳：子產相鄭伯會晉侯于邢丘。

按：時楚子使莫敖與令尹如晉逆女，過鄭，鄭伯親勞之。晉侯送女於邢丘，鄭伯亦會之。杜注：「傳言楚強，諸侯畏，敬其使也。」依傳文觀之，鄭伯親勞，晉侯親送，皆踰常禮，想是敬楚之故。

48. 春秋定公八年經：夏，公會晉師于瓦。

左氏定公八年傳：公會晉師于瓦，范獻子執羔、趙簡子、中行文子皆執雁，魯於是始尚羔。

按：齊伐魯西鄙，晉士鞅、趙鞅、荀寅來救。齊師已去，晉師未入境而還，魯侯往會之。

毛奇齡春秋傳：「其不言救我者，以未嘗救我也。一若不知其會之者之何事也。」（卷一五三‧頁1）

49. 春秋定公十四年經：夏，公會齊侯、衛侯于牽。

左氏定公十四年傳：晉人圍朝歌，公會齊侯、衛侯于脾、上梁之間，

謀救范、中行氏。

按：杜注：「脾、上梁間即牽。」齊、魯、衛會牽，謀救范、中行氏。

50. 春秋定公十四年經：秋，齊侯、宋公會于洮。

左氏定公十四年傳：秋，齊侯、宋公會于洮，范氏故也。

按：杜注：「謀救范氏。」禍首起自趙鞅，鞅無故奪衛貢於午，且擅囚邯鄲大夫而殺之。是無君已甚，無禮至極。荀寅、士吉射不先請君命討鞅，而興師相攻，又不聽高彊言，自陷伐君之罪，是諸侯屢謀救之，莫敢出死力相較，終無所成，范、中行終亡於外。

51. 春秋哀公七年經：夏，公會吳于鄫。

左氏哀公七年傳：夏，公會吳于鄫，吳來徵百牢。

按：吳來徵會，叔還已會之於柤矣，至是公又會于鄫，命公以百牢饗之，魯終與之。

52. 春秋哀公十二年經：夏，公會吳橐皋。

左氏哀公十二年傳：公會吳于橐皋，吳子使大宰嚭請尋盟。

按：趙鵬飛春秋經筌：「吳夫差躬敗齊師于艾陵，魯故也。魯以為惠焉，故會于橐皋，修鄫之好也。」（卷十六・頁26）

總　結

1. 「諸侯相會」五十二例中，可明顯看出，春秋初期與會國較少而且零散，齊桓、晉文稱伯時期，與會國明顯增加，多至九國，組織擴大，如第26例。足見會盟於春秋時之重要性。齊桓稱伯前，與會次數較多（19次），晉文取威定伯後（僖公28年），與會次數頻增，時晉楚相爭，中原多事。

2. 春秋初期以魯、鄭、宋、齊與會最頻繁，時周王室有王子穨、王子帶之亂；魯有桓公弒隱公之亂；宋有公子馮之亂；鄭有公子突之亂，皆尋「會盟」以定之，餘則謀伐、平成，莫不尋「會盟」以平之。

3. 周平王東遷洛邑避犬戎之亂，至春秋初魯隱公會戎（第1例・隱公二年）、北戎伐齊（桓公六年）、齊侯會狄（第34例・宣公十一年），知戎狄於春秋時期始終困擾中原各國。

第二節　諸侯會大夫

1. 春秋襄公二十六年經：夏，公會晉人、鄭良霄、宋人、曹人于澶淵。

左氏襄公二十六年傳：六月，公會晉趙武、宋向戌、鄭良宵、曹人于澶淵，以討衛、疆戚田。

按：是年孫林父據戚以叛，衛人侵戚東鄙，晉使人戍戚而衛人殺之，晉乃會諸侯于澶淵以討衛，澶淵與戚皆衛地，是兼疆戚田并取衛西鄙懿氏六十邑，以與孫林父。時衛侯亦與會，晉人於會中執衛寧喜、北宮遺，衛侯如晉，亦執之囚於士弱氏。諸侯聞變，齊侯、鄭伯並如晉。國子使晏平仲私於叔向，曰：「晉君宣其明德於諸侯、恤其患而補其闕、正其違而治其煩，所以為盟主也。今為臣執君，若之何？」晉侯乃許歸衛侯。

2. 春秋定公十年經：冬，齊侯、衛侯、鄭游速會于安甫。

按：定公八年鄲澤之盟，趙鞅因衛叛晉屬齊，使涉佗、成何於盟中摧辱之。今三國交好，且欲謀晉。後晉執涉佗，以求成於衛，衛人不許。晉人遂殺涉佗，成何奔燕。

總　結

春秋時期，各國會盟已非"王室主盟"，且已跨越"諸侯不得擅相與盟"之約，更何況「諸侯會大夫」？由此之例中，可明顯看出：春秋晚期大夫擴權之實例。

第三節　夫人會

1. 春秋莊公二年經：冬十有二月，夫人姜氏會齊侯于禚。

   左氏莊公二年傳：冬，夫人姜氏會齊侯于禚，書姦也。

按：穀梁傳：「婦人既嫁不踰竟，踰竟非正也。婦人不言會，言會非正也。饗甚矣。」

家鉉翁春秋詳說：「姜氏身負弑君未討之誅，甫除喪而往會其兄，齊襄方有王姬忨儷之戚，未踰時而出淫其妹，此天下之大惡，覆載之所不容，聖人為是故筆之，」（卷五·頁6）故云書姦也。

2. 春秋莊公七年經：春，夫人姜氏會齊侯于防。

   左氏莊公七年傳：春，文姜會齊侯于防，齊志也。

按：文姜數會齊襄，會于齊地，則出自文姜，故傳云「書姦」，會于魯境，則齊侯之志。防，魯地，則齊侯來會矣。

3. 春秋莊公七年經：冬，夫人姜氏會齊侯于穀。

按：俞樾達齋春秋論：「文姜之事，春秋書之詳矣。自此年會禚之後，四年書夫人姜氏享齊侯於祝邱，五年書夫人姜氏如齊師，七年書夫人姜氏會齊侯于防，又書夫人姜事會齊侯于穀。夫「諱」國惡禮也，文姜之姦，非國惡之大者歟？何春秋不爲之諱也，曰此聖人別賢明微之意也」。

4. 春秋僖公十七年經：秋，夫人姜氏會齊侯于卞。

左氏僖公十七年傳：秋，聲姜以公故，會齊侯于卞。

按：會箋：「送迎不出門，常例也。此非常之事，非貶之也。」（第六・頁 4）

總　結

春秋經傳中，書「夫人會」者，僅姜氏會齊侯（文姜會齊襄公、聲姜會齊桓公），「春秋前，魯與齊不平。」（左隱六年杜注），齊、魯欲聯姻修好釋宿怨，結果兩國更形交惡，尤以齊襄公、文姜兄妹亂倫一事，千古之憾，是最壞的示範。

第四節　大夫會諸侯

1. 春秋莊公十四年經：冬，單伯會齊侯、宋公、衛侯、鄭伯于鄄。

左氏莊公十四年傳：會于鄄，宋服故也。

按：徐庭垣春秋管窺：「齊請王臣蒞會以合諸侯，故以單伯會諸侯告。」（卷三・頁 24）

趙汸春秋集傳：「桓公請王師以伐宋，宋既服，遂假王命以長諸侯，故單伯會諸侯于鄄，初命齊以伯也。」（卷三・頁 19）

2. 春秋文公元經：秋、公孫敖會晉侯于戚。

左氏文公元年傳：秋，晉侯疆戚田，故公孫敖會之。

按：時晉侯取戚而疆其田，故往會之。杜注：「晉取衛田，正其疆界也。」

3. 春秋文公十六年經：春，季孫行父會齊侯于陽穀。

左氏文公十六年傳：春，公有疾，使季文子會齊侯于陽穀。

按：去歲齊伐魯西鄙，季孫行父告於晉，及今春與齊平，魯侯稱疾不往，使季孫行父會齊侯，請盟，齊懿公以與大夫盟爲失禮，故弗及盟。

4. 春秋宣公十四年經：冬，公孫歸父會齊侯于穀。

左氏宣公十四年傳：冬，公孫歸父會齊侯于穀，見晏桓子，與之言魯樂。桓子告高宣子曰：「子家其亡乎！懷於魯矣，懷必貪，貪必謀人，謀人，人亦謀己。一國謀之，何以不亡。」

按：趙鵬飛春秋經筌：「歸父父子事齊，倚齊以專魯，其爲謀深矣。而齊亦樂其謟事於己，屈君之尊而下同之，不以爲抗。頃公之立，歸父兩如齊以奉其懽，故十一年同之伐莒，今又同穀之會，甘其謟而忍其抗，悅其利而忘其專也。於時楚疾於宋危矣。宋入楚，則齊、魯以楚爲鄙，穀之會謀楚也，故明年歸父會楚子于宋，魯會之而齊不會，非不畏楚也，魯安則齊安矣，此歸父會齊侯之故也。」（卷九‧頁 46）

家鉉翁春秋詳說：「歸父，襄仲之子也，厥父外交強齊，殺君專國，罪大而莫之討，雖於魯宣有援立之恩，而人臣外交強國，漸不可長，亦魯宣之所宜以戒者也。前使之會齊人伐莒，今復使之會齊侯于穀，賊臣孽子，世濟其姦，推是以往，將何所不爲。」（卷十六‧頁 16）
襄仲請於齊惠殺太子兄弟惡及視而立宣公，歸父爲襄仲子，故有寵，時季孫行父與之爭權，欲去歸父，嘗宣言於朝曰：「使我殺適立庶以失大援者，仲也夫。」歸罪襄仲之謀。待宣公卒，時歸父使於晉，還自晉，至笙，聞君薨，至笙，壇帷，復命於介。亦行祖、括髮、即位哭、三踊而出之禮。雖逐，不忘行復命之儀。故左氏善其有禮於先君，謂其「善也」。（見宣十八年）書至此，趙氏、家氏評之過甚，不辯而自明。

5. 春秋宣公十五年經：春，公孫歸父會楚子于宋。

左氏宣公十五年傳：春，公孫歸父會楚子于宋。

按：依楊樹達讀左傳一文云：此章當與十四年傳末「孟獻子言於公曰：『臣聞小國之免於大國也，聘而獻物，於是有庭實旅百，朝而獻功，於是有容貌彩章，嘉淑而有加貨，謀其不免也。誅而薦賄，則無及也，今楚在宋，君其圖之』公說。」連讀。

會箋：「蓋宋東北與魯接壤，楚師及己，故先納款。」（第十一‧頁 37）

趙鵬飛春秋經筌：「魯之所以會楚者，自謀而已，宋與魯爲鄰，宋去

則魯兵至魯矣，魯見宋之危，而諸侯畏楚，無敢救也，故懼而求服焉。」（卷九・頁46）宋之會明矣。

6. 春秋襄公五年經：夏，仲孫蔑，衛孫林父會吳于善道。

按：雞澤之會於襄公三年，時晉侯使荀會逆吳子于淮上，而吳子未至，晉悼公欲修好於吳，而吳觀望且舉止未定，今夏明其不會之因，且欲修好，是吳於今夏，方與中原會盟。

7. 春秋昭公九年經：春，叔弓會楚子于陳。

左氏昭公九年傳：春，叔弓、宋華亥、鄭游吉、衛趙黶會楚子于陳。

按：襄公三十年，子產如陳蒞盟時，嘗以陳國「公子侈、大子卑、大夫敖、政多門」，言其亡國不過十年之事。昭公八年值陳國內亂，楚以「將定而國」陳人聽命，仍滅之成縣，此舉威震諸夏，天下諸侯所當同討，然皆畏其凶威，遣大夫往會之。

8. 春秋哀公六年經：夏，叔還會吳于柤。

按：吳兵東指，魯懼其相及，故叔還往會，結吳好也。

總　結

第 1 例是王臣單伯會諸侯，餘則爲各國大夫會諸侯，可預知大夫專權之先聲。且與會之由並非「奬王室」，實「同好惡」也。

第五節　大夫相會

1. 春秋文公十一年經：夏，叔仲彭生會晉郤缺于承筐。

左氏文公十一年傳：夏，叔仲惠伯會晉郤缺于承筐，謀諸侯之從於楚者。

按：諸侯之從於楚者，有陳、鄭、宋諸國（見十年傳），厥貉之會，麋子逃歸，今春楚子伐麋，晉郤缺爲會於承筐，諸侯之大夫莫至，獨魯遣彭生如會。

2. 春秋宣公十五年經：秋，仲孫蔑會齊高固于無婁。

按：魯宣自齊惠之歿，事齊稍怠，去歲歸父會齊侯而已，公不朝齊久矣。高固因婚於魯（宣五年），故會仲孫蔑於無婁，爲魯謀而解齊之紛。趙鵬飛春秋經筌：「終宣公之世，卒不被齊兵者，無婁之會有力焉。」（卷九・頁50）

3. 春秋成公五年經：夏，叔孫僑如會晉荀首于穀。

左氏成公五年傳：夏，晉荀首如齊逆女，故宣伯餫諸穀。

按：說文：「餫，野饋曰餫。」（五篇下・頁 13）運糧饋食之謂。晉適齊必經魯而後達，穀爲齊地，據儀禮聘禮言之，出行途經他邦，借道而過，主國之君遣大夫迎於郊，設賓主之禮以待之，而今宣伯遠附齊地，餽人積餼，何與於國事？趙鵬飛春秋經筌以爲「魯自鞌之戰，實與晉同疾於齊，既而魯得汶陽田，而晉無所獲也，於晉無益，賈怨於齊何哉？故復與齊平。今荀首之會于穀，實如齊也，魯疑其如齊，則有疑以間魯，故道會之，以結其志，所以銷齊侯議魯之謀，而破晉人謀己之謗也。」（卷十・頁 18）是說最足以明之。

4. 春秋成公十五年經：冬十有一月，叔孫僑如會晉士燮、齊高無咎、宋華元、衛孫林父、鄭公子鰌、邾人會吳于鍾離。

左氏成公十五年傳：十一月，會吳于鍾離，始通吳也。

按：顧棟高春秋大事表：「結吳抗楚，後來楚患稍息，此舉實爲有功。」（表二九・頁 1）

趙鵬飛春秋經筌：「于時吳、楚兩熾，吳、楚合，則中國危，晉既抗楚，則不得不與吳以奪楚援，此所以合諸侯而會于鍾離也。」（卷十・頁 54）

5. 春秋襄公二年經：秋七月，仲孫蔑會晉荀罃、宋華元、衛孫林父、曹人、邾人于戚。

左氏襄公二年傳：會于戚，謀鄭故也。

按：合六國大夫謀鄭服晉之法，魯卿仲孫蔑獻計「請城虎牢以偪鄭」，虎牢乃險要之地，位鄭西北，而楚居其南，憂鄭之外更憂齊，若齊、鄭、楚相聯盟，則晉難稱霸，將此計請於齊，共城虎牢，若齊不肯，「事將在齊」，齊人懼，於今多，帥小國復會於戚。是虎牢得以築城，足以使鄭服。

6. 春秋襄公二年經：冬，仲孫蔑會晉荀罃、齊崔杼、宋華元、衛孫林父、曹人、邾人、滕人、薛人、小邾子于戚，遂城虎牢。

左氏襄公二年傳：冬，復會于戚，齊崔武子及滕、薛、小邾之大夫皆會，知武子之言故也。

按：十國大夫復會於戚，續謀城虎牢之議，扼鄭之喉，鄭始屈服，使之

不得南向，攘楚伐鄭，攸關天下大計，故書之。

7. 春秋襄公八年經：夏，季孫宿會晉侯、鄭伯、齊人、宋人、衛人、邾人于邢丘。

左氏襄公八年傳：五月甲辰，會于邢丘，以命朝聘之數，使諸侯之大夫聽命，季孫宿、齊高厚、宋向戌、衛甯殖、邾大夫會之，鄭伯獻捷于會，故親聽命。

按：鄭注：「晉悼復文襄之業，制朝聘之節，儉而有禮，德義可尊，故退諸侯大夫以崇之。」

8. 春秋襄公十四年經：春王正月，季孫宿、叔老會晉士匄、齊人、宋人、衛人、鄭公孫蠆、曹人、莒人、邾人、滕人、薛人、杞人、小邾人會于向。

左氏襄公十四年傳：春，吳告敗于晉，會于向，為吳謀楚故也，范宣子數吳之不德也，以退吳人。

按：去歲吳乘楚共王之死而侵楚，而楚大敗吳師，晉、吳同盟，故告敗於晉，會於向。

顧棟高春秋大事表：「此時鄭已服晉，楚不能與晉爭。晉無藉於吳，而吳伐楚喪為不義，執此為辭以退吳人，蓋能用吳而不為吳用也。」（表二八‧頁 14）

9. 春秋襄公十四年經：冬，季孫宿會晉士匄、宋華閱、衛孫林父、鄭公孫蠆、莒人、邾人于戚。

左氏襄公十四年傳：冬，會于戚，謀定衛也。

按：戚在衛地，大夫會於衛地，衛獻公因孫林父之難奔齊，衛人立公孫剽，此會定剽位也。此計乃荀偃所獻，故顧棟高春秋大事表云：「悼公此時伯業衰矣，聽賊臣荀偃之言，抑君而臣，是助名分倒置，莫此為甚。」（表二八‧頁 14）

10. 春秋襄公十九年經：冬，叔孫豹會晉士匄于柯。

左氏襄公十九年傳：齊及晉平，盟于大隧，故穆叔會范宣子于柯。

按：鄭注：「齊、晉平，魯懼齊，故為柯會以自固也。」五月，晉士匄侵齊。及穀，聞喪而還，因與晉平，且盟於大隧，魯懼齊、晉合則有疆埸之事，故會士匄於柯，穆叔歸而城武城以備齊。

11. 春秋襄公三十年經：冬十月，晉人、齊人、宋人、衛人、鄭人、曹人、

莒人、邾人、滕人、薛人、杞人、小邾人會于澶淵，宋災故。

左氏襄公三十年傳：爲宋災故，諸侯之大夫會，以謀歸宋財。冬十月，叔孫豹會晉趙武、齊公孫蠆、宋向戌、衛北宮佗、鄭罕虎及小邾之大夫會于澶淵，既無歸於宋，故不書其人。

按：宋於五月失火，諸侯冬會於澶淵，可謂救災已遲，會畢又「無歸於宋」，劉敞春秋權衡：「左氏曰『謀歸宋財，既而無歸，故不書其人。』非也，他日會而匵盟，雖惡之未有舉其事者，直貶其人而已矣。今獨舉其事又貶其人，何邪？由是論之，此非特惡失信而已也。」（卷六・頁 14）以宋災而會十二國大夫，又無所爲，失信至極。

12. 春秋昭公元年經：春，叔孫豹會晉趙武、楚公子圍、齊國弱、宋向戌、衛齊惡、陳公子招、蔡公孫歸生、鄭罕虎、許人、曹人于虢。

左氏昭公元年傳：正月乙未，入，逆而出，遂會于虢，尋宋之盟。

按：宋盟在襄公二十七年，晉、楚爭相歃盟，楚人先晉歃。今會，祁午戒趙武，言其相晉國七年，二合諸侯，三合大夫，服齊、狄，寧東夏，平秦亂，城淳于，諸侯無怨，天無大災，有令名而終之以恥，不可不戒。趙武仍主仁人之心，立信爲本，楚不爲患答之。是趙武爲政，令薄諸侯之幣而重其禮，列國趨於和緩，待向戌倡弭兵之會，一倡即合。

13. 春秋昭公十一年經：秋，季孫意如會晉韓起、齊國弱、宋華亥、衛北宮佗、鄭罕虎、曹人、杞人于厥憖。

左氏昭公十一年傳：秋，會于厥憖，謀救蔡也。

按：蔡靈侯般於襄公三十年簒逆得國，晉未能討，今春楚子召靈侯於申，饗侯而執之，夏四月殺之。楚師在蔡，故厥憖之會，晉合諸侯之大夫謀救蔡，十一月楚子滅蔡，終未救之。

14. 左氏昭公十一年傳：單子會韓宣子于戚。

按：據下文「命事于晉」，是單子代周景王宣命於諸侯也。依叔向所言，天子會諸侯，或諸侯會諸侯，皆依次設位，即「會有表」者也。

15. 春秋昭公二十五年經：夏，叔詣會晉趙鞅、宋樂大心、衛北宮喜、鄭游吉、曹人、邾人、滕人、薛人、小邾子于黃父。

左氏昭公二十五年傳：夏，會于黃父，謀王室也。

按：景王崩，王室有子朝之亂，此會謀定王室，是王子朝之亂實因景王

大子壽卒，而王不能早定儲貳，以製亂源。嫡子幼弱，庶孽怙寵，各謀擁立，王猛夭殁，復立其弟，子朝難以心平，是亂由此起。趙簡子爲此會，令諸侯之大夫輸王粟，具戍人，將納王，翌年，敬王入於成周。

16. 春秋昭公二十七年經：秋，晉士鞅、宋樂祁犂、衛北宮喜、曹人、邾人、滕人會于扈。

左氏昭公二十七年傳：秋，會于扈，令戍周，且謀納公也。

按：昭公二十五年，黃父之會，謀定王室，今多將戍周，故爲此會，且謀納魯昭公，但鞅受賄於季孫氏，終不得納公。

17. 春秋昭公三十一年經：春王正月，季孫意如會晉荀櫟于適歷。

左氏昭公三十一年傳：季孫意如會晉荀櫟于適歷。

按：魯季孫意如逐君於外，晉侯使荀櫟責其不納公。公之見逐於外（昭公二十五年），迄今七年，意如執政權，居鄆次於乾侯，終客死於外。時季孫懼晉國見討，故爲此會。

總　結

「大夫相會」爲春秋末之一大特色，或六國（襄公二年秋）、或十國大夫與會（襄公二年冬），甚至十二國大夫相會（襄公三十年），規模不可謂不大，或攘楚北上、獲救患分災、或謀定王室，皆依會盟約定。唯主會者爲大夫耳！

第四章　盟

第一節　諸侯相盟

1. 春秋隱公元年經：九月，及宋人盟于宿。

   左氏隱公元年傳：惠公之季年，敗宋師于黃，公立而求成焉，九月及宋人盟于宿，始通也。

   按：魯惠公之季年，敗宋師於黃，隱公立，齊、鄭合而魯有公叔段之亂，故遠結宋盟，魯、宋始通好。

2. 春秋隱公三年經：冬十有二月，齊侯、鄭伯盟于石門。

   左氏隱公三年傳：冬十有二月，齊、鄭盟于石門，尋盧之盟也。

   杜注：「盧盟在春秋前。」則諸侯相盟非始自春秋，此盟乃齊、鄭結舊好。

   　　張洽春秋集註：「隱公十一年之間，盟而不食言者，唯石門之盟，二君終身未嘗相伐。」（卷一・頁 5）

3. 左氏隱公七年傳：秋，宋及鄭平，七月庚申，盟于宿。

   按：隱公四年，宋有公子馮之亂，馮出奔鄭，宋合諸侯兩伐鄭，五年二國互伐，於今秋方始平成，故為宿盟。

4. 春秋隱公八年經：九月辛卯，公及莒人盟于浮來。

   左氏隱公八年傳：九月辛卯，公及莒人盟于浮來，以成紀好也。

   按：隱公二年：「紀子帛、莒子盟于密。」是紀為娶魯女專與莒盟，以為魯修好，然莒實未與魯通也。故此復盟莒，以成紀之意，亦示莒以相好。

5. 春秋桓公元年經：夏四月丁未，公及鄭伯盟于越。

   左氏桓公元年傳：夏四月丁未，公及鄭伯盟于越，結祊成也。盟曰：「渝盟，無享國。」

   按：孔疏：「成會禮於垂，既易許田，然後盟以結之。」三月會於垂，今盟越而成祊，總結此事也。

6. 左氏桓公元年傳：冬，鄭伯拜盟。

   按：魯桓割地賄人，其畏篡弒之罪而懼鄭莊之強武，是修好加璧以取許田，又盟於越。今鄭伯又來拜盟，善意乎？諸侯來魯，魯史應書之，而經無書，會箋以「春秋疾之，故諱而不書耳。」（第二・頁3）毛奇齡經問：「魯史于桓年獨多闕文，不知舊史故缺而夫子仍之，又不知夫子本完書而其後又從而闕之，皆不可考矣。」（卷一六七・頁10）觀春秋二百四十二年間，書魯至京師僅七，聘問僅二，是全經當有所漏載，是春秋大義乎？亦或失識？未得其釋。

7. 春秋桓公十一年經：春正月，齊人、衛人、鄭人盟于惡曹。

   左氏桓公十一年傳：春正月，齊、衛、鄭、宋盟于惡曹。

   按：經無「宋」字，公穀經同，杜預以為經闕，毛奇齡春秋傳以「宋」字為衍文，會箋亦主之。其文當承十年齊、衛、鄭來戰於郎而言之，則「宋」字是為衍字。

   齊欲滅紀（桓公四年），魯、紀為姻親，故魯謀庇之，於是齊、鄭怒而有郎之師。魯公本與衛侯相約於桃丘（桓公十年），然衛受齊國之請，助齊、鄭伐魯，背約而未往，然鄭、齊亦因桃丘之會疑衛，今三國盟於惡曹，以圖再舉，其後齊僖、鄭莊、衛宣皆不通於魯。

8. 左氏桓公十二年傳：楚伐絞，軍其南門。……楚人坐其北門，而覆諸山下，大敗之。為城下之盟而還。

   按：依宣公十五年傳述宋華元之言曰：「敝邑易子而食，析骸以爨。雖然，城下之盟，有以國斃，不能從也。」知其慘狀，是城下之盟為諸侯所深恥也，

9. 春秋閔公元年經：秋八月，公及齊侯，盟于落姑。

   左氏閔公元年傳：秋八月，公及齊侯，盟于落姑，請復季友也，齊侯許之。使召諸陳，公次于郎以待之，「季子來歸」嘉之也。

   杜注：「閔公初立，國家多難，以季子忠賢，故請霸主而復也。」時慶

父秉權，哀姜內主，公八歲耳，孰能奉公出會霸主？故至齊地與之盟，請納季友歸魯，齊侯許之，齊使召季友於陳，閔公次於郎以待之，則慶父不敢加害之也。

10. 春秋僖公元年經：八月，公會齊侯，宋公、鄭伯、邾人于檉。

左氏僖公元年傳：秋，楚人伐鄭，鄭即齊故，盟于犖，謀救鄭也。

杜注：「犖即檉，地有兩名。」救鄭之師不見經、傳，楊伯峻春秋左傳注：「或是謀而未行，或是楚師自退，皆不可知。」（頁 278）

11. 春秋僖公二年經：秋九月，齊侯、宋公、江人、黃人盟于貫。

左氏僖公二年傳：秋九月，盟于貫，服江、黃也。

杜注：「江、黃，楚之與國。」齊桓謀楚，先服江、黃，故遠交而孤楚之勢，江、黃居楚東北，可出襲齊後，江、黃來，伐楚之議成。必假宋服江、黃者，會箋：「蓋江、黃在宋南，彼有所聞必於宋，齊桓存三亡國，因慕義而願附焉。」（第五・頁 9）是四國盟於貫。

12. 春秋僖公十九年經：夏六月，宋公、曹人、邾人盟于曹南。

按：宋襄圖霸，盟於曹南，曹、邾皆小國，是宋襄欲先會小國而後結大國。毛奇齡春秋傳：「宋襄不德，遠遜齊桓，曹南之會，諸侯罕至。」（卷一三四・頁 12）

13. 春秋僖公二十年經：秋，齊人、狄人盟于邢。

左氏僖公二十年傳：秋，齊、狄盟于邢，為邢謀衛難也。

按：去歲衛伐邢，而狄謀存之。齊、狄至邢為盟，謀衛難也，顧棟高春秋大事表：「齊桓攘狄封邢、衛，桓甫歿而衛即從宋伐齊，邢、狄救齊伐衛，衛即病邢、齊，狄復為邢謀衛難。」（表三九・頁 7）

14. 春秋僖公二十一年經：春，宋人、齊人、楚人盟于鹿上。

左氏僖公二十一年傳：春，宋人為鹿上之盟，以求諸侯于楚，楚人許之，公子目夷曰：「小國爭盟，禍也，宋其亡乎，幸而後敗。」

按：宋襄欲繼齊桓之霸，然鄭於十八年朝楚，十九年，楚又與陳、蔡、鄭盟於齊，時楚已得諸侯矣，欲霸必求於楚而後可，故為此盟。十八年宋敗齊師於甗，驕心遂萌，十九年執滕宣公及用鄫子于次睢之社，所謂「一會而虐二國之君」，時公子目夷諫曰：「小國爭盟，禍也。」然宋襄一心求霸，未忖己力，鹿上盟後，且約會諸侯于盂，終見執於盂盟。

15. 左氏僖公二十八年傳：晉欒枝入盟鄭伯，五月丙午，晉侯及鄭伯盟于衡雍。

按：周襄知城濮一戰，晉敗楚師，往勞之。晉文作王宮于踐土，先於衡雍之處盟鄭伯。翌日，周襄封伯，且賜言「敬服王命，以綏四國，糾逖王慝。」自此晉文躍登伯主之位，是年冬即會諸侯於踐土。

16. 左氏僖公三十年傳：秦伯說，與鄭人盟，使杞子、逢孫、楊孫戍之，乃還。

按：此即極負盛名之燭之武退秦師一事，時晉、秦圍鄭，鄭世家：「四十一年，助楚擊晉。自晉文公之過無禮，故背晉助楚。四十三年，晉文公與秦穆公共圍鄭，討其助楚攻晉者及文公過時之無禮也。」（卷四二・頁 1766）鄭使燭之武至秦營，說秦退兵。

17. 春秋僖公三十二年經：秋，衛人及狄盟。

左氏僖公三十二年傳：夏，狄有亂，衛人侵狄，狄請平，秋，衛人及狄人盟。

按：自閔元至此，狄之橫行中國三十四年矣，入衛伐邢，侵晉侵齊，邢、衛皆遷而避之，齊、晉亦忍而未伐，雜居山谷，綿互千里。趙鵬飛春秋經筌：「蓋夷狄之情，怯之則愈進，追之則奔北，吾既以兵臨之，必恐而求平，然後許其平焉，是乃制夷狄之術也。」（卷七・頁 61）今衛乘狄亂，以兵侵之，狄求成，即其地而盟之，是衛無狄患者十餘年。家鉉翁春秋詳說：「先三十年間，國凡再遷，衛之為衛，抑亦微弱甚矣，一旦狄有內亂，衛從而侵之，狄於是請平，自是而後，狄患稍舒，北鄙不聳。」（卷十二・頁 20）

18. 春秋文公三年經：十有二月己巳，公及晉侯盟。

左氏文公三年傳：晉人懼其無禮於公也，請改盟，公如晉，及晉侯盟。

按：杜注：「改二年盧父之盟。」晉人以公不朝來討，公如晉，使陽處父盟魯公以辱之，故謂無禮，前此未有大夫盟魯公者，今請改盟，故盟。

19. 春秋文公十三年經：十有二月乙丑，公及晉侯盟。

左氏文公十三年傳：多，公如晉朝，且尋盟。

按：會箋：「尋八年衡雍之盟。」（第九・頁 15）

20. 春秋文公十五年經：多十有一月，諸侯盟于扈。

左氏文公十五年傳：冬十一月，晉侯、宋公、衛侯、蔡侯、陳侯、鄭伯、許男、曹伯盟于扈，尋新城之盟，且謀伐齊也。齊人賂晉侯，故不克而還，於是有齊難，是以公不會，書曰「諸侯盟于扈」，無能為故也。

按：新城之盟於文公十四年。依傳敘此盟有二：一言公不會，意在責魯，一言諸侯無功，意在責諸侯，趙鵬飛及顧棟高皆主前說。

21. 春秋文公十七年經：六月癸未，公及齊侯盟于穀。

左氏文公十七年傳：六月癸未，齊侯伐我北鄙，襄仲請盟，六月，盟于穀。

按：杜注：「晉不能救魯，故請服。」前年扈之盟謀伐齊，齊人賄晉侯，未克而還，今齊伐魯北鄙，故盟於穀。

22. 春秋宣公十一年經：夏，楚子、陳侯、鄭伯盟于辰陵。

左氏宣公十一年傳：春，楚子伐鄭，及櫟，子良曰：「晉、楚不務德而兵爭，與其來者可也，晉、楚無信，我焉得有信？」乃從楚，夏，楚盟于辰陵，陳、鄭服也。

按：楚莊王伐鄭，盟於辰陵，陳、鄭服也，楚初主盟，韓席籌左傳分國集注：「晉政日怠，伐宋會扈，盟黑壤，皆以賄成，於是諸夏叛而服楚。」

23. 春秋成公十七年經：六月乙酉，同盟于柯陵。

左氏成公十七年傳：六月乙酉，同盟于柯陵，尋戚之盟也。

按：戚之盟於成公十五年，十六年晉、楚戰於鄢陵，晉敗楚師，未能服鄭，特藉王臣為是盟，以令諸侯，王人下盟諸侯，始於晉屬公也。

24. 左氏成公十七年傳：冬，齊侯與之盟于徐關而復之。

按：國佐棄會師伐鄭之命而先歸，據穀而叛，國佐不忍一夕之忿，誅慶克以抗其軍，齊侯盟而復其職，是靈公非不知國佐之直，與慶克等之內亂也。國佐未能見幾而去，以邑叛軍，又仕危亂之朝，於十八年身死宮闈。

25. 春秋襄公三年經：夏四月壬戌，公及晉侯盟于長樗。

左氏襄公三年傳：夏四月壬戌，公如晉，始朝也。夏，盟于長樗，孟獻子相，公稽首，知武子曰：「天子在，而君辱稽首，寡君懼矣。」

孟獻子曰：「以敝邑介在東表，密邇仇讎，寡君將君是望，敢不稽首。」

按：晉悼公初霸。襄公新立而朝之。獻子欲固結於晉，公僅六歲。故教

而使稽首。魯侯於天子始稽首，晉公不敢受此大禮，故云「寡君懼矣」，襄公如晉凡五，始於是年。

26. 春秋襄公十一年經：秋七月，同盟于亳城北。

左氏襄公十一年傳：秋七月，同盟于亳。

按：依傳言諸侯伐鄭，觀兵於鄭南門，鄭懼乃行成，故爲此盟。

27. 春秋襄公十九年經：春王正月，諸侯盟于祝柯。

左氏襄公十九年傳：春王正月，諸侯還自沂上，盟于督揚，曰：「大毋侵小。」

按：督揚即祝柯，見杜注。去歲圍齊之諸侯，至是未退，故盟。顧棟高春秋大事表：「晉平凡十三次主盟會，而溴梁、祝柯二盟，總攬群侯，誅討強暴。矜恤弱小。猶有悼公之餘烈，過此以後，商任、沙隨則范氏專以報私怨，政權全移于大夫，而晉亦自是不競。」（表二八・頁 14）

28. 春秋襄公二十五年經：秋八月己已，諸侯同盟于重丘。

左氏襄公二十五年傳：秋七月己已，同盟于重丘，齊成故也。

按：杜注：「己已，七月十二日，經誤。」當七月盟之，晉侯謀伐齊以報伐晉之朝歌之役（襄公二十三年）。五月，諸侯會於夷儀，伐齊，齊人賂以請成，故盟於重丘。

29. 春秋襄公二十九年經：杞子來盟。

左氏襄公二十九年傳：杞文公來盟。

按：杞朝魯凡六次，自此以後未再朝，依杜注知其來盟，乃因魯歸其田。

30. 左氏昭公七年傳：春王正月，暨齊平，齊求之也。齊侯次于虢，燕人行成，曰：「敝邑知罪，敢不聽命，先君之敝器請以謝罪。」公孫晳曰：「受服而退，俟釁而動，可也。」盟于濡上。

按：依昭公六年傳云「十二月，齊侯遂伐北燕，將納簡公」史記燕世家謂「四年，齊高偃如晉，請共伐燕，納其君。晉平公許，與齊伐燕，入惠公。」（卷三四・頁 1553）又馬王堆三號墓出土帛書春秋事語：「燕大夫子□衛幣（師）以犒晉人，勝之。歸而欽至，而樂。……處十一月，晉人□燕南，大敗〔燕人〕。（頁 57）穀梁以爲與齊平者爲魯，綜觀上述，當是燕與齊平，故爲此盟。

31. 左氏昭公十六年傳：齊侯伐徐，二月丙申，齊師至于浦隧，徐人行成。

徐子及郯人、莒人會齊侯，盟于浦隧，賂以甲父之鼎。

按：齊侯伐徐至浦隧，徐人賂以甲父鼎而平成。

32. 春秋定公七年經：秋，齊侯、鄭伯盟于鹹。

左氏定公七年傳：秋，齊侯、鄭伯盟于鹹，徵會于衛。

按：毛奇齡春秋傳：「晉伯已衰，諸侯始特盟，于是齊侯貳晉，與鄭伯盟
　　衛地而徵會于衛。」（卷一五二‧頁 11）

33. 春秋定公七年經：秋，齊侯、衛侯盟于沙。

左氏定公七年傳：秋，齊侯、鄭伯盟于鹹，徵會于衛，衛侯欲叛晉，
諸大夫不可，使北宮結如齊，而私於齊侯曰：「執結以侵我。」齊侯
從之，乃盟于瑣。

按：杜注：「瑣即沙。」衛侯欲叛晉而與齊盟于瑣。毛奇齡春秋傳：「衛
　　乃與齊盟而陰以結之。」（卷一五二‧頁 11）

34. 春秋定公八年經：冬，衛侯、鄭伯盟于曲濮。

按：鄭、衛叛晉而受兵，故二君同為此盟，以固其謀。

35. 左氏哀公六年傳：冬十月丁卯，立之。將盟，鮑子醉而往。其臣差車
鮑點曰：「此誰之命也？」陳子曰：「受命于鮑子。」遂誣鮑子曰：「子
之命也！」鮑子曰：「女忘君之為孺子牛而折其齒乎，而背之也？」
悼公稽首，曰：「吾子奉義而行者也。若我可，不必亡一大夫，若我
不可，不必亡一公子，義則進，否則退，敢不唯子是從？廢興無以亂，
則所願也。」鮑子曰：「誰非君之子？」乃受盟。

按：陳悼公新立，盟諸大夫。時國、高已亡，君荼遭弒，陳乞握權，恐
　　鮑子不從，故誣之。此番應對，見陳乞之備，陽生之敏。

36. 左氏哀公二十一年傳：公及齊侯、邾子盟于顧。齊人責稽首，因歌之
曰：「魯人之皋，數年不覺，使我高蹈，惟其儒書，以為二國憂。」

按：杜注：「責十七年齊侯為公稽首不見答。」時齊、魯盟於蒙」齊侯稽
　　首，而公拜，齊人怒。魯乃依周禮不肯答稽首：「非天子，寡君無所
　　稽首。」致使二國不睦，故盟。

總　結

　　由第 2 例可知，齊、鄭於春秋前即結盟，於第 7 例中還聯袂伐魯，齊桓
稱伯前，兩國交情保持良好。

　　至齊桓、晉文二君稱伯時期，情況頗有不同，二君均以「尊王攘夷」為

號召，桓公伐楚而責問包茅之不貢，問昭王之不返（僖四年）；桓公下拜受胙（僖九年），不敢踰越名分，據統計，除對蠻夷發動戰爭外，中原各國僅有五次戰役，中原各地一片祥和景象，無怪桓公口碑最佳！

「桓公九合諸侯，不以兵車」（論語憲問）、「桓公正而不譎」（論語憲問）。而踐土之會，文公實召周王，且據毛奇齡春秋傳：「晉自興伯以來，凡諸侯弒逆，無不受其賄而定其所立之君，如十五年之盟扈、十七年之伐宋類。」（卷一四七・頁 2）與桓公時期大不相同，孔夫子不禁出言：「晉文公譎而不正」。（論語憲問）

從踐土之盟至弭兵之盟的八十二年間，由於晉、楚爭彊，兩國長期對抗，如第 22 例子良所言：「晉、楚不務德而兵爭。」其間所發動之戰事，高達一百七十多次，夾處兩大國間之小國，倍嘗辛苦。

毛奇齡春秋傳：「晉伯已衰，諸侯始特盟。」由最候幾例可看出，春秋末又呈現出一兩國會盟情形。

第二節　諸侯盟大夫

1. 春秋隱公元年經：三月，公及邾儀父盟于蔑。

   左氏隱公元年傳：三月，公及邾儀父盟于蔑。邾子克也，未王命，故不書爵，曰「儀父」貴之也。公攝位而欲求好于邾，故爲蔑之盟。

   按：隱公即位，欲結好邾，故爲此盟。

2. 春秋隱公二年經：秋八月庚辰，公及戎盟于唐。

   左氏隱公二年傳：秋八月，盟于唐，復修戎好也。

   按：戎請盟，復修戎好，乃爲此盟。趙鵬飛春秋經筌：「今隱公春會之，戎請盟，公辭，及秋，復乞盟而遂及之盟，則知戎有慕於魯而服之不勞也。」（卷一・頁 11）韓席籌左傳分國集注：「居攝而不行即位之禮，與鄰而講求修睦之誼，父改葬不臨，母歿不赴，衛侯會葬不見，眾父小殮不與，凡此皆爲攝也，公之攝可謂誠矣。」隱公即位之初，和睦於四鄰，故戎因是而慕焉，然謂其父改葬不臨、母歿不赴爲誠則太過矣。

3. 春秋桓公二年經：九月，公及戎盟于唐。

   左氏桓公二年傳：九月，公及戎盟于唐，修舊好也。

按：隱公二年嘗與戎盟，今又盟之，修舊好也。

4. 春秋莊公九年經：春，公及齊大夫盟于蔇。

　　左氏莊公九年傳：春，公及齊大夫盟于蔇，齊無君也。

按：齊無君，大夫越境來魯盟，以謀立君也。春秋書魯公與大夫盟，而
　　大夫不書名者有二：此及文公七年與趙盾盟。此乃齊無君，文公七
　　年則晉靈公尚在抱也。

5. 春秋莊公二十二年經：秋七月丙申，及齊高傒盟于防。

按：毛奇齡春秋傳：「齊桓自伐西鄙後，又復修好，故遣上卿來，而與之
　　盟之。」（卷一三〇．頁6）

6. 春秋僖公三年經：冬，公子友如齊涖盟。

　　左氏僖公三年傳：冬，齊侯為陽穀之會來尋盟。冬，公子友如涖盟。

按：陽穀之會，魯未與，故桓公來尋盟，是年冬，大夫公子友如齊涖盟。

7. 春秋僖公四年經：夏，楚屈完來盟于師，盟于召陵。

　　左氏僖公四年傳：夏，楚子使屈完如師，師退次于召陵。齊侯陳諸侯
　　之師，與屈完乘而觀之。齊侯曰：「豈不穀是為，先君之好是繼，與不
　　穀同好如何？」對曰：「君惠徼福於敝邑之社稷，辱收寡君，寡君之願
　　也。」齊侯曰：「以此眾戰，誰能禦之？以此攻城，何城不克？」對曰：
　　「君若以德綏諸侯，誰敢不服？君若以力，楚國方城以為城，漢水以
　　為池，無所用之。」屈完及諸侯盟。

按：齊桓之功，莫大於攘楚，今楚子使屈完請盟，得見屈完之辭擲地有
　　聲，鏗鏘有力，此盟楚雖未盡屈服，亦暫止其北上之圖，齊桓之伯
　　業亦告完成。齊桓伐楚之由，其一，不向周王納貢，其二，周昭王
　　征伐楚國而溺死於漢水，實齊桓伐楚，猶鄭伯以宋之不王而討宋者，
　　皆借辭而已。且周昭王渡漢水不成而船沉溺斃，時乃渡漢水而非楚
　　境，又時隔三百五十年之久，故楚子認改納貢之罪，至昭王不復則
　　問諸水濱，此為齊桓出師之名。觀其緣起，乃齊侯與蔡姬乘舟，蕩
　　公，公懼，禁之不止，乃歸之而未絕，蔡人嫁之。此依長沙馬王堆
　　三號漢墓出土帛書春秋事語，載此引士說之言曰：「今聽女辭而嫁
　　之，以絕齊，是□怨以□也。」（頁59）則再嫁或出蔡姬本人意旨，
　　公因怒而出兵伐蔡，故借二事為出師之名而已。

8. 春秋文公二年經：三月乙巳，及晉處父盟。

左氏文公二年傳：晉人以公不朝來討，公如晉，夏四月己巳，晉人使
陽處父盟公以恥之。

按：晉人以魯不朝討之，魯侯如晉，晉使大夫陽處父盟魯公以恥之，於
　　時魯君尚未除喪，晉以公不朝來討，魯公當可以禮拒之，不當犯喪
　　以朝之。一以責魯之畏強，一以責晉襄僭上之無禮。

9. 春秋文公十年經：秋七月，及蘇子盟于女栗。

　　左氏文公十年傳：秋七月，及蘇子盟于女栗，頃王立故也。

按：蘇子，周卿士也。周頃王新立，來盟於魯，親諸侯也。

10. 春秋成公二年經：秋七月，及國佐盟于袁婁。

　　　左氏成公二年傳：秋七月，晉師及齊國佐盟于袁婁，使齊人歸我汶陽
　　之田。

按：依僖公元年傳，如公賜季友汶陽之田，是魯已將汶陽之田歸於季氏，
　　又依成公二年傳，季文子之言，汶陽之田因鞌之戰逼齊還魯，故爲
　　此袁婁之盟。然爲時甚短，成公八年，晉侯使韓穿言季友，汶陽之
　　田歸之於齊，至定公十年，魯大夫茲無還言齊需歸汶陽之田，乃當
　　共齊命，故知汶陽之田，齊所不欲償還之地。

11. 春秋成公三年經：冬十有一月，丙午，及荀庚盟。丁未，及孫良夫盟。

　　　左氏成公三年傳：冬十一月，晉侯使荀庚來聘，且尋盟，衛侯使孫良
　　夫來聘，且尋盟。

按：毛奇齡春秋傳：「此皆爲晉來尋盟，恐貳楚也。」（卷一四一・頁 10）

12. 左氏成公五年傳：秋八月，鄭伯及晉趙同盟于垂棘。

按：前年鄭侵許，掠其田地，去年又領軍往定其疆界，鄭伯、許男於子
　　反前訟焉，子反未能決之。今春，鄭悼、許男往楚訟之，不勝，鄭
　　求成於晉，於是盟於垂棘。

13. 春秋成公十一年經：王三月己丑，及郤犨盟。

　　　左氏成公十一年傳：春王三月，公至自晉，晉人以公爲貳于楚，故止
　　公，公請受盟，而後使歸，郤犨來聘，且涖盟。

按：據四年傳，魯曾欲與楚交好而叛晉，故今請盟而晉止之。魯於去年
　　七月如晉，至今歷時九月，魯請盟，故晉廣派郤犨來盟。

14. 左氏成公十二年傳：冬，楚公子罷如晉聘，且涖盟。十二月，晉侯及
　　楚公子罷盟于赤棘。

按：今夏，晉與楚成，故晉使郤至如楚，楚公子如晉聘而盟，互通友好。

15. 春秋襄公七年經：冬十月壬戌，及孫林父盟。

左氏襄公七年傳：冬十月，衛孫林父來聘，且拜武子之言，而尋孫桓子之盟。

按：成公三年，衛使孫良夫來聘且盟，今良夫子文子來聘盟。然其無禮於公，公登亦登，與君并行，失禮之甚。

16. 春秋襄公九年經：十有二月己亥，同盟于戲。

左氏襄公九年傳：十一月己亥，同盟于戲，鄭服也。

按：杜注：「十有二月己亥，以長曆推之，十二月無己亥，經誤。」依二十二年傳敘「我二年六月朝于楚，晉是以有戲之役」知鄭嘗朝楚，是冬十月，諸侯伐鄭。鄭人恐乃求成，諸侯皆不欲戰，乃許鄭成，同盟於戲。

17. 左氏襄公三十年傳：夏四月，鄭伯及其大夫盟。

按：去歲，伯有、子晳積怨，子晳怒而欲伐伯有，大夫和之而盟於伯有，今夏，鄭之君臣共盟，因以謀和。

18. 左氏哀公二十七年傳：春，越子使舌庸來聘，且言邾田，封于駘上。二月，盟于平陽，三子皆從，康子病之。言及子贛，曰：「若在此，吾不及此夫！」

按：杜注：「季康子、叔孫文子、孟武伯皆從舌庸盟。」會箋：「三子皆從公盟，非從舌庸盟也。」（第三十·頁58）公、卿從一大夫盟，是康子病之。舌庸強三子從魯哀公與之盟，魯之兵力既不能敵越，又無善辭之人以拒之，故而念及子貢，十二年橐皋之會，吳子使大宰嚭請尋盟，子貢辭卻之，今公與越臣盟，又失邾田，屈辱甚矣。

總　結

齊桓稱伯前（第1、2、3例），是魯公與小國及戎狄盟，至齊桓稱伯後，非不得已，諸侯不盟大夫（如第4例），仍以諸侯盟大夫爲恥也（如第8例）。

春秋末有一特殊現象：本國諸侯與本國大夫盟（如第17例）。

第三節　大夫盟諸侯

1. 春秋隱公二年經：冬十月，紀子帛、莒子盟于密。

左氏隱公二年傳：冬，紀子帛、莒子盟于密，魯故也。

按：莒、魯有怨，莒子將伐魯，紀君既娶魯惠公之女（隱公二年九月），使大夫盟莒以和之，周禮地官有調人職，掌司萬民之難而諧和之，子帛爲魯結好息民，故傳稱「魯故也」，因其調解魯、莒間之不睦，故比之魯大夫，列其名於莒君之上。是魯、莒交好，實子帛之功也。

2. 左氏隱公七年傳：夏，齊侯使夷仲年來聘，結艾之盟也。

按：隱公六年，齊、魯交好，結艾之盟。今夏，齊侯遣夷仲年來聘，續結艾盟。

3. 春秋莊公十九年經：秋，公子結、媵陳人之婦于鄄，遂及齊侯、宋公盟。

按：古諸侯娶於一國，二國以庶出之女陪嫁爲媵，陳侯娶衛女爲夫人，魯國以同姓媵之，使大夫公子結往送之，本應送至衛國都城，使與陳侯夫人同行，聞齊侯、宋公有會，遂使他人往送女，己則代魯君結伯主盟。媵陳人之婦、君命也，及齊、宋盟，非君命也，致失媵陳之好，齊、宋亦爲之怒。是年冬，齊人、宋人、陳人伐魯西鄙，三國均疾於魯，皆公子結之失也。

4. 春秋閔公二年經：冬，齊高子來盟。

按：魯莊公疾時，儲嗣未定，輔子般，莊公薨，子般弑，閔公弑，慶父與夫人亂。魯內曠年無君，桓公聞之，使齊高子來盟。國語齊語「桓公憂天下諸侯，魯有夫人、慶父之難，二君弑死，國絕無嗣，桓公聞之，使高子存之。」（卷六・頁 246）高子能深執忠臣之義，平魯之難，僖公定位而後盟，公羊傳云：「魯人至今以爲美談，猶望高子也。」

5. 左氏僖公二十八年傳：六月，甯武子與衛人盟于宛濮，曰：「天禍衛國，君臣不協，以及此憂也，今天誘其衷，使皆降心以相從也。不有居者，誰守社稷？不有行者，誰扞牧圉？不協之故，用昭乞盟于爾大神以誘天衷。自今日以往，既盟之後，行者無保其力，無懼其罪。有渝此盟，以相及也。明神先君，是糾是殛。」國人聞此盟也，而後不貳。

按：衛成公聞楚師敗陣，出奔陳，遂使元咺奉使叔武以攝君事，叔武之立，公命也。六月，衛侯復歸，甯武子從公而出，今與衛人盟於宛濮，以釋群臣不貳，以定國人之心。杜注：「叔武之賢，甯俞（武子）

之忠。」衛侯所以復歸。衛侯入而不察，以爲叔武簒，故殺之。待公知其無罪，枕之股而哭之，元咺亦出奔晉。

6. 春秋文公七年經：冬，公孫敖如莒涖盟。

左氏文公七年傳：冬，徐伐莒，莒人來請盟，穆伯如莒涖盟。

按：杜注：「見伐，故欲結援。」自僖公二十五年、二十六年，魯、莒有洮、向之盟，向稱結好。今徐伐莒，公孫敖往涖盟，協謀以備徐。

7. 春秋文公十五年經：三月，宋司馬華孫來盟。

左氏文公十五年傳：三月，宋華耦來盟，其官皆從之，書曰「宋司馬華孫」貴之也。

按：宋自魯僖公會諸侯於薄，釋宋襄公後，直至文公十四年，同諸侯爲新城之盟，未嘗與魯通好，故宋昭遣華耦來魯請盟，以尋舊好。

春秋外大夫來盟者四：桓公十五年「鄭伯使其弟語來盟」、宣公七年「衛侯使孫良夫來盟」，經皆稱使，閔公二年「齊高子來盟」、及此不稱「使」字，趙鵬飛春秋經筌「不書使，非君命也。」（卷八·頁50），然依僖公四年經「楚屈完來盟于師」，左氏傳：「楚子使屈完如師」，又閔公二年「齊高子來盟」，國語齊語「桓公聞之，使高子存之」，皆奉公使，則華耦之來，亦當受宋昭所使。

8. 春秋文公十六年經：六月戊辰，公子遂及齊侯盟于郪丘。

左氏文公十六年傳：夏五月，公四不視朔，疾也。公使襄仲納賂于齊侯，故盟于郪丘。

按：此以賂得盟也，正月請盟不得，至夏，以納賂而求得是盟。

9. 春秋宣公七年經：春，衛侯使孫良夫來盟。

左氏宣公七年傳：春，衛孫桓子來盟，始通，且謀會晉也。

按：魯宣因齊而得簒（文公十八年），不事晉幾年矣。晉立將求諸侯以興伯業，魯宣未嘗聘盟於晉，衛久睦於晉，屢從晉征討，今衛、魯始修好，且謀結晉好，是年冬，而有黑壤之會。

10. 春秋成公元年經：夏，臧孫許及晉侯盟于赤棘。

左氏成公元年傳：夏，聞齊將出楚師，夏，盟于赤棘。

按：毛奇齡春秋傳：「以齊難乞盟。」（卷一四一·頁3）時季孫行父主權，恨公孫歸父之欲去三桓而聘於晉，欲以晉人去之，故思逐之，又懼晉侯見討。故臧孫許往結此盟。

11. 左氏成公十六年傳：冬十月，出叔孫僑如而盟之，僑如奔齊。

按：襄公二十三年載其盟辭「毋或如叔孫僑如欲廢國常、蕩覆公室。」成公之世，季孫行父及仲孫蔑主權，叔孫僑如忌之，言「魯之有季、孟，猶晉之有欒、范也」，欲藉晉力以作內爭，執行父、赦季孫，僑如奔齊。此因逐出僑如而與諸大夫盟。周禮秋官司盟職掌「盟萬民之犯命者」，殆指此乎。

12. 左氏襄公三年傳：晉爲鄭服故，且欲脩吳好，將合諸侯。使士匄告于齊曰：「寡君使匄，以歲之不易，不虞之不戒，寡君願與一二兄弟相見，以謀不協。請君臨之，使匄乞盟。」齊侯欲勿許，而難爲不協，乃盟于耏外。

按：會箋：「此會悼公有三意：一是鄭已服，不可不會鄭伯；一是欲脩吳好，故待吳子；一是恐齊貳心，故會齊。」（第十四‧頁 11）時悼公初政，伯業方興，欲結好諸國，故有此會。

13. 春秋襄公十五年經：二月己亥，及向戌盟于劉。

左氏襄公十五年傳：二月，宋向戌來聘，且尋盟。

按：杜注：「報二年豹之聘，尋十一年亳之盟。」襄公二年叔孫豹如宋聘，宋未有以報，於今來聘好。

14. 春秋襄公二十年經：春王正月辛亥，仲孫速會莒人盟于向。

左氏襄公二十年傳：春，及莒平，孟莊子會莒人盟于向，督揚之盟故也。

按：莒數伐魯，去年諸侯盟督揚以和之，二國又自相盟，自此十五年不交兵。

15. 春秋襄公二十七年經：秋七月，豹及諸侯盟于宋。

左氏襄公二十七年傳：秋七月辛巳，將盟于宋西門之外。

按：宋之盟乃晉、楚弭兵之盟，其事醞釀已久，自襄公二十五年起，其意始自趙文子。趙武爲政，魯叔孫豹見之，謂豹曰：「自今以往，兵其少弭矣。齊崔、慶新得政，將求善於諸侯，兵可以弭。」向戌促成弭兵之盟，諸侯無侵伐凡八年，春秋善之。此盟使晉、楚之從交相朝見，晉、楚爭相歃血，楚終以「子務德，無爭先」而先歃之，盟畢，宋盡地主之誼，兼享晉、楚大夫。且晉使荀盈如楚涖盟，重結晉、楚之好。又趙武盟畢，取道鄭國以返，鄭簡公於垂隴設宴款

之，並率子展、伯有、子西、子產、子大叔、二子石七子從君，眾
皆賦詩以贐，相宴甚歡。楚亦遣蘧罷如晉涖盟，以報晉荀盈之聘，
晉侯亦享之。此後南北諸侯交相見，襄公二十八年夏，齊侯、陳侯、
蔡侯、北燕伯、杞伯、胡子、沉子、白狄朝于晉，是狄人亦在內，
且未與盟之齊亦來朝晉，是年冬，魯襄公、宋公、陳侯、鄭伯、許
男如楚，宋盟之故。趙鵬飛春秋經筌：「寢兵息民，其仁實有以靖天
下。」（卷十二・頁 30）不以權出於大夫，而盡廢其功。

16. 春秋昭公七年經：三月，叔孫婼如齊涖盟。

按：魯、齊不睦已久，今齊與魯平，故叔孫婼如齊涖盟，齊、魯因是交
　　好，終昭公之世，無疆場之事。

17. 左氏昭公二十二年傳：司馬竈如莒涖盟，莒子如齊涖盟，盟于稷門之
　　外。

按：是年春，齊初使北宮啓伐莒，齊求不多，易於言和，然莒子好戰，
　　致使齊侯親率師，莒子方求和，所失甚大。齊使涖盟，不於城內，
　　盟於城外，是有意辱之，故莒大夫惡其君。翌年，莒大夫逐莒子，
　　奔魯。

18. 春秋定公三年經：冬，仲孫何忌及邾子盟于拔。
　　左氏定公三年傳：冬，盟于郯，修邾好也。

按：杜注：「郯即拔也。」定公即位，即修好於邾，首會葬邾莊公，又使
　　仲孫何忌盟其嗣君，可謂勤矣。故十四年比蒲之蒐，邾子會公，十
　　五年邾子來朝，公薨且來奔喪，事魯甚恭。是魯、邾修好由此始也。

19. 左氏定公八年傳：晉師將盟衛侯于鄟澤，趙簡子曰：「群臣誰敢盟衛
　　君者？」涉佗、成何曰：「我能盟之。」衛人請執牛耳，成何曰：「衛，
　　吾溫、原也，焉得視諸侯？」將歃，涉佗捘衛侯之手，及捥，衛侯怒，
　　王孫賈趨進，曰：「盟以信禮也，其敢不唯禮是事而受以盟也？」

按：前年衛叛晉屬齊，故趙簡子欲以大夫盟衛君以辱之。依哀公十七年
　　傳「諸侯盟，誰執牛耳？」孔疏「依禮小國執牛耳」，襄公二十七年
　　疏同，知盟禮，卑者執牛耳，尊者涖之。此與衛侯相盟爲晉大夫，
　　故請晉臣執之，然晉臣以衛之小可比晉縣，不得從諸侯禮，將歃而
　　捘其手，衛侯以晉臣無禮，不受此盟。

20. 春秋定公十一年經：冬，叔還如鄭涖盟。

按：魯自僖公以來，世服於晉，六年公侵鄭取匡，爲晉也。今及鄭平，
爲齊也，始而叛晉，此與鄭平，以解昔日之怨。

21. 春秋哀公二年經：春王二月癸已，叔孫州仇、仲孫何忌及邾子盟于句
繹。

左氏哀公二年傳：春，伐邾，將伐絞，邾人愛其土，故略以漷、沂之
田而受盟。

按：杜注：「絞，邾邑。」定公初，魯、邾修好，哀公懦庸，三家專政，
出兵伐邾，邾人賄以漷、沂之田而盟之。

總　結

「大夫盟諸侯」有 21 例，不可不謂春秋時期之特殊現象，尤其集中於文
公以後，大夫專政已露端倪。又春秋末晉國勢衰，小國自相結盟背離大國，
如第 19、20 例。尤以魯、鄭自春秋初起，常有敵對之事，至春秋末反而結盟
解宿怨，可見沒有永遠的敵人。

第四節　大夫盟

1. 春秋宣公十二年經：冬十有二月，晉人、宋人、衛人、曹人同盟于清
丘。

左氏宣公十二年傳：冬，晉原縠、宋華椒、衛孔達、曹人同盟于清丘，
曰：「恤病、討貳。」於是卿不書，不實其言也。

按：宣十二年，邲之戰，晉爲楚敗，懼諸侯從楚而同盟。時陳附楚，宋
依盟「討貳」伐陳。衛、陳舊好，衛背約以救陳，晉亦未救宋，故
云不實其言。

2. 左氏宣公十五年傳：「夏五月，楚師將去宋，……宋人懼，使華元夜入
楚師，登子反之牀，起之，曰：「寡君使之以病告，曰：『敝邑易子而
食，析骸以爨，雖然城下之盟有以國斃，不能從也，去我三十里，唯
命是聽。』」子反懼，與之盟，而告王。退三十里，宋及楚平，華元爲
質，盟曰「我無爾詐，爾無我虞。」

按：會箋：「宋既病，而猶不肯爲城下之盟，則人必有致死之心，夫以將
死之人，而懷必死之志，楚雖強安能敵之，子反知宋病而必不可取。
華元之情實而勢逼，情實則動，勢逼則懼，安能不退師三十里而與

之平哉！」（第十一‧頁 40）

3. 春秋成公十六年經：十有二月己丑，季孫行父及晉郤犨盟于扈。

左氏成公十六年傳：十二月，季孫及郤犨盟于扈。

按：九月，晉人執季文於苕丘，晉許與魯平，赦季孫，時季孫行父即與
郤犨爲此盟。

4. 春秋襄公三年經：六月戊寅，叔孫豹及諸侯之大夫及陳袁僑盟。

左氏襄公三年傳：六月，楚子辛爲令尹，侵欲於小國，陳成公使袁僑
如會求成，晉侯使和組父告于諸侯。秋，叔孫豹及諸侯之大夫及陳袁
僑盟，陳請服也。

按：六月，諸侯盟于雞澤，而後陳袁僑至，大夫復盟之。

5. 春秋襄公四年傳：冬，無終子嘉父使孟樂如晉，因魏莊子納虎豹之皮，
以請和諸戎。……公說，使魏絳盟諸戎。

按：成公十八年，晉悼即位，始命百官，悼公入國，最能用人，魏絳內
主息平之計，外獻和戎之策，於晉悼之霸，厥功甚偉，國語晉語七：
「使魏絳撫諸戎，於是乎遂伯。」（頁 441）

6. 春秋襄公十一年經：秋七月己未，盟于亳城北。

左氏襄公十一年傳：秋七月，同盟于亳。

按：鄭人患晉、楚，屢爲戰場。夏，侵宋以致晉師至，諸侯伐鄭，於秋
盟亳。

7. 左氏襄公十一年傳：春，季文子將作三軍，告叔孫穆子曰：「請爲三軍，
各征其軍。」穆子曰：「政將及子，子必不能。」武子固請之。穆子曰：
「然則盟諸？」乃盟諸僖閎，詛諸五父之衢。

按：夫魯之政，三桓秉之。時季孫宿將作三軍，魯襄年幼，叔孫世爲司
馬，請示叔孫豹，穆子恐季孫專政，欲取信於盟誓。又盟又詛，證
知季孫宿不得叔孫豹之信。

8. 左氏襄公十四年傳：夏，公使子蟜、子伯、子皮與孫子盟于丘宮，孫
子皆殺之。

按：杜注：「三子衛群公子，疑孫子，故盟之。」時遽伯玉出關，孫文子
入都攻衛獻，孫氏兵臨公宮，公不得不盟以求和，非疑孫子而盟之。

9. 左氏定公五年傳：陽虎囚季桓子及公父文伯，而逐仲梁懷。冬十月丁
亥，殺公何藐，己丑，盟桓子于稷門之內，庚寅，大詛。逐公父歜及

秦遄，皆奔齊。

按：縱觀列國陪臣，未有如陽虎之暴，囚孫斯、逐文伯、殺公何藐，甚
　　而順祀先公（定公八年），實僭禮太甚。

10. 左氏定公六年傳：陽虎又盟公及三桓于周社。盟國人于亳社，詛于五
　　　父之衢。

按：魯有二社，一為周社，一為亳社，說見閔公二年「間于兩社」，注云：
　　魯制三門，曰庫門、曰雉門、曰路門。雉門之外，左有亳社，右有
　　周社，是二社為朝廷詢謀大事之處，亦為執政之所。

11. 左氏哀公十五年傳：衛孔圉取大子蒯聵之姊，生悝。孔氏之豎渾良夫
　　　長而美，孔文子卒，通於內，大子在戚，孔姬使之焉。大子與之言曰：
　　　「苟使我入獲國，服冕、乘軒，三死無與。」與之盟，為請於伯姬。

按：衛大子蒯聵欲弒其母（定公十四年），不得，奔宋，違失倫常。夫靈
　　公欲立郢，郢堅持不受，乃始立聵子輒，而蒯聵意欲獲國，乃與渾
　　良夫盟，父子二人爭國，同受不忠不慈之譏。

12. 左氏哀公十九年傳：秋，楚沉諸梁伐東夷，三夷男女及楚師盟于敖。

按：今春，越人侵楚，秋，則楚人伐東夷，故楚、夷盟於敖。

13. 左氏哀公二十五年傳：公使優狡盟拳彌。

按：杜注：「優狡，俳優也，拳彌，衛大夫，使俳優盟之，欲恥辱也。」
　　會箋：「是只失禮而已，非有恥辱之之意。」失禮而受辱，無差。

14. 左氏哀公二十六年傳：多十月，公游于空澤，辛已，卒于連中，大尹
　　　興空澤之士千甲，奉公自空桐入如沃宮，使召六子，曰：「聞下有師，
　　　君請六子畫。」六子至，以甲劫之曰：「君有疾病，請二三子盟。」
　　　乃盟于少寢之庭；曰：「無為公室不利。」

按：宋景公卒，未有立，時景公寵大尹，國之大事，非大尹不達，刑賞
　　黜陟，非大尹莫通，此於少寢庭假君命盟六卿，幸垂六卿皇、靈、
　　樂三族和同聽政，得以未亡。

總　結

「大夫盟」是春秋末之特色，尤其有本國大夫自相盟。

第五章　會而盟

1. 春秋隱公六年經：夏五月辛酉，公會齊侯，盟于艾。

   左氏隱公六年傳：夏，盟于艾，始平于齊也。

   按：杜注：「春秋前，魯與齊不平，今乃棄惡求好，故言始平於齊。」隱公三年，齊、鄭有石門之盟，兩國交好。趙鵬飛春秋經筌：「齊將救鄭，則地隔於魯，不求魯無以救鄭。」（卷一・頁 31）是年春，鄭來渝平，此盟乃齊爲鄭而結魯，亦齊、魯交好之始。

2. 春秋隱公八年經：秋七月庚午，齊侯、宋公、衛侯盟于瓦屋。

   左氏隱公八年傳：秋，齊人卒平宋、衛于鄭。秋，會于溫，盟于瓦屋，以釋東門之役，禮也。

   按：毛奇齡春秋傳：「是年春，宋、衛先遇于垂，正爲齊侯欲平鄭而先相會以謀之，至是乃始請齊侯而共爲此盟以平鄭。」（卷一二四・頁 5）東門之役於隱四年，時宋、衛圍鄭東門，若鄭圖報復，則難以言和，此盟三國平成，故云禮也。

3. 春秋桓公十一年經：九月，柔會宋公、陳侯、蔡叔盟于折。

   按：去歲魯與齊、鄭、衛戰於郎而成仇敵，又齊、鄭、衛盟於今春，桓公欲合黨以敵之，思乘鄭公子突之亂，可圖報復，於是結陳、蔡，以爲圖鄭之計。

4. 春秋桓公十二年經：夏六月壬寅，公會杞侯、莒子盟于曲池。

   左氏桓公十二年傳：夏，盟于曲池，平杞、莒也。

   按：趙鵬飛春秋經筌：「杞、莒之怨久矣。隱公四年莒人伐杞，取牟婁，自後未嘗通也。杞、莒皆魯之東鄰，而曲池魯地也，蓋杞、莒欲平，

求魯而泣之以信其盟。」（卷二·頁 39）

5. 春秋桓公十二年經：秋七月丁亥，公會宋公、燕人盟于穀丘。八月，
公會宋公于虛。十有一月，公會宋公于龜。公會鄭伯，盟于武父。

左氏桓公十二年傳：秋，公及宋公盟于句澤之丘，宋成未可知也，故
又會于虛。冬，又會于龜。鄭伯盟于武父，遂帥師而伐宋，戰焉，宋
無信也。

按：宋之納突於鄭，求賂而後使之入，及突入國之後，不能償其言，遂
成釁隙，故桓公欲平之。

6. 春秋桓公十七年經：春正月丙辰，公會齊侯，紀侯盟于黃。

左氏桓公十七年傳：春，盟于黃，平齊、紀，且謀衛故也。

按：齊之圖紀久矣，五年，齊侯、鄭伯謀襲之，七年四月，紀侯來魯商
謀齊難，冬，又來朝，請魯以王命求成於齊。八年，謀納王后以自
固，齊僖果不敢加無禮於王后之國，然齊襄無常，莊公四年，終滅
紀國。

7. 春秋桓公十七年經：二月丙午，公會邾儀父，盟于趡。

左氏桓公十七年傳：春，及邾儀父盟于趡，尋蔑之盟也。

按：八年，魯桓伐邾，十五年，邾朝魯後方通好，今盟且尋隱公元年蔑
之舊好。

8. 春秋莊公十三年經：冬，公會齊侯盟于柯。

左氏莊公十三年傳：冬，盟于柯，始及齊平也。

按：莊公十年魯敗齊師於長勺，齊、宋聯軍又敗宋師於乘丘，於今方與
齊言和。魯人知齊桓圖霸，故盟而求和，齊亦有求諸侯之心。

9. 春秋莊公十六年經：冬十有二月，會齊侯、宋公、陳侯、衛侯、鄭伯、
許男、曹伯、滑伯、滕子同盟于幽。

左氏莊公十六年傳：冬，同盟于幽，鄭成也。

按：同盟者，左氏以同尊周室，然同盟者，皆晉挾諸國以與楚爭諸小國，
未嘗尊周。穀梁謂眾所同欲。是雞澤同盟（襄公三年），齊侯不欲盟
而盟于邴水之外；晉遣荀會迎吳子於淮上，而吳子不至。平丘同盟
（昭公十三年），晉使兵力脅王官并十三國諸侯，強使為盟，是知同
盟者，未必尊周室，亦非所同欲。毛奇齡春秋屬辭比事記云：「同盟
者，眾共為之，雖一國為政，而為眾國所共成。」（卷一五九·頁 12）

說較平允。

　齊桓初爲主盟，自北杏以後，屢合諸侯，然諸侯之心不一，至此鄭服，故合九國之君爲盟，一匡天下，齊桓始霸。

10. 春秋莊公二十三年經：冬十有二月甲寅，公會齊侯盟于扈。

按：齊、魯結姻，莊二十二年如齊納幣，二十四年親迎，此盟當是請期。

11. 春秋莊公二十七年經：夏六月，公會齊侯、宋公、陳侯、鄭伯同盟于幽。

　左氏莊公二十七年傳：夏，同盟于幽，陳、鄭服也。

按：十六年幽之盟，齊桓始霸，時楚亦始強，諸侯猶有疑者，且二十二年陳人殺其大子禦寇，陳完奔齊，齊桓使爲工正，陳人或有不服，二十五年春，陳女叔來聘，始結陳好，此再舉同盟之禮，而一諸侯之心也。

12. 春秋僖公五年經：夏，公及齊侯、宋公、陳侯、衛侯、鄭伯、許男、曹伯會王世子于首止，秋八月，諸侯盟于首止。

　左氏僖公五年傳：會于首止，會王大子鄭，謀甯周也。秋，諸侯盟。王使周公召鄭伯，曰：「吾撫女以從楚，輔之以晉，可以少安。」鄭伯喜於王命，而懼其不朝於齊也，故逃歸不盟。

按：惠后寵少子帶，惠王有廢太子鄭之意，故齊桓作首止之會，尊王太子鄭以安定之，首止之盟，所以定王世子之位，固非惠王本意，故惠王間鄭，使之逃盟，又召鄭伯使之叛齊。時晉、楚未與齊盟，故藉之以安鄭。

13. 春秋僖公七年經：秋七月，公會齊侯、宋公、陳世子款、鄭世子華盟于甯母。

　左氏僖公七年傳：秋七月，盟于甯母，謀鄭故也。

按：齊人伐鄭未已，鄭伯懼而求成於齊，先使太子華受盟於甯母也。會箋：「蓋鄭逃首止之盟，王輔以貳楚，緩則相爲觀望，急則楚交益固，故前伐鄭，以兵威之，此謀鄭以禮服之，皆管仲之籌畫也。」（第五・頁40）是年冬，鄭伯遣使盟於齊。

14. 春秋僖公八年經：春王正月，公會王人、齊侯、宋公、衛侯、許男、曹伯、陳世子款盟于洮。

　左氏僖公八年傳：春，盟于洮，謀王室也，鄭伯乞盟，請服也，定位

而後發喪。

按：惠王崩，襄王慮大叔帶之難，畏不立而未發喪，告難於齊，齊爲此
　　盟，使襄王定位而後發喪。

15. 春秋僖公九年經：夏，公會宰周公、齊侯、宋子、衛侯、鄭伯、許男、
　　曹伯于葵丘。九月戊辰，諸侯盟于葵丘。

　　左傳僖公九年傳：夏，會于葵丘，尋盟，且修好，禮也。秋，齊侯盟
　　諸侯于葵丘，日：「凡我同盟之人，既盟之後，言歸于好。」

按：孟子告子篇云：「葵丘之會，諸侯束牲載書而不歃血。」穀梁亦云：
　　「葵丘之盟，陳牲而不殺。」是此會盟，頗爲人曉。時周襄王初立，
　　依孟子云無易樹子，先會後盟，當是共尊周室，此所以爲人樂稱之
　　因，其由宰孔賜齊侯胙，可見一斑，時齊桓欲下拜，而宰孔允以不
　　行臣子下拜之禮，齊侯終下拜，登受，猶有君臣之禮。

16. 春秋僖公十五年經：三月，公會齊侯、宋公、陳侯、衛侯、鄭伯、許
　　男、曹伯盟于牡丘，遂次于匡。

　　左氏僖公十五年傳：春，楚人伐徐，徐即諸夏故也。三月，盟于牡丘，
　　尋葵丘之盟，且救徐也，孟穆伯帥師及諸侯之師救徐，諸侯次于匡以
　　待之。

按：葵丘之盟於魯僖九年，齊桓夫人有徐嬴，則徐與齊爲婚姻之國，齊
　　以伯主之國合諸侯救徐。顧棟高春秋大事表：「楚之兵威及徐，而齊
　　之救患顧不力，葵丘聽命之諸侯不即驅之討楚，而再盟于牡丘。」（表
　　二六・頁7）

17. 春秋僖公十九年經：冬，會陳人、蔡人、楚人、鄭人盟于齊。

　　左氏僖公十九年傳：陳穆公請修好於諸侯，以無忘齊桓之德。冬，盟
　　于齊，修桓公之好也。

按：秋，宋人圍曹，討不服，是六國會盟於齊地，一則思齊桓之伯業，
　　一則以宋襄無德欲爭伯而思謀之。六國之舉，止宋襄圖霸之心。

18. 春秋僖公二十一年經：十有二月癸丑，公會諸侯盟于薄，釋宋公。

　　左氏僖公二十一年傳：冬，會于薄以釋之，子魚日：「禍猶未也，未
　　足以懲君。」

按：盂之會，楚人執宋公伐宋，以其禍尚不足以懲君，今薄之會，赦免
　　宋襄。此會諸侯即秋之盂會之諸侯，盂會見前。

19. 春秋僖公二十五年經：冬十有二月癸亥，公會衛子、莒慶盟于洮。
　　左氏僖公二十五年傳：衛人平莒于我。十二月，盟于洮，修衛文公之好，且及莒平也。

按：由傳文得知，洮之盟：一為衛成公修魯僖與衛文之好，一是魯、莒因衛成公之調停而相盟。元年，魯敗莒，獲莒挐，魯、莒相怨已久，衛從中調停之。周禮地官調人掌司萬民之難而諧和之，然莒之平待明年向之盟始成。

20. 春秋僖公二十六年經：春王正月己未，公會莒子、衛甯速盟于向。
　　左氏僖公二十六年傳：春王正月，公會莒茲平公、甯莊子盟于向，尋洮之盟也。

按：洮之盟於去年盟之，時衛君親至，莒之涖盟者為大夫莒慶，此盟則莒君親盟而衛大夫涖之。趙鵬飛以此見莒、衛之君臣，進退謹重而有禮也。向盟則三國平成之。

21. 春秋僖公二十七年經：十有二月甲戌，公會諸侯盟于宋。

按：諸侯有陳、蔡、鄭、許，皆從楚者，魯以去年乞師，且借其師伐齊之故，魯、楚方始通好，顧棟高春秋大事表：「楚帥四國圍宋，而魯復會之，曹、衛又結于楚，天下大勢，楚蓋十屆其八九矣。」（表二八・頁1）知楚盛矣。

22. 春秋僖公二十八年經：五月癸丑，公會晉侯、齊侯、宋公、蔡侯、鄭伯、衛子、莒子盟于踐土。

按：晉文公城濮一戰敗楚，威震四方，周襄王勞之，諸侯受盟，晉始霸，依定公元年傳敘踐土之盟辭「凡我同盟，各復舊職」，為僅有之言。顧棟高春秋大事表：「魯及陳、蔡、鄭、衛五國，向與楚者，今俱改圖從晉，所謂一戰而伯也。」（表二八・頁2）

23. 春秋僖公二十九年經：夏六月，會王人、晉人、宋人、齊人、陳人、蔡人、秦人盟于翟泉。

左氏僖公二十九年傳：夏，公會王子虎、晉狐偃、宋公孫固、齊國歸父、陳轅濤塗、秦小子憖盟于翟泉，尋踐土之盟，且謀伐鄭也。

按：顧棟高春秋大事表：「蓋自戰勝城濮以後，秦已甘心晉役，秦、晉合則可制楚而有餘，使無殽之釁，秦、晉之交永固，中國之兵爭永息矣。是故非秦不能輔晉，非文公亦不能用秦。」（表二八・頁2）

24. 春秋文公二年經：夏六月，公孫敖會宋公、陳侯、鄭伯、晉士穀盟于
    垂隴。

    左氏文公二年傳：夏，穆伯會諸侯及晉司空士穀盟于垂隴，晉討衛故
    也。

按：杜注：「討元年衛人伐晉也。」

25. 春秋文公七年經：秋八月，公會諸侯、晉大夫盟于扈。

    左氏文公七年傳：秋八月，齊侯、宋公、衛侯、陳侯、鄭伯、許男、
    曹伯會晉趙盾盟于扈，晉侯立故也。

按：晉世家：「秋，齊、宋、衛、鄭、曹、許君皆會趙盾，盟于扈，以靈
    公初立故也。」（卷三九‧頁 1672）知此盟乃新君初立。由大夫主天
    下會盟自此始。

26. 春秋文公八年經：冬十月壬午、公子遂會晉趙盾盟于衡雍，乙酉，公
    子遂會雒戎盟于暴。

    左氏文公八年傳：晉人以扈之盟來討，冬，襄仲會晉趙孟于衡雍，報
    扈之盟也。遂會伊雒之戎，書曰：「公子遂」珍之也。

按：晉人以扈之盟，魯公後至討之，公子遂會趙盾於衡雍，報扈之盟也。
    且雒戎將伐魯，遂會之。公羊傳有「出境有可以安社稷，利國家者，
    則專之可也。」（莊公十九年）故云珍之也。

27. 春秋文公十四年經：六月，公會宋公、陳侯、衛侯、鄭伯、許男、曹
    伯、晉趙盾，癸酉，同盟于新城。

    左氏文公十四年傳：六月，同盟于新城，從於楚者服，且謀邾也。

按：十一年承匡之會，即謀諸侯陳、鄭、宋之從於楚者，許自七年扈之
    盟後，今始盟會。去歲，衛、晉請平，諸侯分而復合。時晉襄之末，
    楚再憑陵，趙盾得政，霸權下移，會盟委諸大夫，功業漸微。

28. 春秋宣公七年經：冬，公會晉侯、宋公、衛侯、鄭伯、曹伯于黑壤。

    左氏宣公七年傳：鄭及晉平，公子宋之謀也，故相鄭伯以會。冬，盟
    于黑壤。王叔桓公臨之，以謀不睦。晉侯之立也，公不朝焉，又不使
    大夫聘，晉人止公于會。盟于黃父，公不與盟，以賂免。故黑壤之盟
    不書，諱之也。

按：文公十六年陽穀之會，齊不肯盟，經書齊侯弗及盟；成公十六年沙
    隨之會，晉侯不見成公，仍書之於經；昭公十三年平丘之盟，昭公

不與盟，亦書於經，趙鵬飛春秋經筌：「左氏設經外之文，以會爲盟，謂晉人止公，公不與盟，故特書會。」（卷九‧頁 19）以此嗤左氏，深究其異，三例雖書之於經，乃魯公親與之會，而此止公於會，是左氏云諱之也。又昭公十六年傳：「王正月，公在晉，晉人止公，不書，諱之也。」亦可證之。黑壤之會盟，傳言甚詳。

29. 春秋宣公十七年經：六月己未，公會晉侯、衛侯、曹伯、邾子同盟于斷道。

左氏宣公十七年傳：齊侯使高固、晏弱、蔡朝、南郭偃會，及斂盂，高固逃歸。夏，會于斷道，討貳也，盟于卷楚，辭齊人。

按：晉欲爲斷道之會，春，使郤克聘齊，使之與盟。然郤克怒齊，藉同盟之禮，會諸侯共伐齊，斷道之會，本非謀齊也。

趙鵬飛春秋經筌：「今楚兵雖退，而宋已爲楚，中國無宋藩籬益薄矣。爲晉之幸者，衛復反而爲中國也，故晉侯懼而復爲斷道之盟，所以固魯、衛、曹、邾之心，以爲己援而已。」（卷九‧頁 54）

30. 春秋宣公十八年經：春，齊侯會晉侯盟于繒，以公子彊爲質于晉。

按：毛奇齡春秋傳：「晉以斷道之會，齊侯不親至爲討，齊侯乃會晉侯盟于繒，以公子彊爲質于晉，晉師遂還。」（卷一四〇‧頁 15）

31. 春秋成公二年經：十有一月，公會楚公子嬰齊于蜀。丙申，公及楚人、秦人、宋人、陳人、衛人、鄭人、齊人、曹人、邾人、薛人、鄫人盟于蜀。

左氏成公二年傳：十一月，公及楚公子嬰齊、蔡侯、許男、秦右大夫說，宋華元、陳公孫寧、衛孫良夫、鄭公子去疾及齊國之大夫盟于蜀。

按：魯、衛皆南逼於楚，楚侵衛，則兵將及魯矣，師於蜀，魯人恐，與楚盟。

32. 春秋成公五年經：十有二月己丑，公會晉侯、齊侯、宋公、衛侯、鄭伯、曹伯、邾子、杞伯同盟于蟲牢。

左氏成公五年傳：冬，同盟于蟲牢，鄭服也，諸侯謀復會，宋公使向爲人辭以子靈之難。

按：鄭自邲戰（宣十二年）後從楚，至今始復從晉，宋共公以圍龜欲攻華氏之事，辭而不會。

33. 春秋成公九年經：春正月，公會晉侯，齊侯、宋公、衛侯、鄭伯、曹

伯、莒子、杞伯同盟于蒲。

左氏成公九年傳：春，爲歸汶陽之田故，晉人懼，會於蒲，以尋馬陵之盟，季文子謂范文子曰：「德則不競，尋盟何爲？」范文子曰：「勤以撫之，寬以待之，堅強以御之，明神以要之，柔服而伐貳，德之次也。」是行也，將始會吳，吳人不至。

按：去歲，晉侯使韓穿來言汶陽之田，歸之於齊，季文子以七年之間，一與一奪，謂晉逼使魯退汶陽之田與齊，乏信義之德，故諸侯貳於晉，晉人懼而爲此會盟。此會亦晉謀通吳之始，然吳子未至。

34. 左氏成公十一年傳：冬，秦、晉爲成，將會于令狐，晉侯先至焉，秦伯不肯涉河，次于王城，使史顆盟晉侯于河東，晉郤犨盟秦伯于河西。

按：依成公十三年傳，「呂相絕秦」一文觀之，秦、晉向稱友好，時秦穆、晉獻申之以盟，晉獻公之女爲秦穆公夫人，可謂重以昏姻，倍加親善。直至秦桓、晉厲盟於令狐，隔河相盟，可謂怪乎？據秦本紀「晉厲公初立，與秦桓公夾河而盟，歸而秦倍盟，與翟合謀擊晉。」（卷五‧頁196）是秦伯盟歸而即背盟。

35. 春秋成公十二年經：夏，公會晉侯、衛侯于瑣澤。

左氏成公十二年傳：宋華元克合晉、楚之成，夏五月，晉士燮會楚公子罷、許偃，癸亥，盟于宋西門之外，曰：「凡晉、楚無相加戎，好惡同之，同恤菑危，備救凶患，若有害楚，則晉伐之，在晉、楚亦如之，交贄往來，道路無壅，謀其不協，而討不庭，有渝此盟，明神殛之，俾隊其師，無克胙國。」鄭伯如晉聽成，會于瑣澤，成故也。

按：晉厲公初立而求諸侯，於是爲瑣澤之會，然經文言及晉、衛，而傳文言宋合晉、楚之成，頗不相類，或以魯、衛於齊、宋爲姻，魯、衛不叛，則齊、宋至矣，故爲此會。依傳則爲宋居間合成，不知何者爲是。

36. 春秋成公十五年經：三月癸丑，公會晉侯、衛侯、鄭伯、曹伯、宋世子成、齊國佐、邾人同盟于戚。

左氏成公十五年傳：春，會于戚，討曹成公也。

按：十三年傳敘曹成公殺宣公太子而自立，諸侯請討之，晉侯以伐秦之勞，請俟他年，於今春討之，故有戚之會盟。

37. 春秋成公十八年經：十有二月，仲孫蔑會晉侯、宋公、衛侯、邾子、

齊崔杼同盟于虛杅。

　　左氏成公十八年傳：十二月，孟獻子會于虛杅，謀救宋也。

按：楚子重伐宋，晉侯使士魴來乞師，仲孫蔑遂會諸侯於虛杅，謀救宋
　　也。諸侯師至，但楚、鄭之師已退，故宋人辭諸侯，而請其師以圍
　　彭城，故爲此盟。

38. 春秋襄公三年經：六月，公會單子、晉侯、宋公、衛侯、鄭伯、莒子、
　　邾子、齊世子光。己未，同盟于雞澤，陳侯使袁僑如會。

　　左氏襄公三年傳：六月，公會單頃公及諸侯，己未，同盟于雞澤。晉
　　侯使荀會逆吳子于淮上，吳子不至。

按：晉悼復霸，在得鄭得陳，此雞澤之會之功，鄭服而楚不敢北向。此
　　會亦欲修好於吳，使人迎之淮上，然吳子未至焉。

39. 春秋襄公五年經：秋，公會晉侯、宋公、陳侯、衛侯、鄭伯、曹伯、
　　莒子、邾子、滕子、薛伯、齊世子光、吳人、鄫人于戚。

　　左氏襄公五年傳：九月丙午，盟于戚，會吳、且命戚也。

按：成公九年蒲之盟，去歲之雞澤同盟，晉兩欲通吳，而吳子皆不至。
　　襄公三年，楚公子嬰齊帥師伐吳，此吳之所以願交晉也，今戚之盟，
　　吳初與諸侯盟也。

40. 春秋襄公十六年經：三月，公會晉侯、宋公、衛侯、鄭伯、曹伯、莒
　　子、邾子、薛伯、杞伯、小邾子于溴梁。戊寅，大夫盟。

　　左氏襄公十六年傳：平公即位，羊舌肸爲傅，……會于溴梁。……於
　　是叔孫豹、晉荀偃、宋向戌、衛甯殖、鄭公孫蠆、小邾之大夫盟，曰：
　　「同討不庭。」

按：平公初立，欲繼悼公之業，故爲此會以謀諸侯，齊有二心，使大夫
　　高厚來，而高厚逃歸，此盟之殊異，乃諸侯相會，而大夫相盟。自
　　後大夫專政，實始於此。顧棟高春秋大事表：「晉使大夫盟高厚，蓋
　　懼諸侯之從齊也。齊自鞌戰以後，于晉無役不從，自悼之末年始貳，
　　屢侵伐魯，四年之中，至六伐鄙而四圖邑，所以復有平陰之圍。」（表
　　二八・頁 15）此高厚所以逃歸也。

41. 春秋襄公二十年經：夏六月庚申，公會晉侯、齊侯、宋公、衛侯、鄭
　　伯、曹伯、莒子、邾子、滕子、薛伯、杞伯、小邾子于澶淵。

　　左氏襄公二十年傳：夏，盟于澶淵，齊成故也。

按：去歲，齊及晉平。時晉士匄侵齊，聞喪不伐，振旅而還，齊人德之
求成於晉。於今夏，合十三國之君，歃血澶淵爲此盟。悼公末年，
齊貳晉，至十八年平陰之圍，猶未服晉，至今夏，感士匄不伐喪之
義，爲會澶淵。

42. 春秋昭公元年經：春，叔孫豹會晉趙武、楚公子圍、齊國弱、宋向戌，
衛齊惡、陳公子招、蔡公孫歸生、鄭罕虎、許人、曹人于虢。
左氏昭公元年傳：正月乙未，入，逆而出。遂會于虢，尋宋之盟也。……
三月甲辰，盟。

按：趙文子前爲宋之盟以弭天下之兵，於今六年，內外無干戈之役，諸
侯安之。今盟之既久，楚、魯、蔡、衛皆已易世，文子亦尋繼君之
好，率諸侯之大夫而爲虢之會。

43. 春秋昭公十一年經：夏五月，仲孫貜會邾子盟于祲祥。
左氏昭公十一年傳：五月，孟僖子會邾莊公，盟于祲祥，修好，禮也。

按：自襄公十五年始，邾人屢伐魯南鄙，魯訴之於晉，晉執邾悼公，取
邾田歸之於魯。襄公二十八年邾子來朝魯以示好，昭公元年，悼公
卒，莊公立而未通於魯，今仲孫貜會邾子於祲祥，則此盟會嗣君且
修先好也。

44. 春秋昭公十三年經：秋，公會劉子、晉侯、齊侯、宋公、衛侯、鄭伯、
曹伯、莒子、邾子、滕子、薛伯、杞伯、小邾子于平丘。八月甲戌，
同盟于平丘。
左氏昭公十三年傳：七月丙寅，治兵於邾南，甲車四千乘，羊舌鮒攝
司馬，遂合諸侯于平丘。……八月甲戌，同盟于平丘，齊服也。

按：晉霸衰矣，宋之盟與楚和成，其後諸侯不出，澶淵之盟、虢之會，
皆由大夫。今乘楚靈弒逆之禍，晉欲復收諸侯，會十三國之君於平
丘。魯公未與盟，杜注以晉侯聽邾、莒之訴而不與公盟；趙鵬飛以
意如欲專盟，而公不得盟，晉侯因其專而執之耳。邾、莒之訴於經
不得見，十一年祲祥之盟，魯、邾交好，於今尚無事訴之，然左傳
言之鑿鑿，故附趙說於此以見之。

45. 左氏昭公十九年傳：夏，邾人、郳人、徐人會宋公。乙亥，同盟于蟲。
按：毛奇齡春秋傳：「前年邾入鄅，盡俘鄅人，鄅夫人者，宋向戌女也，
向寧請師于宋公，宋公乃伐邾圍蟲，取之而盡歸。鄅俘邾，邾乃乞

郳人、徐人會宋公于蟲而還。」（卷一五〇・頁 1）

46. 春秋昭公二十六年經：秋，公會齊侯、莒子、邾子、杞伯盟于鄟陵。
　　左氏昭公二十六年傳：秋，盟于鄟陵，謀納公也。

按：魯昭公為季孫意如逐而奔齊，齊景以納公名義，謀合諸侯以納公，
　　季氏使梁邱據賂齊侯，又齊師圍成，而成不下，故此盟謀納公而終
　　不克。

47. 春秋定公四年經：三月，公會劉子、晉侯、宋公、蔡侯、衛侯、陳子、
　　鄭伯、許男、曹伯、莒子、邾子、頓子、胡子、滕子、薛伯、杞伯、
　　小邾子、齊國夏于召陵侵楚。五月，公及諸侯盟于皋鼬。
　　左氏定公四年傳：春三月，劉文公合諸侯于召陵，謀伐楚也。……及
　　皋鼬，將長蔡於衛。

按：去歲，蔡侯如晉請伐楚，晉定公一會召陵，十八國從之，可謂盛矣。
　　然六卿專權，乞賂以離蔡，假旄以賤鄭，晉於是失諸侯，使救蔡伐
　　楚之功歸於吳。於多，而有柏舉之役。

48. 春秋定公十年經：夏，公會齊侯于夾谷。
　　左氏定公十年傳：夏，公會齊侯于祝其，實夾谷。……將盟，齊人加
　　於載書曰：「齊師出竟而不以甲車三百乘從我者，有如此盟。」孔丘
　　使茲無還揖對，曰：「而不反我汶陽之田，吾以共命者，亦如之。」

按：夾谷之會，釋兩君之忿，通二國之好，齊反魯侵地，魯始從齊。

49. 春秋定公十二年經：冬十月癸亥，公會齊侯盟于黃。

按：毛奇齡簡書刊誤：「魯定與齊景同謀叛晉，故為此盟。」（卷一五七・
　　頁 18）時晉勢愈微，鄭、衛皆已從齊，故齊、魯結盟以固其好。

50. 春秋哀公十二年經：秋，公會衛侯、宋皇瑗于鄖。
　　左氏哀公十二年傳：秋，衛侯會吳于鄖，公及衛侯、宋皇瑗盟，而卒
　　辭吳盟。

按：十一年，艾陵一役，齊師敗陣，魯以為惠，會吳于橐皋。時宰嚭尋
　　盟，子貢止之，今吳欲圖霸，魯以為懼，故會衛、宋於鄖以為援。

51. 春秋哀公十三年經：夏，公會晉侯及吳子于黃池。
　　左氏哀公十三年傳：夏，公會單平公、晉定公、吳夫差于黃池。……
　　秋七月辛丑盟，吳、晉爭先。

按：吳世家：「吳王北會諸侯於黃池，欲霸中國以全周室。」（巷三一・

頁 1473）吳新興，夫差欲與北方之晉分庭抗禮，互爭盟主，時黃池
之會，夫差率眾而行，越伺虛而入其國中，大敗吳師，吳人告敗於
王，正值盟始，遂惡敗訊於外而滅其口。七月辛丑盟，吳、晉爭歃，
終先吳人（說見第一章）。盟畢，吳人引兵歸，國空、太子亡、長年
往征，將士罷弊，於是遣使厚幣以與越平。

52. 左氏哀公十七年傳：冬十二月，公會齊侯盟于蒙。

按：哀公十五年，齊陳恆弒其君，孔丘請伐齊，冬，與齊平，子服景伯
如齊。今冬，齊侯會公盟蒙，時齊侯稽首而魯侯拜，齊人怒之，公
以非天子，寡君無所稽首為辭，無怪乎韓宣子言周禮盡在魯矣。

總　結

書「會而盟」者多數為「公會後而盟」，內容仍是修好、平成之類。但自
魯文公二年有很大之轉折，即前此未有大夫盟魯者，前此未有大夫出主諸侯
盟會者，大夫的角色愈顯重要。

第六章　各時期會盟之特色

　　春秋時期周天子的實力雖然是大不如前，但是看看每個要稱霸的強國，都高舉「尊王攘夷」的旗幟，即便周王室已成名義上的共主而已，「勤王」卻是最有利的藉口，直至戰國初田氏篡齊後，相隔許久仍要請魏武侯居間完成由周安王冊封的儀式，才被大家承認，由此可見周王室對各諸侯一直有很深遠的影響。宋襄公、楚莊王、秦穆公在左傳中並未受周天子正式冊封為霸主，因此本文以春秋初期、齊桓公、晉文公、春秋中期、春秋後期來分析各時期會盟之特色。

第一節　春秋初期

時　　間	地點	人　　　物	性質	原　　因	備　註
隱公 1 年	蔑	魯公、邾儀父	盟	魯公即位結好邾國	
隱公 1 年	宿	魯公、宋人	盟	魯宋始通	
隱公 2 年	潛	魯公、戎	會	修好	
隱公 2 年	唐	魯公、戎	盟	復修戎好	
隱公 2 年	密	紀子帛、莒子	盟	莒魯有怨	
隱公 3 年	石門	齊侯、鄭伯	盟	尋盧盟	
隱公 6 年	艾	魯公、齊侯	會而盟	齊魯始交好	
隱公 7 年	艾	夷仲年、魯侯	盟	續盟	
隱公 7 年	宿	宋公、鄭公	盟	平成	
隱公 8 年	浮來	魯公、莒人	盟	修好	
隱公 8 年	瓦屋	齊侯、宋公、衛侯	會而盟	三國平成	

隱公9年	防	魯公、齊侯	會	謀伐宋	
隱公10年	中丘	魯公、齊侯、鄭伯	會	謀伐宋	
隱公11年	時來	魯公、鄭伯	會	謀伐許	
桓公1年	越	魯公、鄭伯	盟	結祊成	
桓公1年	垂	魯公、鄭伯	會	桓公初立固位	
桓公1年		魯公、鄭伯	拜盟		無經文
桓公2年	稷	魯公、齊侯、鄭伯	會	平宋亂	
桓公2年	鄧	魯公、蔡侯、鄭伯	會	蔡懼楚	
桓公2年	唐	魯公、戎	盟	修舊好	
桓公3年	嬴	魯公、齊侯	會	成婚	
桓公3年	郕	魯公、杞侯	會	平成	
桓公3年	讙	魯公、齊侯	會	迎親	
桓公6年	郕	魯公、紀侯	會	紀侯解齊難	
桓公10年	桃丘	魯公、衛侯	會	求成弗遇	
桓公11年	惡曹	齊人、衛人、鄭人	盟	絕魯	
桓公11年	折	柔、宋公、陳侯、蔡叔	會而盟	圖鄭	
桓公11年	夫鐘	宋公、魯侯	會	圖鄭	無傳
桓公11年	闞	魯公、宋公	會	圖鄭	無傳
桓公12年	曲池	魯公、杞侯、莒子	會而盟	平莒杞	
桓公12年	穀丘	魯公、宋公、燕人	會而盟	欲平宋鄭	
桓公12年	虛	魯公、宋公	會	欲平宋鄭	
桓公12年	龜	魯公、宋公	會	欲平宋鄭	
桓公12年	武父	魯公、鄭伯	會	宋無信伐宋	
桓公14年	曹	魯公、鄭伯	會	修好	
桓公15年	袲	齊侯、宋公、衛侯、陳侯	會	謀伐鄭	
桓公15年	艾	魯公、齊侯	會	謀定許	
桓公17年	趡	魯公、邾儀父	會而盟	尋盟	
桓公17年	黃	魯公、紀侯	會而盟	平齊紀謀衛	
桓公18年	濼	魯公、齊侯	會	修好	
莊公9年	蔇	魯公、齊大夫	盟	謀立齊君	
莊公13年	北杏	齊侯、宋人、陳人、蔡人、邾人	會	平宋亂	齊桓圖伯
莊公13年	柯	魯公、齊侯	會而盟	魯齊始平	
莊公14年	鄄	單伯、齊侯、宋公、衛侯、鄭伯	會	宋始服齊	

結　語

　　由上表得知春秋初期以魯、宋、齊、鄭最為活躍，且以魯與鄭及魯與齊會盟最為頻繁，由此可以看出鄭國的影響力及齊國的勢力。

　　魯隱公即位後廣結善緣，先後與邾、戎、莒、杞會盟；與鄭會盟無數；並與宋、齊拓展新關係，其中多次與鄭國會盟，或謀伐宋，或謀伐許，皆為「交相利」也。當魯、鄭交好時就謀伐宋，如隱公 9 年防之會；但當魯、宋交好時就謀伐鄭，如桓公 11 年夫鐘之會，到魯莊公 13 年柯之盟魯與齊始交好，魯莊 14 年鄄之會宋始服齊，才有了統一的局面。

　　與會者的身分也突破傳統：有公與諸侯、諸侯相會盟、甚至有大夫盟諸侯之事，也為日後大夫專權作了預告！

第二節　齊桓時期

時　間	地點	人　物	性質	原　因	備　註
莊公 15 年	鄄	齊侯、宋公、陳侯、衛侯、鄭伯	會		齊桓創伯
莊公 16 年	幽	齊侯、宋公、魯公、陳侯、衛侯、鄭伯、許男、曹伯、滑伯、滕子	會而盟	鄭服齊合九國之君	
莊公 19 年	鄄	齊侯、宋公、公子結	盟	齊宋欲伐魯故與之盟	
莊公 22 年	防	魯公、齊高傒	盟	議婚	
莊公 23 年	扈	魯公、齊侯	會而盟	請期	
莊公 27 年	洮	魯侯、杞伯	會	杞伯將朝故會之	
莊公 27 年	城濮	魯侯、齊侯	會	謀伐衛	
莊公 27 年	幽	魯公、齊侯、宋公、陳侯、鄭伯	會而盟	陳鄭服	

結　語

　　顧棟高春秋大事表：「觀齊桓之伯，蓋終其身未嘗用戰爭之力也。存三亡國而未嘗加兵於狄，合八國之師，整合召陵，成盟而退，其於淮夷、山戎，正以先聲驅之，務在保安弱小，使各安宇下而已。而又能克己以下小國，遇魯則身至魯地；遇宋則序先宋人。其興師嘗更迭用之令，各就近之侵伐而不役之於遠，故東征西討而民力不疲，而數動與國而諸侯不怨。」（表二七敘・頁 1）又顧棟高春秋大事表：「管仲佐桓公圖伯以來，以大義服人，未嘗交兵

與諸侯一戰，其意以愛養民力、勤恤諸侯爲事。故仲尼許其仁，爲其不勞民力以戰功也。而孟子嗤其功烈之卑，爲其不能服楚制晉，大王者之烈也。」（表二六敍‧頁1）

由顧氏之語得見其對齊桓公仁民愛物與管仲以義服眾是讚賞有加，雖孟子有微詞，但觀仲佐桓公四十年、救邢、封衛之事，且近賢遠離豎刁等等，終卒伯業，一匡天下，孔子曰：「微管仲吾其披髮左袵」，由此而論，皆賢者之輩乎！

第三節　晉文時期

時　間	地點	人　物	性質	原　因	備　註
閔公1年	落姑	魯公、齊侯	盟		
僖公1年	檉	魯公、齊侯、宋公、鄭伯、邾人	盟	攘楚	
僖公2年	貫	齊侯、宋公、江人、黃人	盟	借宋服江黃	
僖公3年	陽穀	齊侯、宋公、江人、黃人	會	謀伐楚	
僖公5年	首止	魯公、齊侯、宋公、陳侯、衛侯、鄭伯、許男、曹伯、王世子	會而盟	謀甯周	
僖公5年	首止	魯公、齊侯、宋公、陳侯、衛侯、鄭伯、許男、曹伯、王世子	會而盟	謀甯周	
僖公7年	甯母	魯公、齊侯、宋公、陳世子款、鄭世子華	會而盟	謀鄭	
僖公8年	洮	魯公、王人、齊侯、宋公、衛侯、許男、曹伯、陳世子款	會而盟	謀王室	
僖公9年	葵丘	魯侯、周公、齊侯、宋子、衛侯、鄭伯、許男、曹伯	會	尋盟修好	
僖公9年	葵丘	魯公、宰周公、齊侯、宋公、衛侯、許男、曹伯、	會而盟	尋盟修好	
僖公11年	陽穀	魯侯、姜氏、	會		婦人與會
僖公13年	鹹	魯侯、齊侯、宋公、陳侯、衛侯、鄭伯、許男、曹伯	會	戍周	
僖公15年	鄸	魯侯、齊侯、宋公、陳侯、衛侯、鄭伯、許男、邢侯、曹伯	會		
僖公15年	牡丘	魯公、齊侯、宋公、衛侯、鄭伯、許男、曹伯、	會而盟	尋盟救徐	

僖公 19 年	齊	魯公、陳人、蔡人、楚人、鄭人	會而盟	修桓公之好	
僖公 19 年	曹南	宋公、曹人、邾人	盟	宋襄圖伯	
僖公 20 年	邢	齊人、狄人	盟	謀衛難	
僖公 21 年	薄	魯公、諸侯	會而盟	釋宋公	
僖公 21 年	鹿上	宋人、齊人、楚人	盟	宋襄圖伯	
僖公 21 年	盂	宋公、楚子、陳侯、蔡侯、鄭伯、許男、曹伯	會		
僖公 25 年	洮	魯公、衛子、莒慶	會而盟	修衛文公之好	
僖公 26 年	向	魯公、莒子、衛甯	會而盟	尋洮盟	
僖公 27 年	宋	魯公、諸侯	會而盟	楚魯始通	
僖公 28 年	踐土	晉侯、齊侯、宋公、魯侯、蔡侯、鄭伯、衛子、莒子	盟	晉創伯	
僖公 28 年	溫	魯侯、晉侯、齊侯、宋公、蔡侯、鄭伯、陳子、莒子、邾子、秦人	會	謀討衛許	
僖公 28 年	橫雍	晉侯、鄭伯	盟	討衛許	

結　語

　　宋襄公雖在左傳中並未受周天子正式冊封為霸主，顧棟高春秋大事表：「方齊桓之卒也，汲汲乎欲代其任。而首先與齊戰，幸而一勝，則翹然自喜，以為天下莫與敵，於是一會虐二國之君，五年之中無歲不興師伐曹、伐鄭，馴至排不測之強楚，軍敗國蹙，旋以身斃。嗚呼！其輕用民力若是，雖使齊、晉之大，其能有濟哉？夫以晉文之兵力，猶兢兢示禮、示信、示義，逮合齊、秦兩大國而後敢與楚戰，宋襄以孤軍單進，又不趁險擇利，雖以晉文處此亦必敗而況小國乎！」（表二七・頁 603）而太史公則曰：「襄公之時，修行仁義，欲為盟主，其大夫正考父美之，故追道契、湯、高宗，殷所以興，作商頌，襄公既敗於泓，而君子或以為多，傷中國闕禮義，褒之也，宋襄之有禮讓也。」（宋微子世家第八・頁 1633）由會盟之例及顧氏與太史公所言，知宋襄好言仁義，因介入齊國王位之爭而揚名一時，竟欲登伯主之位。宋之國力雖超越魯、陳、許、鄭等中原弱小國力之上，然齊、晉、楚之國力則遠遠在宋國之上，條件不足，時機不對，宋襄必敗也就理所當然！

　　其次顧棟高春秋大事表：「齊桓攘楚之功，十分不及晉文之一。」（表二六・敘一）而孔子評其「譎而不正」，顧氏對晉文公「攘夷」之功超過齊桓而大加推崇，孔子對其心術不正並不認同，由會盟例中，可以清楚的發現與會

國之數量不同以往，不是兩三國會盟，經常是五國、八九國與會，而且卿大夫也愈來愈在會盟中佔有重要地位！

第四節　春秋中期

時　間	地點	人　　物	性質	原　因	備　註
文公 1 年	戚	公孫敖、晉侯	會		大夫會諸侯之始
文公 7 年	扈	齊侯、宋公、衛侯、陳侯、鄭伯、許男、曹伯、趙盾	會而盟	晉侯立	大夫主天下會盟始
文公 8 年	暴	公子遂、趙盾	會而盟	戎伐魯	
文公 11 年	承筐	彭生、晉郤缺	會	謀咎諸侯從楚	
文公 13 年	沓	衛侯、魯侯	會	求平於晉	
文公 13 年	棐	鄭伯、魯侯	會	平成	
文公 14 年	新城	魯公、宋公、陳侯、衛侯、鄭伯、許男、曹伯、趙盾	會而盟	諸侯服晉	
文公 15 年		宋華耦、魯公	盟	尋盟	
文公 15 年	扈	晉侯、宋公、衛侯、蔡侯、陳侯、鄭伯、許男、曹伯	來盟	尋舊好	
文公 16 年	郪丘	公子遂、齊侯	盟	賂齊	
文公 16 年	陽穀	季孫行父、齊侯	會	求成	
文公 17 年	穀	魯公、齊侯	盟	魯事齊	
文公 17 年	扈	諸侯	會	平宋	
宣公 1 年	平州	魯侯、齊侯	會	定位	
宣公 7 年		孫良夫（衛）、魯公	盟	謀會晉	
宣公 7 年	黑壤	魯公、晉侯、宋公、衛侯、鄭伯、曹伯	會而盟	晉固鄭	
宣公 9 年	扈	晉侯、宋公、衛侯、鄭伯、曹伯	會	討不服晉	
宣公 11 年	辰陵	楚子、陳侯、鄭伯	盟	陳鄭服楚	楚初主盟
宣公 14 年	穀	季孫歸父、齊侯	會	謀事楚	
宣公 15 年		公孫歸父、楚子	盟	魯懼楚與之會	
宣公 15 年		子反（楚）、華元（宋）	會	宋懼楚	
宣公 17 年	斷道	魯公、晉侯、衛侯、曹伯、邾子	會而盟	伐齊	
宣公 18 年	繒	齊侯、晉侯	會而盟	晉伐齊齊求成	

成公 1 年	赤棘	臧孫許、晉侯	盟	懼晉求成	
成公 2 年	袁婁	晉軍、齊人	尋盟	平成	
成公 2 年	蜀	魯公、楚公子、秦人、宋人、陳人、衛人、鄭人、齊人、曹人、邾人、薛人、鄫人	會而盟	懼楚	
成公 3 年	魯地	荀庚（晉）、孫良夫（衛）	尋盟		
成公 5 年	垂棘	鄭伯、晉趙同	盟	媾和	
成公 5 年	蟲牢	魯公、晉侯、齊侯、宋公、衛侯、鄭伯、曹伯、邾子、杞伯	會而盟	鄭服晉	
成公 9 年	蒲	魯公、晉侯、齊侯、宋公、衛侯、鄭伯、曹伯、莒子、杞伯	會而盟	諸侯貳心於晉	
成公 11 年	魯地	魯公、郤犨	盟	晉魯結好	
成公 11 年	河西	郤犨、秦伯	會而盟	盟後秦背離晉	
成公 12 年	瑣澤	魯公、晉侯、衛侯	會而盟	謀伐狄	
成公 12 年	赤棘	晉侯、公子罷（楚）	盟	二國結盟	
成公 15 年	戚	魯公、晉侯、衛侯、鄭伯、曹伯、宋世子成、齊幗佐、邾人	會而盟	討曹成公	
成公 16 年	沙隨	魯公、晉侯、齊侯、衛侯、宋華元、邾人	會	謀伐鄭	
成公 16 年		魯公、尹子、晉侯、齊國佐、邾人	會	伐鄭	
成公 16 年	扈	季孫行父、郤犨	盟	釋季孫行父與之盟	
成公 17 年	柯陵	魯侯、尹子、單子、晉侯、齊侯、宋公、衛侯、曹伯、邾子	盟	尋盟	
成公 17 年	徐關	齊侯、國佐（齊）	盟	殺慶克（齊）	
成公 18 年	虛杅	仲孫蔑、晉侯、宋公、衛侯、邾子、齊崔杼	會而盟	救宋	
襄公 2 年	戚	仲孫蔑、荀罃、宋華元、衛孫林父、曹人、邾人	會	謀伐鄭	
襄公 2 年	戚	仲孫蔑、荀罃、齊崔杼、宋華元、衛孫林父、曹人、邾人、滕人、薛人、小邾子	會	鄭服	
襄公 3 年	長樗	魯公、晉侯	盟	魯如晉	
襄公 3 年	雞澤	魯公、單子、晉侯、宋公、衛侯、鄭伯、莒子、邾子、齊世子光	盟	得鄭得陳	

襄公3年		叔孫豹、諸大夫、袁僑如	盟	諸侯既盟大夫亦盟	
襄公5年	善道	仲孫蔑、衛孫林父	會	吳會諸侯	
襄公5年	戚	薛伯、齊世子光、吳人、鄫人	會而盟	吳盟諸侯削楚	
襄公7年	鄬	晉侯、魯公、宋公、陳侯、衛侯、曹伯、莒子、邾子	盟	救陳陳侯逃	
襄公8年	邢丘	季孫宿、晉侯、鄭伯、齊人、宋人、衛人、邾人	會	晉侯號令諸大夫	
襄公9年	戲	晉侯、魯侯、宋公、衛侯、曹伯、莒子、邾子、滕子、薛伯、杞伯、小邾子、齊世子光	盟	伐鄭鄭服	
襄公10年	柤	魯侯、晉侯、宋公、曹伯、莒子、邾子、滕子、薛伯、杞伯、小邾子、齊世子光	會	制楚服鄭	
襄公11年	蕭魚	魯侯、晉侯、宋公、曹伯、齊世子光、莒子、邾子、滕子、薛伯、杞伯、小邾子	會	鄭服從晉	
襄公11年	亳	晉侯、魯侯、宋公、衛侯、曹伯、齊世子光、莒子、邾子、滕子、薛伯、杞伯、小邾子	盟	伐鄭	
襄公14年	向	季孫宿、叔老、晉士匄、齊人、宋人、衛人、鄭公孫蠆、曹人、莒人、邾人、滕人、薛人、杞人、小邾人	會	退吳	
襄公14年	戚	季孫宿、晉士匄、宋華元、衛孫林父、鄭公孫蠆、莒人、邾人	會	謀定衛	
襄公15年	劉	宋公、向戌	尋盟		
襄公16年	溴梁	魯侯、晉侯、宋公、曹伯、莒子、邾子、薛伯、杞伯、小邾子	會	晉平公繼霸	
襄公16年	溴梁	魯公、晉侯、宋公、衛侯、鄭伯、曹伯、莒子、邾子、滕子、薛伯、杞伯、小邾子	會而盟	大夫盟	
襄公19年	祝柯	晉侯、宋公、衛侯、鄭伯、曹伯、莒子、邾子、滕子、薛伯、杞伯、小邾子	盟	圍齊	
襄公19年	柯	叔孫豹、士匄	會	魯懼齊	

襄公 20 年	澶淵	魯公、晉侯、齊侯、宋公、衛侯、鄭伯、曹伯、莒子、邾子、滕子、薛伯、杞伯、小邾子	會而盟	平成	
襄公 21 年	商任	魯侯、晉侯、宋公、衛侯、鄭伯、莒子、邾子	會	錮欒氏	
襄公 20 年	向	仲孫速、莒人	盟	修好	15 年未交兵
襄公 22 年	沙隨	魯侯、晉侯、宋公、衛侯、鄭伯、曹伯、莒子、邾子、薛伯、杞伯、小邾子	會	錮欒氏	
襄公 24 年	夷儀	魯侯、晉侯、宋公、衛侯、鄭伯、曹伯、莒子、邾子、薛伯、杞伯、小邾子	會	謀伐齊	
襄公 25 年	夷儀	晉侯、魯侯、宋公、衛侯、鄭伯、莒子、邾子、滕子、薛伯、杞伯、小邾子	會	齊賂晉	
襄公 25 年	重丘	魯侯、晉侯、宋公、衛侯、鄭伯、莒子、邾子、滕子、薛伯、杞伯、小邾子	盟	齊賂晉	
襄公 26 年	澶淵	魯公、晉人、鄭良宵、宋人、曹人	盟	討衛	
襄公 27 年	宋	晉趙武、楚屈建、魯叔孫豹、蔡公孫歸生、衛石惡、陳孔奐、鄭良宵、許人、曹人	會	晉楚之從交相見	
襄公 27 年	宋	晉趙武、楚屈建、魯叔孫豹、蔡公孫歸生、衛石惡、陳孔奐、鄭良宵、許人、曹人	盟		

結　語

　　春秋中期之初一魯文公時期就可看出晉、楚兩強權不斷在角力，如魯文公 11 年承筐之會：擬謀罰從楚之國及魯文公 14 年新城之盟，各國服晉之態勢，使得楚國尚不能北進稱伯中原，其中關鍵國就在鄭國，晉國先後幾次固鄭，如魯宣公 7 年黑壤之盟、9 年扈之會；一旦鄭服楚後，即在魯宣年 11 年辰陵之盟時，整個局勢大為改觀，楚初主盟，接著魯、齊、宋懼楚、服楚，緊接著晉則伐服楚之國，各國就夾在兩國之中存活，即便是晉楚兩國在魯成公 12 年赤棘結盟交好，鄭國依然在兩大國間搖擺，直至吳國加入抗楚的行列，如魯襄公 5 年戚之盟諸侯國，使得晉之勢力更加鞏固，但楚之稱伯企圖強烈，造成爭戰不息，會盟之與會國經常是十國以上，可見當時局勢動盪與紊亂。

比較特別的是：在魯成公 12 年的一年中，晉、楚兩國來往頻繁，在宋國的奔走下，促使晉、楚兩國和談結盟，並以「好惡同之，同恤菑危，備救凶患」達成盟約，但當晉郤至如楚蒞盟，楚王以金奏享之，郤至驚而走之，並以「兩君相見，何以代此，下臣不敢」，子反竟以「兩君相見，無亦唯是一矢以相加遺，焉用樂」，郤至歸以語范文子，范氏以「無禮，必食言」知晉、楚仍將大戰，如此拉鋸持續了三十年，到魯襄公 27 年的宋之會盟，不但晉楚弭兵，且晉、楚之從亦交相朝見，但兩國爭先歃盟，一爭高下，自此之後天下相安數十年，大型戰爭減少，是最大的成果。自宋之會後，諸侯不出，大夫專盟，是這時期的另一特色！。

第五節　春秋後期

時　間	地點	人　　物	性質	原　因	備　註
襄公 29 年	魯地	杞子、魯侯	來盟		
襄公 30 年	澶淵	晉人、齊人、宋人、衛人、鄭人、曹人、莒人、邾人、滕人、杞人、小邾人	會	宋災故	
昭公 1 年	虢	叔孫豹、晉趙武、楚公子圍、齊國弱、宋向戌、衛齊惡、陳公子招、蔡公孫歸生、鄭罕虎	會	尋宋盟	
昭公 1 年	虢	叔孫豹、晉趙武、楚公子圍、齊國弱、宋向戌、衛齊惡、陳公子招、蔡公孫歸生、鄭罕虎、許人、曹人	會而盟	尋盟	
昭公 4 年	申	楚子、蔡侯、陳侯、鄭伯、許男、徐子、滕子、頓子、胡子、沉子、小邾子、宋世子佐、淮夷	會	楚靈王始會諸侯	
昭公 5 年	邢丘	鄭伯、晉侯	會	畏楚	
昭公 7 年	濡上	齊國、燕國	盟	媾和	
昭公 7 年	齊	叔孫婼、齊侯	盟	修好	
昭公 9 年	陳	叔弓、宋華亥、鄭游吉、衛趙黶、楚子	會	往會楚靈王	
昭公 11 年	厥憖	季孫意如、晉韓起、齊國弱、宋華亥、衛北宮佗、鄭罕虎、曹人、杞人	會	謀救蔡	

昭公 11 年	戚	單子、韓宣子	會	代周景王宣命	
昭公 11 年	祲祥	仲孫貜、邾子	會而盟	修好	
昭公 13 年	平丘	魯公、劉子、晉侯、齊侯、宋公、衛侯、鄭伯、曹伯、莒子、邾子、滕子、薛伯、杞伯、邾子	會	抗楚	
昭公 16 年	浦隧	徐子、郯人、莒人、齊侯	盟	徐人平成	
昭公 22 年	稷門	司馬竈、莒子	盟	莒人蒞盟	
昭公 25 年	黃父	叔詣、晉趙鞅、宋樂大心、衛北宮喜、鄭游吉、曹人、邾人、滕人、薛人、小邾子	會	謀王室	
昭公 26 年	鄟陵	魯公、齊侯、莒子、邾子、杞伯	會而盟	齊謀納魯昭公	
昭公 27 年	扈	士鞅、樂祈犁、北宮喜、曹人、邾人、滕人	會	戍周	
昭公 31 年	適歷	季孫意如、荀櫟	會	責季孫意如逐君	
定公 3 年	拔	仲孫何忌、邾子	盟	修好	
定公 4 年	召陵	魯公、劉子、晉侯、宋公、蔡侯、衛侯、陳子、鄭伯、許男、曹伯、莒子、邾子、頓子、胡子、滕子、薛伯、小邾子	會	救蔡伐楚	
定公 4 年	皋鼬	魯公、劉子、晉侯、宋公、蔡侯、衛侯、陳子、鄭伯、許男、曹伯、莒子、邾子、頓子、胡子、滕子、薛伯、小邾子	會而盟		
定公 5 年	稷門	陽虎、桓子	盟	陽虎為亂	
定公 6 年	周社	陽虎、三桓子	盟		
定公 7 年	鹹	齊侯、鄭伯	盟	齊景公圖伯	
定公 8 年	瓦	魯侯、晉師	會	晉救魯	
定公 8 年	曲濮	衛侯、鄭伯	盟	二國不事晉	
定公 10 年	安甫	齊侯、衛侯、鄭游速	會	三國交好	
定公 10 年	夾谷	魯公、齊侯	會而盟	魯從齊	
定公 12 年	黃	魯公、齊侯	會而盟	結好	
定公 14 年	牽	魯侯、齊侯、衛侯	會	謀救范氏	
定公 14 年	洮	齊侯、宋公	會	謀救范氏	
哀公 6 年		陳悼公、諸大夫	受盟		
哀公 6 年	柤	叔還、吳	會	結好於吳	

哀公 7 年	鄫	魯侯、吳	會	懼吳襲	
哀公 12 年	橐皋	魯侯、吳	會	修好	
哀公 12 年	鄖	魯公、衛侯、宋皇瑗	會而盟	結好	
哀公 13 年	黃池	魯公、晉侯、吳子	會而盟	吳爭伯	
哀公 16 年		子西（楚）、鄭人	盟	晉伐鄭	經文無載
哀公 17 年	蒙	魯公、齊侯	會而盟	二國爭執牛耳	
哀公 19 年	敖	夷人、楚師	盟	楚伐夷	
哀公 21 年	顧	魯公、齊侯、邾子	盟		

結　語

　　春秋後期的前段，楚國依然強勢，會盟參與之國不少，直至魯定公 4 年召陵之盟達到巔峰，與會國有 17 國，召陵之盟後局勢又一變，楚國難以掌控全局，此後與會國也明顯減少，大都是兩三國會盟，不似以往動輒八國十國，會盟的作用逐漸式微。

　　由於吳國介入，造成楚昭王即位後（魯昭公 27 年），年年都有吳師入侵，安寧之天下又有戰事，此時已至春秋後期，故顧棟高春秋大事表：「向使晉常脩悼公之業，雖明知弭兵之說之不可卻，而嚴兵以待之，楚人爭先則正辭以折之，楚必俯首帖耳而不敢動，楚不敢動而吳亦無緣萌其覬覦。烏有召吳而反為吳病者哉？且晉自昭十三年平邱之盟而後晉已失伯。齊景欲嗣興而不能，宋、魯、鄭、衛，皇皇焉無所依，故吳得乘虛而爭伯。」（表二九‧敘一）充分說明此時情勢。吳國在魯哀公 13 年黃池之盟主盟，但其聲勢與齊桓、晉文已不可同日而語。

第七章　結　論

　　春秋時之會盟，於當代之政治、社會皆極具影響。就其盟辭視之，時或無君臣之實，仍以禮義爲終，以楚篡逆得政，仍問禮於向戌、子產。齊景公問策於晏嬰，對云：「禮之可以爲國也久矣，與天地並。」執禮者則聲直氣壯，雖伯主亦主禮方能服眾，猶楚屈完以「君若以德綏諸侯，誰敢不服？」退卻齊師。其時禮義仍存，伯主仍尊周室，雖天子勢微，周室仍有五百年之國祚。

　　齊桓稱霸，嘗云：「寡人兵車之會三，乘車之會六，九合諸侯，一匡天下。」（註）仍以和平之會盟爲主。故盟主召諸侯，亦必崇德，以禮義相尚。

　　「齊侯言於管仲曰：臣聞之，招攜以禮，懷遠以德，德禮不易，無人不懷。」（左僖七年）齊侯修禮於諸侯，諸侯官受方物，是大國制義，使諸侯懷德畏討，而一其心。

　　「晉郤缺言於趙宣子曰：日衛不睦，故取其地。今已睦矣，可以歸之。叛而不討，何以示威？服而不柔，何以示懷？非威非懷，何以示德？無德，何以主盟？」（文公七年）雖貴爲盟主，亦不敢稍怠，失德則失諸與國。

　　「知武子謂獻子曰：我實不德，而要人以盟，豈禮也哉？非禮，何以主盟？姑盟而退，修德習師而來，終必獲鄭，何必今日？我之不德，民將棄我，豈唯鄭？若能休和，遠人將至，何恃於鄭。」（左襄九年）縱觀諸辭，莫不以禮義爲依歸。

　　春秋無義戰乎？然其會盟頻舉，終以平成爲旨，禮信爲貴。所謂「借事明義」，亂臣賊子知所懼，立萬世之旨乎！

註：左傳云魯莊十三年，會北杏以平宋亂，僖四年侵蔡，遂伐楚。六年，伐鄭圍新城也，
　　即兵車之會也。

　　左傳云魯莊十四年，會于鄄，十五年又會鄄，十六年同盟于幽，僖五年會首止，八年，
　　盟于洮，九年，會葵丘，乘車之會是也。

主要參考書目

一、經　部

1. 《尚書正義》，唐・孔穎達，藝文印書館。
2. 《毛詩正義》，唐・孔穎達，藝文印書館。
3. 《周禮正義》，唐・賈公彥，藝文印書館。
4. 《儀禮注疏》，唐・賈公彥，藝文印書館。
5. 《禮記正義》，唐・孔穎達，藝文印書館。
6. 《春秋左傳正義》，唐・孔穎達，藝文印書館。
7. 《春秋公羊傳注疏》，唐・徐彥，藝文印書館。
8. 《春秋穀梁傳注疏》，唐・楊士勛，藝文印書館。
9. 《春秋集註》，宋・張洽，通志堂經解第二三冊大通。
10. 《春秋詳說》，宋・家鉉翁，通志堂經解第二四冊大通。
11. 《春秋經筌》，宋・趙鵬飛，通志堂經解第二十冊大通。
12. 《春秋權衡》，宋・劉敞，通志堂經解第十九冊大通。
13. 《孟子正義》，宋・孫奭，藝文印書館。
14. 《春秋集傳》，宋・趙汸，通志堂經傳第二五冊大通。
15. 《春秋傳》，清・毛奇齡，皇清經解第十二冊漢京。
16. 《春秋屬辭比事記》，清・毛奇齡，皇清經解第十二冊漢京。
17. 《左傳事緯》，清・馬繡，廣文書局。
18. 《王制箋》，清・皮錫瑞，台北帝國大學藏書。
19. 《茶香室經說》，清・俞樾，廣文書局。
20. 《經問》，清・毛奇齡，皇清經解第十七冊漢京。
21. 《簡書刊誤》，清・毛奇齡，皇清經解第十二冊漢京。
22. 《春秋管窺》，清・徐庭垣，四庫全書珍本初集。
23. 《春秋大事表》，清・顧棟高，皇清續經解第十二冊漢京。
24. 《五禮通考》，清・秦蕙田，新興書局。

25. 《禮書通故》，清・黃以周，華世出版社。
26. 《左傳會箋》，日・竹添光鴻，鳳凰出版社。
27. 《左傳分國集注》，民・韓席籌，華世出版社。
28. 《春秋左氏傳地名圖考》，民・程發軔，廣文書局。
29. 《春秋左傳注》，民・楊伯峻，源流出版社。
30. 《春秋會盟政治》，民・劉伯驥，中華叢書。

二、史 部

1. 《竹書紀年》，四部叢刊本，商務。
2. 《國語》，河洛出版社。
3. 《史記》，漢・司馬遷，鼎文書局。
4. 《春秋史》，民・童書業，開明書局。
5. 《戰國策》，漢・劉向，里仁書局。

三、其 他

1. 《說文解字注》，清・段玉裁，藝文印書館。
2. 《三代吉金文存》，清・羅振玉，明倫出版社。
3. 《馬王堆三號漢墓帛書「春秋事語」》，文史集林第二輯，木鐸出版社。
4. 《積微居讀書記》，民・楊樹達，大通書局。
5. 《侯馬盟書》，里仁書局。
6. 《古史新探》，楊寬。
7. 《日知錄》，清・顧炎武。

四、單篇論文

1. 《春秋「親迎」禮辨》，民・周何，慶祝林景伊先生六秩所誕辰論文集，政大中文研究所。
2. 《春秋「燕禮」考辨》，民・周何，師大國文學報創刊號 1972 年。
3. 《侯馬東周盟誓遺址》，民・陶正剛、王克林，文物 1972 年・第四期。
4. 《春秋會盟與霸主政治的基礎》，民・周伯戡。史原 1975 第六期。
5. 《侯馬盟書試探》，文物 1966 年・第三期。
6. 《東周盟誓與出土載書》，考古 1966 年・第五期。
7. 《侯馬東周遺址發現晉國朱書文字》，文物 1966 年・第二期。
8. 《河南溫縣東周盟誓遺址一號坎發掘簡報》，文物 1983 年・第三期。
9. 《春秋初年"盟"的探討》，民・文史哲，1957 年，第十一期。